ドイツ弁護士法と労働法の現在

森　勇　編
米津孝司

日本比較法研究所
研究叢書
93

中央大学出版部

装幀　道吉　剛

はしがき

　本書は，主として，マルティン・ヘンスラー（Martin Henssler）ケルン大学教授が，中央大学客員教授として 2012 年 11 月に滞在されたおりに行われた講演の翻訳を収録したものである。

　ケルン大学に付置されている労働法・経済法研究所を所長として率いるヘンスラー教授は，ドイツ労働法学会の碩学としてわが国においてもよく知られている。わけても氏がケルン大学の同僚であるプライス教授とともに起草し，2007 年にドイツ立法協会賞を受賞した「ドイツ労働契約法草案」は，わが国でも翻訳紹介され，日本法の理論状況にも少なからぬ影響を与えている。

　しかし，ヘンスラー教授はまた，その弁護士法の分野における活動でも，広く認知されている。ケルン大学にあるドイツで初めての弁護士法研究所の創設にたずさわり，現在も，特に民事訴訟法の分野で活躍されているハンス・プリュッティング（Hans Prütting）ケルン大学教授とともに，この研究所の代表をつとめている。言うまでもなく，この分野においても数多くの著書・編書があるが，なかでも，プリュッティング教授と共編著の，ドイツ「連邦弁護士法コメンタール（Kommentar zum Bundesrechtsanwaltsordnung）」は，アカデミックの香りを弁護士法の領域に持ち込んだものとして，高く評価されている。さらにヘンスラー教授は，150 年以上の歴史を誇るドイツ法曹大会（Deutscher-Juristentag）の会長を務めるなど，その活躍は広範にわたっている。

　本書は，ヘンスラー教授がその名を知らしめている二つの分野，すなわち労働法と弁護士法に関する論文と弁護士法に関するフォーラムにおける報告および討論の模様が収録されている。第 1 部には，弁護士法，弁護士マーケットに関するヘンスラー教授の論文 2 本が収録されている。「ドイツ弁護士職業法入門」は，現在のドイツ弁護士法における弁護士職業活動の法的基礎を解説した

ものである。もう一つの「ドイツにおける弁護士マーケットの展開」は，今回の来日の際の講演ではなく，ヘンスラー教授が2009年3月5日に日本弁護士連合会で行った講演である。この講演は，日弁連法的サービス企画推進センターの「組織内弁護士PT」に企画いただいた。すでに，中央ロー・ジャーナル第6巻第2号（2009）に掲載されているが，前の二つの講演録とあわせておくのが有益と考え再録させていただいた。

第2部には，ドイツ労働法における最新かつ最重要なテーマについて3本の論文が収められている。「ドイツ労働法における労働契約の内容審査」は，近年の欧州危機の中で際立つドイツ経済の堅調さの基礎には，健全で安定した労使関係があることが説得的に論じられている。「ドイツの労働組合の新たな役割と企業再編成・大量解雇に際するスト可能性の拡大」は，近年における労働組合活動の変化と争議権に関する判例の動きのなかで，ドイツの労使関係が重大な転期を迎えていることが批判的に検討されている。「欧州諸国との比較におけるドイツ労働法の最近の展開」は，債権法改正後の労働契約に対する約款規制法の適用の現状を詳細に論じるものである。

そして第3部は，2012年11月10日に，中央大学市ヶ谷キャンパスで開催された「フォーラム『職業法としての弁護士法の現在問題』」における報告とその模様を収録したものである。ヘンスラー教授の基調講演「ドイツおよびヨーロッパにおける弁護士職業法の展開」は，急速に変化する弁護士マーケットに対応した，ドイツおよびヨーロッパにおける近時の弁護士活動のありさまを提示したものである。続く，弁護士であり中央大学特任教授の木村美隆先生の基調報告「日本の弁護士――この10年とこれから――」は，わが国の現在の問題点と今後の課題を提示している。それに続く「議事録」は，基調講演と基調報告ののちに交わされた議論の模様を収録したものであり，実に様々な問題提起がなされている。

このフォーラムでは，日本大学教授の小田司先生と東洋大学教授の坂本恵三先生に，通訳の労をおとりいただいた。ドイツ法に造詣が深くかつまた卓抜したお二人のドイツ語能力のおかげで，フォーラムでの討論をスムーズに運ぶこ

とができた。お二人のご苦労に対しこの場を借りて心より感謝申し上げる次第である。

　また論文を翻訳してくださった諸先生，さらにフォーラムのテープ起こしを快く手伝ってくれた若い諸君に対し，心より御礼申し上げる。本書がその労に報いる評価を得られることを期待したい。最後に，本書の構成から始まり，何から何まですべてについてかゆいところに手が届くようなご支援を中央大学出版部の小川砂織氏にはいただいた。同氏の尽力なくしては本書は完成しなかったことは確かである。

2013 年 1 月 1 日

文責　森　　勇

目　次

はしがき

第1部　弁護士法

ドイツ弁護士職業法入門
　　——ドイツにおける弁護士活動の
　　　法的根拠—— ………………………… 監訳　森　　　勇 … 3
　　　　　　　　　　　　　　　　　　　　　訳　春日川路子

- I　はじめに：ドイツの弁護士の法的根拠とその地位 ………… 3
- II　弁護士職への道 ………………………………………………… 6
- III　弁護士の職業法上の基本的義務 ……………………………… 15
- IV　弁護士報酬法の基礎 …………………………………………… 24
- V　弁護士が職業実践にあたる際の共同組織形態 ……………… 33

ドイツにおける弁護士マーケットの展開
　　——日本の法律相談市場にとって一つの
　　　モデルとなりうるのか？—— ……………… 訳　森　　　勇 … 43

- I　ドイツにおける法律家の活動範囲 …………………………… 43
- II　弁護士マーケットの展開 ……………………………………… 46
- III　シンディクス・企業内弁護士 ………………………………… 53
- IV　行政組織内の弁護士の活動環境 ……………………………… 57
- V　展　　望 ………………………………………………………… 67

第2部 労 働 法

ドイツ労働法における労働契約の内容審査
──消費者保護の原則を通じた
ドイツでの労働者保護の拡大── ……… 訳 米津 孝司 … 73
　　　　　　　　　　　　　　　　　　　　　松井 良知

- I ドイツ労働法におけるアクチュアルな中心的
  実務問題である労働契約の内容審査……………………… 73
- II 労働契約の内容審査の詳細………………………………… 76
- III 条項が無効な場合の法的効果……………………………… 82
- IV 実務上重要な個別契約条項………………………………… 85
- V おわりに……………………………………………………… 93

ドイツの労働組合の新たな役割と企業再編成・
大量解雇に際するスト可能性の拡大……………… 訳 米津 孝司 95
　　　　　　　　　　　　　　　　　　　　　　　　山本 志郎

- I 序　　論……………………………………………………… 95
- II ドイツにおける労働組合の組織構成……………………… 96
- III ドイツにおける労働組合の戦略…………………………… 97
- IV 労働組合の争議行為………………………………………… 102
- V 新たな争議形態……………………………………………… 118
- VI ヨーロッパ法の労働組合の戦略への影響………………… 128
- VII 結論の要約…………………………………………………… 131

欧州諸国との比較におけるドイツ労働法の最近の展開
──ドイツ労働法は危機にある国々の
模範たりうるのか？── ……………… 訳 桑村裕美子 133

- I 現行のドイツ労働法規制…………………………………… 133
- II 2004年以降のシュレーダー首相によるいわゆる
  アジェンダ2010……………………………………………… 141
- III 日独比較における労働組合の意義………………………… 144

Ⅳ	国際比較におけるドイツの労働争議の法	146
Ⅴ	ドイツ労働裁判所の裁判権	148
Ⅵ	要　　約	150

第3部　フォーラム
職業法としての弁護士法の現在問題

ドイツおよびヨーロッパにおける
　弁護士職業法の展開………………………　監訳 森　　　勇　153
　　　　　　　　　　　　　　　　　　　　　訳 春日川路子

Ⅰ	ドイツ弁護士職およびドイツにおける法律相談市場の展開	153
Ⅱ	ドイツの弁護士がおかれている基本的な法状況	156
Ⅲ	専　門　化	158
Ⅳ	弁護士の広告とマーケティング	161
Ⅴ	責任とその制限	164
Ⅵ	ドイツにおける弁護士の間の共同および異業種間共同	166
Ⅶ	ドイツの弁護士の報酬	171
Ⅷ	ヨーロッパおよびその他の国の弁護士による国境を越えた（国際的）活動	172
Ⅸ	ま　と　め	175

日本の弁護士
　　――この10年とこれから――……………… 木村　美隆… 177

Ⅰ	はじめに	177
Ⅱ	弁護士人口の急増	178
Ⅲ	法律事務所の大規模化と弁護士業務の専門化	185
Ⅳ	弁護士業務の透明性とアクセスの改善	189
Ⅴ	今後の展望と課題	192

フォーラム　議事録…………………………………………………… *199*

司法制度改革審議会意見書（2001年6月12日）の
　　弁護士制度関連のまとめ ……………………………… 佐瀬　正俊… *253*

プログラム

第1部
弁護士法

ドイツ弁護士職業法入門[*]
―― ドイツにおける弁護士活動の法的根拠 ――

監訳　森　　　勇

訳　春日川　路子

I　はじめに：ドイツの弁護士の法的根拠とその地位

1．法的問題処理機構の独立の一機関
　　　　――その法的規律と地位（連邦弁護士法1条）

A　法的根拠

　ドイツにおいては，弁護士の職業法は連邦法である連邦弁護士法（Bundesrechtsanwaltsordnung）に規定されている。規約委員会（Satungsversammlung）による弁護士職業規則（Berufsordnung für Rechtsanwalts）が，これを補充するかたちで適用される。この規約委員会は，弁護士による民主主義的な投票によって選ばれた構成員によって構成される，弁護士議会の一種である。弁護士職業規則は法律の下位にあるいわゆる規則として，連邦弁護士法の規律を具体化したものだが，上位の法律に抵触することは絶対に許されない。専門弁護士と呼ばれる特定の法律領域を専門とする法律家に関しては，規約委員会が別個に定める規律である専門弁護士規則（Fachanwaltsordnung）がある。

　弁護士の報酬は，弁護士の報酬に関する法律＝弁護士報酬法（Rechtsanwaltsvergütungsgesetz）という独立した法律に規定されている。そのほかに，他のEU加盟国の弁護士に関する法律（Gesetz zur Regelung der europäische Rechtsan-

---

[*]　Rechtliche Grundlagen der anwaltlichen Tätigkeit in Deutschland

wälte) も存在する。この法律は欧州からの弁護士のドイツにおける職業活動を，そのほかの地域からの弁護士の活動よりも容易にすることをその内容としている。

B 機関たる地位

連邦弁護士法1条は，ドイツの弁護士に対して法的問題処理機構の一機関としての地位を与えている。連邦弁護士草案に付された理由書（BT-Drucks. [Bundestagesdrucksache] III/120）はその7頁において次のように述べている。つまり，弁護士は法的問題を解決するという職務によって裁判所および検察官とならび立っている。法的問題処理機構の機関は，『……権利の擁護に向けた法的問題処理にとって重要な機能の担い手』である，と。さらに近時の学説においては，おおかたのところ，連邦弁護士法1条は，ドイツの憲法たる基本法の原則上，弁護士を憲法にその基礎を有する制度と位置づけるための『変形用ベルト（Transformationsriemen）』と理解される。また法的問題処理機構が機能する状態にあることもまた，基本法20条3項が定める法治国家原則の一内容であるため，その一機関である弁護士は制度として保護される。なぜなら弁護士は，一方では法的紛争を事柄に即して解決するよう目指さなければならず，また他方ではその活動は国家の権力行使をチェックしコントロールするものであり，弁護士は法治国家の単なる一部ではなく，法治国家の本質的な構成要素をなしているためである。

C "独立した弁護人（Freien Advokatur）" の意味における独立性

なぜ連邦弁護士法1条の文言は，弁護士は法的問題処理機構の独立の一機関であるというのか。このことは，とりわけ19世紀末の官憲的な国家制度からの弁護士の自由を強調する必要があったという歴史的背景から説明される。従って連邦弁護士法1条においては国家および裁判所からの独立性たる「弁護人の自由」が強調されている。現代の理解から連邦弁護士法1条の規律するところは以下である。すなわち弁護士は法的問題処理機構の器官（ギリシア語：

organon）であり，そのような器官として個別当事者の個別の利益を目的にかなった形で擁護することをその職務とする，そして法的問題処理機構それ自体の擁護はその反映であるという。この一見二重に見える地位から，個別事件における利益擁護と法の擁護とが衝突しそうな場合には，明らかな線引きが強く要求される。もっとも機関とされていることから，法律自体から導きだされるものよりも狭く限界線を引くことや，あるいは，より幅広い義務を導きだすことはできない。

2．助言および代理のための法律
（連邦弁護士法3条，弁護士職業規則1条3項）

A　弁護士の活動範囲

連邦弁護士法3条はその1項において，「あらゆる法律問題に関する，職業として独立した助言者および代理人」とされている弁護士が活動できる範囲を画定している。弁護士の活動が多様であることから，弁護士の活動範囲を専門分野およびそれに類するものによって積極的なかたちで特定することはできないと考え，立法者は一般的な文言を採用することとしたのであった（BT-Drucks. III/120, 49頁）。

連邦弁護士法3条1項はその限度で，弁護士が法的に許容されている活動範囲を画定している。だが個別の弁護士が実際に行っている活動範囲がその許容性によって定められるわけではない。現実には，一方では法律生活の法現象化により，他方ではここからもたらされる専門化された法的知識の必要性により，すべての法律問題についての助言者および代理人たる弁護士というものは単なるフィクションになったといえる。ここで言われているのは，弁護士職を総体としてみた場合のことである。メディエーションも含めて，訴訟前および訴訟上の法的助言および代理すべてが彼らの責務である。この職務はいずれにせよ「リーガルサービス法（Rechtsdienstleistungsrecht）」を通じて弁護士職の有利になるかたちで，幅広く弁護士に独占されている。弁護士職業規則1条3項は，裁判外の法律相談および法的ケアを強調しつつ，連邦弁護士法の規定を以

下のように具体化する。すなわち，弁護士は依頼者を権利喪失から保護しなければならず，権利を形成し，争いを回避しそして紛争を友好的に解決しなければならないということである。弁護士活動の大部分を占めるのは裁判外の紛争回避，紛争決着ないしは予防的なリーガルサービスである。

連邦弁護士法3条は，弁護士以外の者にも弁護士のように業務として他者の法律問題を解決することが許されるという可能性を排除していない。具体的な制約は，裁判外のリーガルサービスに関しては裁判外のリーガルサービス法ないしは手続諸法から生じており，その本質においてプログラム規定である連邦弁護士法3条からは導かれない。

B　市民の助言権および代理権

連邦弁護士法3条3項は，すべての人に，あらゆる種類の法的問題について助言および代理を求めることができる権利を定める（"弁護士の選択の自由"）。もっともこの権利は「法律上の規定」の留保のもとに置かれ，その結果として連邦弁護士法3条3項は，結局のところ当然の事柄を表現しているだけである。弁護士の選択の自由を制限する法律上の規定としては，刑事訴訟法142条1項が挙げられる。そこでは刑事訴訟法140条および141条により選任される弁護士は，裁判所の裁判長が選考するとされている。これ以外に弁護士の選択の自由が法律上制限されるのは，国選弁護人の領域においてだけではなく訴訟費用の救助の場合（民事訴訟法121条）および緊急時に任命される弁護士（民事訴訟法78b条）の場合がある。

II　弁護士職への道

1．概　　説

「認可権」，すなわちドイツの弁護士職を認可する権利は，連邦弁護士法4条から42条において規定されている。連邦弁護士法6条から17条は弁護士職の認可一般，すなわち弁護士資格の取得を取り扱う。連邦弁護士法18条から36

条は分属性 (Lokalizierung) の下でのある特定の裁判所による認可を規定する。

連邦弁護士法4条によれば弁護士業に就くための原則的な資格要件は, ドイツ裁判官法 (Deutsches Richtergesetz) が定める裁判官資格である (連邦弁護士法4条において言及されてはいないが, ドイツの国籍を有することは認可要件ではない)。この要件を備え, 連邦弁護士法に制限列挙されている以下のような拒絶理由が存在しない場合には, 弁護士職の認可を求める法的請求権が認められる。

2．弁護士職の認可

A　認可手続

弁護士職の認可を求める申立ては, ドイツに27ある単位弁護士会のうち, 当該地域を所管する弁護士会に対してなされる。行政法上は, 認可手続は行政手続のひとつとして取り扱われる。弁護士会は必要な申請書類を準備しており, 通常の手順としては, その書類により定型的な質問を投げかけ, 不認可事由が存在するか否かを調査する。認可に際しては行政手数料が徴収される。この金額はおおよそ250ユーロである。

B　不認可事由

「認可権」を中心的に定める条文である連邦弁護士法7条は, その事由が存在する場合には, 資格要件が存在していても認可は拒絶されなければならない一定の事由を定めている (いわゆる「不的確」)。

連邦弁護士法7条〔弁護士認可の拒絶事由〕
弁護士認可は以下の場合に拒絶される，
1．申請人が連邦憲法裁判所の裁判により基本権を喪失した場合。
2．申請人が刑事裁判所の有罪判決により, 高等官に就く資格を有しない場合。
3．申請人が確定判決をもって弁護士職をはく奪され, かつ, 判決の確定よりいまだ8年を経過していない場合, 5号の適用はこれにより妨げられな

い。
4．申請人に対して裁判官弾劾手続において罷免の確定判決が下され，あるいは，分限処分手続において法的問題処理機構の職から追放する旨の確定判決が下されている場合。
5．申請人が弁護士の業務を行うことに適さないことを示す行為を，有責に行っていた場合。
6．申請人が自由権に立脚した民主的な基本秩序を，刑事上罰せられる方法によって覆そうとしている場合。
7．申請人が健康上の理由に基づいて弁護士の業務を適正に行う能力を継続して欠く場合。
8．申請人が，弁護士の業務，とりわけ法的問題処理機構のうちの独立した一機関としての地位にそぐわない活動を行い，あるいは，その独立性に対する信頼を損なう可能性のある活動を行っている場合。
9．申請人が財産欠損状態に陥っている場合。申請人の財産について倒産手続が始まり，あるいは申請人が倒産裁判所または執行裁判所が所管する登録簿（倒産法26条2項，民事訴訟法915条）に登録された場合には，財産欠損状態にあると推定する。
10．申請人が裁判官，高等官，職業軍人または一時的に軍人であるとき。ただし申請人が委託されたその業務を名誉官職として行い，あるいはその権利と義務が1977年2月18日の議員法（BGBl. I S. 297）5，6，8および36条ないしはこれに準じる法規定に基づくものであるときは，この限りではない。

拒絶事由に基づいて弁護士会が認可を拒絶した場合には，認可申請人は認可を求める訴えを弁護士裁判所に提起することができる。
　弁護士会の実務においてはとりわけ5号と8号の拒絶事由が重要である。
　a）不適切な行為（連邦弁護士法7条5号）
申請人が弁護士の業務を行うに適さないことを示す行為を有責に行っていた

場合には，認可は連邦弁護士法7条5号により拒絶される。一般条項のように規定された拒絶事由によって，これまでの申請人の一連の行為をその人格を考慮して評価し，客観的な総合評価を行うことが可能となる。

判例が作り上げた定式的な表現によれば，申請人は以下の場合には不適格とされる。すなわち，認可を判断する時点において，有責な行為と時間の経過やその間の態度といったすべての重大な事情を考慮して全人格にてらすと，申請人は弁護士業に適していないもしくはいまだ適した状態に回復していない場合である。決定的に重要なのは，全人格にてらして，申請人がすべての法律問題における有能かつ独立した依頼者の代理人となることに適しているか否かということである。先に行った行為から，その弁護士が将来において法的問題処理機構の重要な関心事を危険にさらすことが予測される。従って一方では職業上の義務にかかわる不適切な振る舞いが問題となり，他方では申請人が弁護士に適さないことをうかがわせる職業外の違反行為が問題となるのである。

とりわけ弁護士の職業実践に直接的に重要な法益に対する犯罪の場合には，申請人が弁護士に適さないとされねばならない。この場合にまず問題となるのは，財産に対する犯罪であり，刑法253条（恐喝，Erpressung），259条（贓物罪，Hehlerei），263条（詐欺，Betrug），264条（補助金詐欺，Subventionsbetrug），265a条（自動機械等による詐欺，Erschleichen von Leistung）および265b条（信用詐欺，Kredibetrug），266条（背任，Untreue），266a条（労働報酬の不払いおよび横領，Vorenthalten und Veruntreuen von Arbeitsentgelt），266b条（小切手およびクレジットカードの濫用，Mißbrauch von Scheck- und Kreditkarten）による有罪判決である。さらに申請人が弁護士に適さないということは，特別に法的問題処理機構を著しく軽視するような犯罪によっても示される。例えば，偽証または誣告（虚偽告訴罪），執行機関への不服従，受寄者の保管義務違反，文書偽造・変造であり，特にかつてのドイツ民主共和国（東ドイツ）の司法を構成していたメンバーにとっては法の曲解もこれにあたった。職業とは関係しない故意犯の場合には以下のことが問題となる。すなわち可罰的な行為が法と法律を著しく妨げる関係を示しているかどうかである。盗品の譲り受け，窃盗，被保護者に対

する姦淫に基づく有罪判決，刑法331条（公務員の収賄，Vorteilsannahme），332条（公務員の職務義務に違反する収賄，Bestechlichkeit）による職務上の犯罪行為に基づく有罪判決，侮辱罪または税法違反罪に基づく有罪判決が問題とされる。

申請人の法に反する態度は，成文法に違反することだけではなく，一般に承認されているより高次元の法に違反すること（たとえば基本的人権および法治国家に反対すること）ないしはそのような権利侵害を擁護することにもあらわれる。この一連の事例に関して，判例はとりわけ旧東ドイツの司法を構成していたメンバーまたは治安省のメンバー（「シュタージ」のスパイ）であったものによる刑法的には重大ではない行為を拒絶事由の判断の際に評価の対象としている。

この観点に基づく弁護士の認可の拒絶は，職業外での行為が法的問題処理機構の重要な関心事に危険が及ぶことを危惧すべきほどに非難される場合にのみ問題となる。例としては扶養義務違反，身体的傷害，公官庁に対する虚偽の報告が問題となる。これに加え申請人が認可手続において，認可を得るために自ら事実無根の嘘をついた場合も不適切な行為とされる。

連邦弁護士法7条5号でいうところの不適切性を調査する場合には，時間的な要素が特に重要となる。求められている弁護士職の認可にとっての意義という点において，不適切な行為は時間の経過に伴い，それ以降申請人が外部に対して行った善行を通じて，もはや拒絶を正当化しない程度まで重要性を失うことがありえる。不適切な行為がより重大であればあるほど，その行為がもはや認可を妨げなくなるまでにはより長い時間が必要となる。最低でも4年，最高でも20年の時間と見込まれる。

　b）そぐわない活動（連邦弁護士法7条8号）

7条8号により，申請人が弁護士の職業とともに，とりわけ法的問題処理機構のうちの独立した一機関としての地位にそぐわない活動を行い，あるいは，その独立性に対する信頼を損なう可能性のある活動を行っている場合には，弁護士職の認可は拒絶されなくてはならない。この規範は，独立した職業としての弁護士活動を保障するとともに，欠くことのできない市民の弁護士職への信

頼を保護するものである。弁護士の独立性および客観性を妨げ，あるいは，市民の目から見て弁護士の潔白さが疑われるような別の職業（第二の職業）はこれら共同体の利益にそぐわない。

① 第二の職業実践は原則的に許容される

リーガルサービス市場のキャパシティーには限界がないわけではなく，特に新規参入者にとっては生計を保障するために第二の職業活動（副業活動）をすることが必要となっているという背景の下で，連邦弁護士法7条8号は，若手の弁護士にとって特別な意味をもつ。第二の職業が「弁護士の業務」に適合するか否かは，ただ第二の職業の種類，そしてその範囲ならびに法的形態のみから判断される。連邦通常最高裁判所が立てた「第二の職業に関する裁判」の基準に基づいて，第二の職業実践を理由とする認可の拒絶が問題となるのは，通常は例外的な場合である。

② 職業を実践する余裕がない場合

申請人は，たとえ制限されていたとしても何らかのかたちでそれなりの範囲において，またいずれにせよ日常的に弁護士業を行う状況にあることが必要である。第二の職業活動の使用者との労働関係は，法的な障害をもたらす可能性がある。雇用者の指揮権およびその他の雇用契約上の取り決め如何では，申請人に課せられる雇用契約上の義務に基づいて弁護士活動を無制限かつ自由裁量に基づいて行うことができなくなる危険がある。弁護士会はこのことからもたらされる法的な障害の存在を審理し，その際弁護士会は雇用契約，当該申請人の地位についての説明およびいわゆる自由行動許可証明書（弁護士の仕事上，必要があるときには職場を離れてもよいとする証明書）を提出させる。その性質として使用者が第二の職業を許可するものである自由行動許可証明書が，無留保ではなくいつでも撤回できるとされている場合には，認可を拒絶しなければならない。このような使用者の留保を認めると，弁護士活動の処理と使用者の業務の問題の処理が対立する場合には，第二の職業の許可の撤回をほのめかすことによって使用者が押し通す危険性がある。さらに許可を時間的に制限することや範囲を制限することは許されない。

申請人は現実問題として，その職業とならんで少なからぬ時間を弁護士活動にあてられる状態でなければならない。連邦弁護士法からすると，名義上のペーパー弁護士やアフターファイブ弁護士というものは望ましくない。連邦通常最高裁判所によれば，弁護士は処理すべき各種の事務を使用者の職場で働いている時間帯において行うことができる状態になくてはならない，特に裁判期日に出頭できる状態になければならないとされる。申請人が主たる活動においてどれほど忙しいかは問題にならない。申請人が「フルタイムの仕事とならんで」弁護士業が求めるところをこなしていけるかは，個々の申請人ごとの労働能力に左右される。しかしながら，申請人は主たる勤務地での仕事とは関係なく，その勤務にあてるべき時間を自由に使うことができなくてはならない。

③ 弁護士の独立性に対する信頼を損なう場合

弁護士による第二の職業実践は，それが独立した弁護士というものに対して権利保護を求める市民の抱く信頼を損なう場合にもまた問題となる。このことから主たる活動に基づいて，将来の依頼者の観点から客観的にみて利益相反の蓋然性がおおいに考えられる場合には，認可を拒絶しなければならない。しかし，主たる職業活動から得られる知識・知見が他の者にとって重要でありかつ利益になるということであれば，問題にならない。

　　c) 認　　　可

弁護士職の認可は連邦弁護士法12条2項によって申立人に認可証書が交付されることにより有効となる（公布の形成的効力）。証書の交付は，申立人が弁護士会に対して連邦弁護士法51条が規定する職業責任保険契約の締結を証明して——通常は暫定的な補償引受を提出して初めて——これを受けることができる。申立人は証書の交付によって弁護士という職業表示を用いることが許される。

認可手続に引き続き，弁護士は連邦弁護士法12a条により認可された弁護士会（以下詳述する）に対して宣誓する。その内容は，「憲法にのっとった秩序を遵守し，弁護士としての義務を誠実に果たす」というものである。この宣誓は何らかの法律効果を発生させるものではないが，すでに法律により定められて

いる，弁護士の義務に服するということを倫理的側面から強固にするものである。

　d）事務処開設義務（連邦弁護士法 27 条）

　認可がなされると連邦弁護士法 27 条により，弁護士は認可をうけた区裁判所の管轄内に事務処を設置しなければならない。この規律の根拠は，権利保護の求める市民のためには，当該地域で活動するもののなかから選んだ弁護士を訪問できるように，駆け込む場所があってしかるべきということにある。弁護士が活動する裁判所および公官庁にとっても，当該弁護士と連絡が取れる場所が必要である。

　事務処とは，「弁護士が日常的に職業を行う空間であり，通常営業時間中には当該弁護士と連絡の取れる空間」を意味する。このことから弁護士がすでにこの場所で職業を営んでいるということを市民に示すために，少なくとも業務を明らかにする事務処の看板および仕事用の電話回線が存在することといった，事務処開設義務の最低限の要件が導かれる。

　弁護士職業規則 5 条はこの必要性を具体化して，弁護士は自身の職業実践のために不可欠な「物的，人的および組織上の諸前提を維持する」義務を負っていると定める。事務処が弁護士の私室またはその弁護士を使用する者のオフィスに設置された場合であっても，事務処の存在が外部から認識でき，かつ，弁護士への送達が可能であれば，当然には連邦弁護士法 27 条および弁護士職業規則 5 条の義務に違反したことにはならない。

3．認可の取消し・撤回

　A　概　　説

　弁護士会は連邦弁護士法 14 条により，次の場合には弁護士職の認可の効力を将来に向けて取り消しまたは撤回することができる。すなわち，それが判明していれば認可が拒絶されていたはずの事実が後に明らかとなった場合（1 項），2 項が定める弁護士自身の関わる撤回原因が存在する場合あるいは弁護士が事務処開設義務に応じなかった場合（3 項）である。

B　取消し事由

　連邦弁護士法14条2項が定める事由は，連邦弁護士法7条の拒絶事由そのままである。認可を失う原因として実務上特に問題となるのは，公務員への任命，弁護士業とは相いれない活動の開始または弁護士の財産欠損状態である。

　a）公務員への任命（連邦弁護士法14条2項5号）

　国に対する特別な信頼および義務関係が基礎にある官僚ないしは上級公務員の地位は，弁護士としての独立した地位とは相いれないものである。終身の官僚への任命は，公務員が自ら進んで認可を求める権利を放棄しなくとも，連邦弁護士法14条2項5号により認可は撤回される。だが被用者の身分の公務員（Angestellte）である場合には，連邦弁護士法14条2項5号にはあたらない。これらの公務員については，公務上の活動が弁護士の活動にそぐわない場合にのみ連邦弁護士法14条2項8号に基づく撤回が問題となる。これは官僚の場合とは異なり，原則的にはそうしたケースは問題とならない。単に一時的に公務に就く場合には，47条より認可は停止され，弁護士活動を禁じられる。

　b）財産欠損状態（連邦弁護士法14条2項7号）

　実務において最も重要な喪失原因は，弁護士が財産欠損状態にあることである。弁護士が経済状況を見通しの立つ期間のうちにコントロールできないほどに悪化させてしまい，その義務を果たすことができない場合をさして，財産欠損状態という。これを判断する際には，その債務の額とならび，預かり金や担保の不透明な取扱い，または自分が行った支払いについての虚偽報告なども考慮される。たとえば職業責任保険の保険料のような些細な債務すら給付できないということは重要な意味を持っており，そこから財産欠損状態を推定することができる。特に弁護士に対する債務名義および執行文が発せられたことは，財産欠損状態の証拠となる。

　倒産が申立てられ，それに続いて倒産手続が開始して処分権限が倒産管財人に移転することにより，権利保護を必要とする市民の利益が損なわれる危険が無くなるわけではない。同じく，場合によっては倒産法287条2項1文の債務免除の可能性があるからといって，認可の撤回の理由が無くなるわけではな

い。むしろ安定した財産状況とは，弁護士の債権者が見通しの立つ期間のうちに満足を受けることができ，かつ，弁護士が自分で財産を自由に管理できることを前提とする。

　c）そぐわない活動（連邦弁護士法14条2項8号）

　確認ではあるものの，弁護士にそぐわない第二の職業活動は，連邦弁護士法7条8号の弁護士職の認可を許さないだけではなく，弁護士職が認可された後であっても，連邦弁護士法14条2項8号の認可の撤回事由にもなる。

III　弁護士の職業法上の基本的義務

1．概　　説

　委任者と契約関係にあることから生じる拘束，つまりは民事法に起源をもつ弁護士の諸義務とならんで，ドイツでは連邦弁護士法と弁護士職業規則が規定する法定の諸義務が存在する。それらの義務は弁護士の地位の発露であり，弁護士職の一員となった結果として生じるものである。ここでは連邦弁護士法43a条において規定されている弁護士の基本義務が特に重要である。これらは連邦弁護士法の第3章，弁護士職業規則ならびに専門弁護士規則に定められている諸義務によって補充される。

　弁護士の基本的諸義務の中で特に取り上げるべきは「コア・ヴァリュー（core values）」であり，これは弁護士の職業像およびその自己理解を特徴づけている核心的な義務である。問題となるのは，現実にはすべての法システムにおいて受け入れられている弁護士階層に属する人々の基本的な諸義務であり，具体的には，独立性，守秘（秘密保持）そして利益相反の回避である。これらの諸義務が重要なものであることは，その一部を手続法および刑法において特に保護しているという事実が示している（例としては，刑法203条（職業上知りえた秘密の漏えい，Verletzung von Privatgeheimnissen），356条（弁護士の当事者に対する義務違反，Parteiverrat）；民事訴訟法383条1項6号（地位または職業を理由として守秘義務を負うものの証言拒絶，Zeugnisverweigerung aus persönlichen Gründen）；

刑事訴訟法53条（職業上の理由に基づく証言拒絶権，Zeugnisverweigerungsrecht aus beruflichen Gründen）。

以下では，中心的な職業上の義務である独立を守る義務，守秘義務，利益相反代理の禁止の保持義務ならびに事に即すべき義務（Sachlichkeit）を取り上げる。

2．独　立　性（連邦弁護士法43条a1項，弁護士職業規則1条）

連邦弁護士法43a条1項は，弁護士に対して職業上の独立性を脅かすような関係に入ってはならないと規定している。職業上の独立性は，弁護士の職業上の地位の中核部分をなしている。職業上の独立および個々人としての独立を守るべしというこの義務は，法的問題処理機構の独立の一機関およびすべての法律問題についての助言者および代理人たる弁護士の地位（上記参照）から導かれる，最も重要な帰結の一つである。すでに連邦弁護士法1条1項および3項において用いられている概念が連邦弁護士法43条a1項において再度取り上げられていることは，弁護士の独立性は特に重要な意味を有することを示している。この点について連邦通常最高裁判所（Bundesgerichtshof）は以下のように説示している。

「弁護士の独立性が失われてしまうと，もはや弁護士は他の法的問題処理機構に関与する機関と等価値であり，そしてまた同じ権限を有するパートナーであるとはもはや言えない。そのような弁護士は，なるほどその職を維持してはいたが，その名声と弁護士階層という身分は失っていたのである……。」

これまでのところ，弁護士の独立性の意義を詳細に定義づけるまでにはいたっていない。この独立性が保護しようとしているものはさまざまであり，多方面にわたっている。すなわちそれは，国家からの独立，職業上の独立および社会からの独立である。連邦弁護士法のコンテクストにおいては，独立性は次のような拘束関係が存在しないことだと理解できる。それは場合によっては指示に服させるというかたちで，また自由な民主主義的法治国家の原則および自身の信念のみに従うという弁護士の義務に反して行為するよう強要するという拘

束関係である。従って，独立性の要請が目指すところは，とりわけ対外的な自由の確保であるといえる。それはすなわち，国家政治的な地位からの指示，依頼者，弁護士会などの職業組織の指示または使用者の指示からの自由の確保である。それゆえ弁護士の独立性のその他の部分，つまり弁護士の内部的な自由は，弁護士が職業倫理上の基本原則に従うことで，その自己責任の下で自ら擁護しなくてはならない。

　しかし，連邦弁護士法43条a1項は弁護士が拘束される関係に立つことを完全に禁止しているわけではない。もっと言えば，弁護士の活動において，拘束関係や義務といったものを引き受けないということは通常考えられない。個々の委任契約から弁護士の幅広い民事法上の義務が生じ，弁護士は責任追及を免れるためには，その義務，特に依頼者からの適法な指示に目を配りこれに従う義務に注意を払わなくてはならない。加えて弁護士は，自身の職業実践の範囲内で，弁護士であるその使用者あるいは弁護士ではないその使用者からの拘束を受ける可能性がある。現実には弁護士の職業実践にはこうした圧力が加わっているが，連邦弁護士法43条a1項は，これまでも規律するものではない。むしろこの規定の趣旨は，弁護士の職業実践における独立性を損なう法律上または事実上の拘束のみを禁じることにある。

　実務において弁護士の独立性を深刻に脅かすものは，職業法上すでに明文化されているため，つまるところ連邦弁護士法43条a1項は取りこぼしを防ぐ受け皿としての機能（Auffangfunktion）を担うものである。たとえば連邦弁護士法7条8号は，権利保護を求める市民が独立した弁護士というものに対して抱く信頼を損なう場合には，弁護士が第二の職業を営むことを禁止する。将来の依頼者の観点からすると，相談をした際に他の活動を理由として義務の衝突が生じる可能性がかなりある場合には，弁護士認可は拒否される。想定される特定の事実関係の下で活動することを連邦弁護士法45条から47条は禁止しているが，これらもまた弁護士活動を明確に禁止することにより，忠誠関係の衝突を阻止し，弁護士の独立性の保障に資する。また片面的成功報酬制度が禁止されているのは，弁護士の経済的な独立性を確保するためである。

特にそれが経済的性質のものである場合のように，間接的な従属関係は，多種多様であるがゆえに連邦弁護士法43条a1項のような規定によって捕捉することができるにとどまる。事実として伝承され，それゆえに内的である独立性という自由は，ただ個々人が自身でのみ確保することができる。この最もよい例が，雇用されている弁護士の地位である。この場合弁護士は，事実上，労働法上および人的にも使用者に従属してはいるが，それにもかかわらず，労働法が定める範囲内において使用者の指示に拘束されない限りは，法的問題処理機構の独立の一機関でもある。

3．守秘義務（連邦弁護士法43条a2項，弁護士職業規則2条）

A　守秘義務

弁護士に委任した依頼者は，しばしば個人的な生活範囲に関係する事柄を弁護士に伝えるが，それが自分の意思に反して公にされないことに関心を持っている。この依頼者の請求権は，あらかじめ憲法において保障されており，基本法1条と連動して2条1項において規定される自己決定権から導かれる。同時に一般的な市民の弁護士職に対する信頼は，弁護士の秘密保持の下での職業実践によって生み出される。そのため弁護士は連邦弁護士法43条a2項により，「秘密保持の下」自身の職業を実践する義務を負う。弁護士職業規則2条はその義務を具体化して，その義務は弁護士がその職業活動に際して知るに至ったすべてに及ぶと規定する。

守秘義務はすべての人との関係で認められているため，他の弁護士や弁護士会，さらには弁護士の家族に対しても秘密を漏らしてはならない。守秘義務は当該弁護士にのみに課せられるものではない。さらに弁護士は，弁護士職業規則2条4項によりその事務処職員に対しても連邦弁護士法43条a2項の意味での秘密保持を守らせなくてはならない。非弁護士の従業員は職業法には拘束されないので，彼らによる守秘義務は対応する勤務契約上の合意を通じてしか図ることはできない。特に事務処の従業員は，依頼の秘密をみだりに明らかにした場合には，刑法203条1項（秘密漏示）により処罰される。

連邦弁護士法43条a2項の守秘義務はいわゆる「秘密」だけではなく，弁護士が依頼に基づいて見聞きしたすべてのものに及ぶ。ここには当然に，誰が弁護士の依頼者であるという事実もまた含まれる。弁護士が問題の情報を依頼者から得たということは必要要件ではない。保護されるのはすべての情報であり，弁護士がその情報を誰からおよびどのような方法で入手したかは一切関係がない。

　公知の事実およびその内容からして秘密にする必要性のない事実については，弁護士は連邦弁護士法43条a2項の守秘義務を負わない。公知の事実はもはや公にされる可能性がなく，秘密にする必要性のない事実は保護の必要性に欠ける。公知であることとは，民事訴訟法291条でいうところの一般的に知られていること，つまりは思慮分別のある人間が通常なら知っていること，ないしは一般的に公開されている情報源から問題のないかたちで得ることができる情報を指す。重要でないということは，依頼者の視点から見て些細なこととされる情報をもらした場合がこれにあたる。

　依頼が終了した後であっても，守秘義務から解放されるわけではない。また，守秘義務は弁護士認可を取り消されまたは返上しても終了しない。このことは弁護士職業規則2条2項が明文をもって定めている。

　弁護士が秘密を明らかにする権限を有しあるいは義務を負っている場合には，守秘義務に違反したことにはならない。しかるべき判断要素となるのは，ひとつには刑法203条が定めている秘密漏示の構成要件要素であり，もうひとつには，依頼者が秘密の保護について自由に処分できるか，ないしは弁護士に認められている守秘義務が他の法益と抵触する場合の利益考量である。秘密の公開に対する同意ないし承諾は，原則として形式を要せず，黙示の合意ということもありうる。もっとも，表意権者による同意の意思が，問題となっている同人の振る舞いから明確に読み取れることが不可欠である。また弁護士は，法律上の明確な規定に基づいて，依頼に関する情報を第三者へ提供することを義務づけられていることもある。このようなケースで重要なのは，犯罪行為の計画を通報する義務を定める刑法138条である。

B　守秘の権利

　これまで、弁護士の職業上の秘密の裏面である弁護士の守秘の権利が、守秘義務と不可分に結びついているということには、ほとんど関心が寄せられてこなかった。伝統的に弁護士の守秘の権利は手続法の規定において認められており、証言拒絶権として規定されている。それに対して、依頼者の秘密保持の利益とは無関係な一般的な弁護士の証言拒絶権は、どこにも明確には規定されていない。この問題は次のような事実を背景としてアクチュアルな意味を持っている。すなわち弁護士職がさまざまな法律を通じて国家による組織化された犯罪およびマネーロンダリングの克服に起用力を求められ、そしてそれに関する情報の公開を強制されているという事実である。

4．利益相反代理の禁止
　　　（連邦弁護士法43条a4項，弁護士職業規則3条）

A　総　　則

　双方代理によって当事者を裏切る背信的行為は、弁護士が犯す可能性のある過誤の中で、最も深刻な職業上の過誤のひとつである。立法者は刑法356条において当事者に対する裏切りを犯罪行為とし、そして連邦弁護士法43条a4項においては利益相反代理の会費を職業法における主要義務のひとつとした。

　ことの処理にあたる者は紛争とならないように相反する利益を有する二人の委任者のために働くことは許されず、このことは当然のこととして広く受け入れられている。このことから立法者は、いわゆる欠格事由を通じて利益衝突が生じないようにしようとし、そして、それが守られない場合には、相談にあたる者の落ち度を職業法および刑法をもって警告しようとしている。弁護士職業法においては、連邦弁護士法43条a4項が利益衝突を予防することとなるはずである。それとともに刑法356条がこの場合は適用される。刑法356条は、弁護士がいまだに依頼関係が終了しないうちに、依頼者の相手方に対して法的資格によるサービスを提供することを可罰行為としている。

　連邦弁護士法43条a4項は、「弁護士は、相反する利益の双方を代理しては

ならない」と定めている。この規定は、弁護士が依頼者との信頼関係を保持することに役立ち、そしてまた、自分が奉仕する者に不利益をもたらす弁護士は、権利保護を求める市民のためにある独立した代理人たる地位を欠くことになるので、弁護士の独立を確保することに役立つ。さらにこの規定は、法的紛争処理機構の機能性を保護するものである。この機構は「弁護士の職業実践が真っ正直」であること（連邦議会報告書12／4993, 27頁）、つまり、弁護士が一方の側のみに奉仕することをそのよりどころとして成り立っている。これらすべての関心事は、同時並行的に並び立つものであり、そしてまた相互に影響し合っているのである。

B 暗黙の要件＝同一の事件

連邦弁護士法43条a4項の適用範囲は、その文言からすると非常に広範に及んでいるが、第一の制約は、職業法上の背信的行為に関する規定よりも古い規定である刑法356条に立ちかえることにより得られる。この規定において定められている構成要件、すなわち「同一の事件」に該当するのは、二人の依頼者を結びつけている紛争の素材が部分的に同一であり、従って利益の衝突が総じて想定されるという場合である。連邦弁護士法43条a4項についてみると、こうした制約は条文の中に「読み込まれている」ところである。

従って以下のように言うことができる。すなわち、依頼者の一人から弁護士に告げられた生活事実関係およびそこから生じる実体的な法律関係が、ほかの依頼者から弁護士に委ねられた事実群と、たとえ部分的にであっても一致する場合には、弁護士はそこから生じる法律上の諸利益を矛盾する形で擁護することは許されない。

同一の事件か否かという問題にとっては、事実関係の同一性が重要であるので、手続、手続の種類、法律分野、法的視点等々が同一であるか否かはこれとは関係がない。決定に重要であるのは、生活事実関係の同一性である。従って「同一の事件」となるのは、同一の手続および同一の当事者が問題となる場合にのみ生じるわけではない。かえって基準となるのは事実関係の同一性であ

り，これが異なる種類の手続，そしてまた異なった目標において意味を持つものであったとしても同様である。

同一の事件の典型的な例は，婚姻により基礎づけられた統一的な生活事実関係，賃貸借契約，共同相続や事故にみられる。

C 利益の衝突

活動の禁止は，相反する利益の代理要件とされているため，これにより，連邦弁護士法43条 a4 項はさらにその適用範囲が制約される。相反する利益の代理となるか否かは，例として以下のような場合に問題となる。
　① 合意離婚事件において夫婦双方を代理する場合
　② 倒産管財人および倒産債権者として同時に活動する場合
　③ 被告人の弁護を引き受け，それに引き続く解雇訴訟において当該被告人の使用者を代理する場合
　④ 捜査手続において事故の加害者の弁護を引き受け，その後の責任を追及する訴訟において，事故の被害者を代理する場合
　⑤ かつて弁護士が双方の相続人を第三者との関係で代理したのちに，ある共同相続人を他方の共同相続人との関係で代理する場合

異った事件において，多数の依頼者の利益が同一の方向を向いているときには，利益に衝突があることにはならない。依頼者の利益が競合していることは，それが同一方向を向いていることになるが，必ずしも利益が競合していることは必要ではない。例えば典型的なのは以下の場合である。
　① 扶養事件において夫婦の一方とその子どもを代理する場合
　② 複数の強制執行事件において多数の債務者を代理する場合
　③ 企業買収においてそれに関心のある複数の者を代理する場合
　④ 一人の共同相続人に対して（遺産の）返還を請求する複数の相続人を代理する場合
　⑤ 投資で被害を受けた多数の者を代理する場合

利害が同一方向を向いている場合には，原則的に活動は禁止されない。

利害が競合する場合に，依頼者に知らせないままで代理を引き受けることができるかは別の問題である。

5．事に即していること（Sachlichkeit）（連邦弁護士法43条a3項）

弁護士は，連邦弁護士法43a条3項により事に即して活動する義務を負う。この事に即した職業活動という要請は，例えば挑発的でかつまたほかの手続関係者の理解や判断能力に悪影響を及ぼすような侮辱または真実に反する内容を意識的に流布することを禁じることで，専門家らしい法的紛争の解決をもたらすことにある。従って，事に即しているということは，専門家がする仕事の特徴である（連邦議会報告書12／4993，28頁）。

しかしながら，事に即していることを詳細に定義すること，そしてまた，可罰行為にあたるまでいかないところで，事に即している振る舞いとそうではない振る舞いの境界線を引くことはどうやってもできるものではない。従って，事に即していることとの一般的要請は，これを適用して職業法上の制裁を課すことはできず，その核心は職業倫理をアピールする機能にある。刑法上処罰可能な侮辱や真実に反する内容を意識的に流布した場合には，常に事に即すべしという要請に違反することとなり，あるいは，そのきっかけがないにもかかわらず，相手を軽蔑した場合もこれに違反すると考えられる。

連邦弁護士法43条a3項2文により，弁護士は職業を実践するにあたり，わけても意識的に（つまり，真実ではないと知りながら）虚偽の事実を流布してはならない。すべての人に対して負っている真実であることの要請は，とりわけ弁護士が事実を主張するところでその重要性をもつ。すなわち，例えば弁護士が意図的に法律または判決について虚偽の内容を主張した場合には，職業法に違反する虚偽事実の主張となる。これと区別すべきは，弁護士の法解釈または評価である。弁護士が，結局は真実が歪曲されることにはならない限度で，依頼者にとって不都合ないしは不利な状況を述べないことは，「意識的に虚偽の内容を流布したこと」にはあたらない。同じく，真実であることの要請からは，依頼者がもたらした不確かな事情または疑いのある情報を明らかにするという

弁護士の職業法上の義務が導き出されるわけではない。しかしながら，一般的な見解によれば，そうしなければ依頼者が不当に有罪判決を下されることになる場合であっても，弁護士は「苦し紛れの嘘」をつくことは許されない。

　弁護士は，被告人とされた者の犯行だと知っていても，無罪判決を目指した弁護を引き受けて差し支えなく，そしてそれは真実であることという要請に反すると非難されることはない（ライヒ大審院判例集刑事編66巻326頁，連邦通常最高裁判所刑事判例集（BGHSt）2巻377頁）。当該弁護士が弁護を引き受けた場合には，弁護士は，多くの場合には内なる葛藤を避けることができないという困難な状況に立たされる。この場合でも，弁護士が無罪を獲得するためとはいえ，虚偽の内容を流布しあるいは証拠方法を偽造・改ざんすることは決して許されない。

IV　弁護士報酬法の基礎

1．基本的構造と基本原則

　2004年7月1日以降，ドイツの弁護士手数料法の中心を担っているのは，弁護士の報酬に関する法律（Gesetz über die Vergütung der Rechtsanwältinnen und Rechtsanwälte，以下「弁護士報酬法」）であるが，これはそれまで施行されていた連邦弁護士費用法（Bundesrechtsanwalts- gebührenordnung）に代わって規定されたものである。弁護士報酬法には別表として報酬額一覧表が添付されている。この報酬額一覧表は，非常に多様な弁護士の活動および支出について一般的な規定の基準に準拠した報酬を定めているが，その一方で，この法律には一般的な規定も置かれている。弁護士報酬法とならんで民法612条の意味での料金（料率）規定としては，職業法上では連邦弁護士法49条bおよび連邦弁護士法21条から23条がある。その他の非訟事件費用法（Gesetz über die Kosten in Angelegenheiten der freiwilligen Gerichtsbarkeit (Kostenordnung)）および裁判所費用法（Gerichtskostengesetz）等のいわゆる費用法と呼ばれる法律は，弁護士報酬法の諸規定と密接に絡んでいる。最後に，報酬請求権は一般的な債務法の規定を基

礎として生じることから，債務法が基本的には重要な意味をもつ。

　料金（料率）規定である弁護士報酬法または契約による報酬合意は，報酬の金額だけを定めるものであるから，その原因となる報酬請求権の発生を前提としている。報酬請求権が発生「したか否か」は，通常は委任者との間で締結された，いわゆる弁護士契約によって決まる。請求権は，法定債権債務関係（事務管理または民法812条以下の不当利得）に基づいて発生する場合もある。考えられるのは，弁護士が委任なくして活動し，かつ，受益者が当該活動を追認したという場合（民法684条2文）または弁護士の活動が受益者の現実の意思または推断される意思に合致している場合（民法670条，683条）である。最後に弁護士活動に対する報酬請求権は，公法によって決まることもあり，こうした場合には依頼者に対する私法上の請求権とは対照的に，その金額を自由に決定することはできない。むしろ報酬基準はもっぱら弁護士報酬法により定まる。訴訟救助または必要的弁護を命じられた弁護士の報酬がこの例である。

　弁護士報酬法の料金（料率）表は，強制的な性格のものではない。つまり，弁護士の報酬について，拘束的かつ強制的な料金（料率）表ではない。弁護士報酬法3a条は，個別的に同法の定める額を超える報酬合意を認めているのであるから，むしろこれは「二次的な任意的料金（料率）」なのである。弁護士は，債務法上の弁護士契約に基づいて活動しているのであるから，このことは契約自由の原則に照応している。

　しかし，契約自由の原則は弁護士報酬法によって二重に制約される。一方では，個別的な契約によってできるだけ高額の報酬合意をしようとしても，現実問題としてだけではあるが，費用法上の規律がその障害となる。すなわち，裁判上の活動についてみると，勝訴した場合に，相手方に対してその費用償還義務を負う敗訴者は，合意された報酬を斟酌する必要はない。さらにまた，合意された報酬は，今日では幅広く締結されている権利保護保険が絡んできた場合を考慮していない。なぜなら保険者は，権利保護保険の普通約款（Allgemeine Bedingungen für die rechtsschutzversicherung）2条1b項に従い，常に弁護士報酬法に規定されている報酬を基礎として保険清算するからである。他方では，相

手方の費用賠償義務は，常に料金（料率）表の法定の報酬についてのみ生じ，勝訴当事者は報酬合意に基づき，自身の弁護士にその差額を自腹で支払わねばならない。最後に，弁護士報酬法4条4項に規定されている，法的争訟において不当に高額な報酬が合意されても，裁判によって法定の報酬額まで引き下げられるという制約がさらに加わる。この合意された報酬の減額は，裁判所による弁護士と依頼者との間で締結された契約への形成的な介入である。この契約の自由への介入が正当とされるのは，弁護士が法的問題処理機構の一機関という特別な地位を有しているからである。

2．報酬合意

弁護士は，債務法上の弁護士契約に基づき活動するため，——料金（料率）法規は任意的なものであることから——報酬額は契約当事者間の合意によって決まるという，法律が定めている債務法上の基本があてはまる。弁護士報酬法3a条は，こうした報酬合意を明文により許容している（上記参照）。

A　その形式

報酬に関する合意は書面によってなされる必要があり（弁護士報酬法3条a1項1文），代理権付与証書の一部とすることは許されない。報酬は個々別々に定められる。すなわち一方では，合意された総額を（たとえば「標章に関し1万ユーロ」といったように）定められる場合もあれば，他方では，料金（料率）表に基づく報酬との関係で乗数をもちいて（たとえば「弁護士報酬法が定める法定の報酬の二倍」といったように）算定するという方法もある。さらに，「弁護士報酬法による報酬は，その対象物の価格を2万ユーロとして計算する」といったように，訴額について本来のものより高い訴額を合意することも，料金（料率）表に基づく報酬よりも高い報酬を合意する仕方のひとつである。報酬合意の中でとりわけ好まれる類型は，弁護士の特定の活動についての時間単位での報酬合意，つまりタイムチャージ制の合意である。ちなみに，ドイツにおける平均的な弁護士の時間給は，182ユーロである。

B　その内容

　報酬の合意が特に意味をもつのは，弁護士が，弁護士報酬法の定めている手数料を超える報酬を得て活動するというケースである。しかしながら，合意は弁護士報酬法の手数料を下回る場合についても問題となることがある。弁護士報酬法 4 条 a 1 項 1 文および連邦弁護士法 49 条 b 1 項は，法律行為としての合意によって弁護士の裁判外の活動に対する報酬を減額することを許容している。とりわけ産業界を依頼者として活動する大規模法律事務処は，時間を基準とする報酬額が，弁護士報酬法の定める手数料を上回るかまたは下回るかを調査することなく，アメリカのタイムチャージに関する先例（いわゆる請求書方式 "billing"）にのっとって，時間給による計算をしている。弁護士が裁判上の活動を行うところでは，弁護士報酬法の定める報酬の減額は認められていない。連邦弁護士法 49 条 b 1 項が定めているこのような禁止は，以下の事実にその正当性がある。すなわち弁護士報酬法の定める手数料は，弁護士の生計を保障するというだけではなく，裁判費用と同様に，訴訟を抑制する機能をも有しているという事実がそれである。また敗訴した者が自身の弁護士に支払う報酬は，紛争を抱えた当事者が，裁判外で紛争を解決するために十分に努力することなく性急に駆け込むことを思いとどまらせるのに役立つ。このことからして，裁判上の活動に関しては，料金（料率）表に基づいた報酬というものは，法的紛争処理機構に有意義でかつまた重要な機能を有している。この下限の規制を排除してしまうと，多くの権利保護を求める市民が費用負担のリスクが少ないために訴訟を提起するようになってしまうだろう。なぜなら彼らにとって訴訟外の紛争解決は，費用面での利点が少ないからである。

　どのような形であれ，弁護士の成果に左右される報酬または成果を基準とした報酬，つまりは成功報酬は，原則として許されない。連邦弁護士法 49 条 b 2 項の禁止は，実質的にみると一切の限定なしに，想定されるすべての弁護士の活動に妥当する。立法理由書は，成功報酬を禁じる根拠として，弁護士の報酬が，依頼された事件処理の成果，すなわち依頼者にとっての成果に結びつけられることになると，弁護士がその独立性を失う危険があることを挙げる。

2008年から，例外的な場合には成功報酬が許容されるようになった。それは，分別を持って考慮するならば，委任者の経済状況からして成功報酬の合意なしには訴訟追行ができない場合である。この際裁判上の手続にあっては，敗訴した場合にはまったく報酬を支払わない，あるいは法定の報酬よりも少ない報酬を支払うという合意も許容される。しかしこうした場合には，勝訴したときには法定の報酬に加え適切な追加報酬の合意がされなくてはならない。例外的に許容される成功報酬のフォームとしては，全体が成果如何にかかる報酬，成果に左右される追加報酬（「成功プレミア」），弁護士活動の成果をもとにした積み上げ方式の報酬あるいは勝訴したときの取り分（quota litis）である。

C 特に報酬の額について

合意された報酬があまりに高額であった場合には，弁護士報酬法3a条により，訴訟を通じて弁護士報酬法の定める手数料額まで減額することができる。合意した額の切り下げは，弁護士と依頼者との間で締結された契約に裁判所が形成的に介入することを意味する。この契約の自由への介入は，法的問題処理機構の一機関たる弁護士の特別な地位を根拠として正当化される。たとえば料金（料率）規定によった場合の報酬の5倍または6倍もの報酬は，頭から不適切であるとされているとしても，弁護士報酬法の定める手数料よりも何倍高ければといったような，合意の不適切さを確実にするよりどころは存在していない。裁判官は，すべての状況を考慮して，具体的になされた活動からみて，合意された報酬が不当に高額であるか否かを客観的に確定しなければならない。そのために，弁護士理事会に対して鑑定を求めることができるし，理事会はこれを無料でしなくてはならない。もちろん減額する際には「契約は守られなくてはならない，"pacta sunt servanda"」という原則が考慮されなくてはならない。すなわち，依頼者および債務者に報酬合意を守らせることが，まさしく耐え切れない以外の何物でもない場合に限り，報酬の減額が問題となる。

3. 料金（料率）表に基づく報酬

弁護士契約の当事者が，報酬についてなんら合意をしなかった場合には，民法612条により，国が定める料金（料率）規定において当該活動に関して手数料が定められている場合には，依頼者はこの料金（料率）規定に準拠した報酬を支払うこととなる。この場合にあたるか否かは，弁護士報酬法および付表となっている報酬額一覧表により決まる。弁護士報酬表が定めている手数料の発生要件は，想定できる弁護士活動すべてを網羅しているわけではない。例えば裁判外の法律相談または鑑定といった弁護士の活動について，弁護士報酬法は手数料を定めてはいない。そのような場合に何らの合意がなされていないのであれば，委任者は「通例となっている」報酬，すなわち，当該市場において一般的な報酬を支払う。

報酬の算定のためには，個別的合意ではなく料金（料率）規定が用いられるべきときについてみると，弁護士報酬法は，総額算定，一回だけの算定，紛争対象物の価格による算定そして受任事件全体からの収支バランスを考慮した横断的補充（Quersubventionierung）といった，さまざまな基本原則と独特の手数料構造の上に成り立っている。

A 基本原則

弁護士報酬法およびその料金（料率）表が定めている手数料の発生要件は，報酬の総額算定の原則をその特徴としている（弁護士報酬法15条1項参照）。複雑な個別算定を避けるために，弁護士の活動全体は一個の手数料の発生要件により一括して計算される。この総額算定は，いわゆる一回だけの算定原則（弁護士報酬法15条2項）によって補充されている。というのは，弁護士の活動中に，手数料の発生要件が何度も満たされる場合が考えられるからである。それにもかかわらず，同一の事件あるいは同一の審級にあっては，ある一定の手数料を請求できるのは常に一回限りである。弁護士報酬法は，この一般的な原則を出発点として，活動および手続の違いをもとに異なる定めをしている。

民事法，行政法，労働法および社会法の領域においては，弁護士の手数料は常に弁護士活動の目的物が有する価格（目的物の価格（Gegenstandswert））に従って計算される。目的物の価格とは，弁護士の活動に対して委任者が有している利益を金額をもってあらわしたものをいう。目的物の価格が高ければ高いほど，弁護士の手数料は高額になる。

価格に応じた手数料の発生要件という体系の下では，活動の範囲が事実上等しくとも，異なる報酬が支払われるということが状況次第で起きる，言い換えれば，目的物の価格が高額であれば，目的物の価格が低い場合よりも手数料は高額になるということである。しかし目的物の価格が高くなれば，常に弁護士がより多くを仕事に費やさなければならないということではない。立法者が理想としたところによるなら，この帰結を甘受しなければならない。なぜなら混合計算という考え方が弁護士報酬法の基礎にあるからである。つまり，目的物の価格が高いことで弁護士が受け取る高額の手数料は，目的物の価格が低くて採算が取れない収入を補償するものであり，こうすることで訴額の低い請求をする際，市民が高額の費用の前でしり込みをしなくて済むわけである（いわゆる受任事件全体からの収支バランスを考慮した横断的補完（Quersubventionierung））。

確かに，手数料と目的物の価格とを厳格に連動させることは，料金（料率）表が逓減していくかたちで作成されていることによって相対化されている。つまり，手数料を計算する基準となる価格が高額になればなるほど，手数料は価格との関係では割安になる。もっとも，手数料は目的物の価格が50万ユーロに達するまでは逓減しつつ上昇するが，目的物の価格がそれ以上になる場合には，直線的に上昇していく（目的物の価格が5万ユーロ増加するごとに，150ユーロの手数料）。

B　手数料の体系

弁護士報酬法における料金（料率）表は，いわば料金法規の各論として，手続の種類を基準としたこうした報酬を算定するために，類型化された手数料の発生要件を定めている。なぜなら，弁護士報酬法は弁護士活動のすべてを手数

料法上同等なものとして規定しているわけではないからである。この際手数料の発生要件は，各手続法に強く指向したものとなっている。手数料の発生要件は，統一的な方法論に基づいているわけではない。なぜなら手数料の発生要件は，総枠型手数料（Betragsrahmengebühren），目的物の価格により定まる手数料，固定型手数料もしくはこれらを組み合わせた手数料のどれによるのかという，異なる手数料形式を定めるからである。

固定型手数料とは，弁護士がある特定の活動のために固定された金額を受け取る場合である（たとえば，料金（料率）表2600番の相談援助料：10ユーロ）。

総枠型手数料とは，弁護士がある特定の活動のために料金（料率）表に予め定められている手数料の範囲内で金額を請求できる場合である（例えば，料金（料率）表3205番の「州社会裁判所における手続の期日手数料……30ユーロから430ユーロ」）。

固定手数料の特別の類型である価格型手数料の場合には，手数料の発生要件は手数料額を金額のかたちで示してはおらず，固定的な乗数（「料率」）を定めているだけである。そしてその料率は，探知・確定されるべき弁護士活動の対象の価格と相関関係に立っているはずのものである。弁護士報酬法は，この限りで基準となる料金（料率）表において，乗数を示している（例えば，3100番「1.3」）。まずは料率と目的物の価格を組み合わせ，その後料金表を用いることで，金額に換算された手数料がわかるしくみとなっている。

料率総枠型手数料は，価格により定まる手数料に対応する。だが総枠型手数料として固定の料率ではなく，幅をもたせた段階的な料率を定めている（例えば，料金（料率）表2400番「0.5～2.5」）。

要件が固定の手数料ではなく，単に最小額と最大額によって示される枠組みのみを定めている場合には，弁護士は自身の手数料を弁護士報酬法14条の下で好きなように定めることはできず，義務的な裁量によりこれを定めなくてはならない。

弁護士は，枠のなかのどれによるかを定めるにあたっては，弁護士報酬法14条1項に従い，個別の事例を取り巻くすべての事情，そしてまた事件の意

味および範囲，委任者の収入および財産といった同条が特に上げている基準を考慮しなければならない。

C 一つの例——民事法分野での活動の手数料

弁護士報酬法が別に定めていない限り，弁護士の報酬は，弁護士活動の目的物が有する価格（いわゆる目的物の価格）に従って計算される。目的物の価格が明らかであれば，弁護士報酬法13条1項により，特定の目的物の価格に関する本条の付表を用いれば，一定の手数料額が判明する。特定の活動に関する手数料をどの程度請求できるかは，充足された各手数料の発生要件によって決まる。

それゆえに手数料を計算する際には，以下の各要素を見ていくことが不可欠である。

充足された手数料の発生要件：弁護士報酬法は，2条2項によって基準とされる，公式の別表1として付されている料金（料率）表のなかにおいて，一定数の多様な手数料の発生要件（1000番から7008番）を定めている。民事裁判の依頼の場合，弁護士は典型的に二種類の手数料を受け取る。一つはいわゆる手続手数料であり，もう一つはいわゆる期日手数料である。

手数料の発生要件からわかる乗数（利率）は，固定されているか（料率型手数料）または一定の枠内に収められている（料率総枠型手数料）かのどちらかである。弁護士が民事裁判において活動した場合には，手続手数料の料率は1.3になり，期日手数料の料率は1.2となる。

基準となる目的物の価格：目的物の価格とは，弁護士の活動に対して委任者が有している利益を金銭によってあらわしたものをいう。このオペランドがいわゆる目的物の価格である。弁護士は，その額の確定を裁判所に申し立てることもできる（弁護士報酬法32条，33条）。

V 弁護士が職業実践にあたる際の共同組織形態

1. 弁護士経営者と勤務弁護士

　弁護士職の組織形態といえば，核心のところでは二つの領域に大別される。ひとつは企業上個人責任を負って行う弁護士の活動であり，個人弁護士，合同事務所（Burogemeinschaft）のメンバーあるいは職業実践組織（共同経営（Sozietät））の組合員ないしは社員がこれにあたる。もう一つは被用者＝勤務弁護士として依存関係の下での活動である。この二つの中間に位置する者としては，「フリーランス（freien Mitarbeiter）」がある。フリーランスは，その定義からすると経済的に独立しているが，しかし他の弁護士や職業実践組織からの仕事を委任するかたちで活動しており，そしてまた当該組織へと入り込んでいるので，その独立性は見せかけのものになってしまう可能性がある。

　例えば連邦弁護士法の前身である弁護士規則（Rechtsanwaltsordnung）もまたこれにより特徴づけられていたが，古典的な弁護士像によれば，弁護士とは，自身の事務所で独立して活動するものであると想定されてきた。リーガルサービス市場が発展し，さらには認可を受けた者の人数が飛躍的に増加したことにより，古典的な弁護士像はもはや時代遅れになった。必要な知識と同様に不可欠な資金の観点からも，初めての認可を受けてすぐに自身の事務所を構えてリーガルサービス市場に参入することのできる状態にある新規参入者は，ほんのわずかである。さらに，新規参入者にとって，既存の安定した職業実践組織にパートナー（経営者の一員）として加わることは至難の業である。このことから弁護士職業への道は，ほぼ例外なく，将来的に自身の事務処を設けて独立すること，あるいは，職業活動組織の構成員の集団内で昇進することに結びつく弁護士事務処での活動を経るかたちとなる。

2. 法律事務処における職務

　連邦弁護士法と同様に弁護士職業規則もまた，さまざまな地位にある弁護士

の独立性を強調してはいるものの，法律事務処の中で被用者として「独立性を欠いている」弁護士の活動に，職業法上何ら問題はない。当該弁護士の使用者自らが職業法上義務を負う弁護士であることと，その下で働く同僚の独立性を職業実践の際に保障し続けることとの間に矛盾はない。数十年にわたって議論のあった問題に，現在では弁護士職業規則 26 条が明文をもって決着をつけた。法律事務処における職務として考えられるものは，被用者（または職業実践組織のメンバー）としてのそれだけではなく，いわゆる「フリーランス」が行うものもある。従って，弁護士の提供するサービスが，依存した労働関係の下でのものか，フリーの役務提供関係下で行われているのかを常にはっきりとさせておかなくてはならない。経験によれば，多くのフリーランスの関係（freier Mitarbeiterverhaltnis）は，フリーランスに雇用に伴う被用者保護を与えないまで，事実上従業員としてしまうかたちがとられている。

　弁護士職業規則 26 条は，弁護士が他の弁護士を雇用する場合には，必ず適切な条件の下で仕事に従事させなくてはならないとする。同条により，弁護士はフリーランスまたはその勤務弁護士を次のようなかたちで仕事に従事させなくてはならない。すなわち，従事者の資質，その仕事内容および活動の範囲ならびに雇用している弁護士が従事している弁護士の活動から受けるに相応する報酬を保障するというものである。この点で弁護士職業規則 26 条を等価値（価値対応（Äquivalenzprinzip））原則のあらわれとして捉えることができる。そしてまたこれは，使用者たる弁護士の雇用されている者からの搾取を防ぐことになるはずである。月収が 1,000 ユーロを下回るフルタイムという例が知られているが，弁護士がその仕事上同僚を，完璧なまでに不相当な条件の下で雇用するといった場合には，この規定の要求するところによって，若い弁護士の独立性が保障される一方，他方ではこの職業階層に対する信望が保護されることとなる。

　勤務弁護士の活動には，労働法上の諸原則がすべて適用される。労働関係にある場合には，被用者は労働法の諸原則にのっとり，労働契約の範囲内で指揮権を通じて定められる種類と範囲の労務を提供しなければならない。弁護士の

独立という職業法上の要請は，すべての弁護士に妥当するものであり，勤務弁護士も例外ではない。そこで勤務弁護士の場合には，この労働法上の指揮権が職業法上の要請と緊張関係に立つ。この「対立状況」を解消するための正しいあり方は以下のとおりである。すなわち，連邦弁護士法1条から3条に法律上規定されているその職業像に基づき，いかなる指示，特に専門的活動の意味における依頼の処理内容に関係する弁護士でもある使用者の指示は，不適法とされることになる。勤務弁護士はその限りでは，使用者の指揮権に一切支配されない。つまり勤務弁護士は，手続において自身が誤りであると考える特定の法律解釈を主張し，または，自身の信念に反する申立てを強制されてはならないのである。

勤務弁護士が，その弁護士活動をするにあたり，外部に対して組織の経営者の一人であると見て取られる権利外観を引き起こすようなかたちがとられていないときは，通常当該弁護士は，依頼人に対して責任を負担する危険を負わない。内部関係においては，原則としては使用者が勤務弁護士に求償を試みるということが想定される。こうした求償請求権の存否は，労働者の責任に関する一般的な労働法の原則に従って判断される（軽過失，中程度の過失および重過失等々の種類によって区別される）。もっとも，勤務弁護士は例外なく連邦弁護士法51条aの職業責任保険に加入してはいるので，経済的にみると，これらの諸原則に従って追及される労働者責任は，保険が損害をカバーしない限度でのみ，当該弁護士の自己負担となる。

3．職業実践組織における職業活動

A　概　　説

ドイツにおいては，認可を受けた弁護士の約半数が，職業実践組織のメンバーとなっている。弁護士が組織化を通じて，次第に職業実践組織に集中する原因は，とりわけ，ますます強くなっている専門化の動向が挙げられる。専門化の長所は，典型的には職業実践組織においてのみその効果を発揮する。というのも職業実践組織は権利保護を求める市民のために，そこにあつまった弁護士

を通じて，幅広く権利擁護活動の場を提供できるからである。加えて手間のかかる依頼は，分業の下でのみ，従って比較的大きな組織体においてのみこれを処理することができる。その他には，インフラに関する費用の分担を通じて図られる費用の節約，さらに職業実践組織内部でお互いに代理をやりくりできることが長所として挙げられる。統計的に明らかとなっているのは，収入状況の良さもまた共同組織の体制と相関関係にあるということである。

憲法上保障される基本法（Grundgesetzes = GG）12条1項の職業実践の自由，さらにまた基本法9条の結社の自由に照らすと，結社の自由の原則が認められる。この結社の自由が制約されるのは，弁護士の職業活動の特殊性からしてやむをえない場合のみである。この際に比例原則に照らしてみると，立法者が一般的に認めている共同組織形態への組織化が包括的に禁止されることを防ぐために，その共同組織形態を職業法上修正することが考えられる。さりながら，すべての職業実践組織にあって経営者（Gesellschafter）の地位に立てるのは，連邦弁護士法59条aが列挙している共同経営者になることが可能な者に限られており，このことで結社の自由が制約されている。

職業上の共同実務においては大きな意味を持っているにも関わらず，1994年における連邦弁護士法改正草案において，組合形式の共同事務所形態（Sozietät）に一般的に適用される連邦弁護士法59条aが導入されたことにより，初めて職業実践組織に関する法律上の規定が設けられたのであった。1995年にパートナー社団法が制定され，自由職業に従事する者はもう一つの新たな組織形態を用いることができるようになった。1999年になると，連邦弁護士法59条c以下に弁護士有限責任会社に関する規定が導入された。加えて判例は，弁護士の組織形態として株式会社を用いることを認めた。そしてついには，EUの社団法により，ドイツの弁護士は他のEU加盟国の法律が認める共同形式を自由に採用できるようになった。ドイツのこうした背景から特に人気があるのは，イギリス法が定める有限責任組合（Limited Liability Partnership = LLP）である。

B　組織形態

a) 民法上の組合

共同の組織形態として最もよく知られているのは，民法上の組合である（民法705条）。弁護士の組織形態としての民法上の組合の特徴は，団体として依頼を受けるということと，その結果として構成員全員が共同して責任を負うという点にある。法律相談業は責任を問われるリスクが大きいことから，構成員が連帯債務者としての責任を必ず負わされること，そして責任の制限が十分には認められないことがその短所である。

民法上の組合は法人格なき権利能力を有する社団である。合有組織体である民法上の組合は，固有の所管規定，固有の機関そしてまた固有の特別財産を有する。法人との違いは，むしろ形式的ないしは内部構造の点において見受けられる（登記手続による承認や最小構成員数，社団の特別財産の構成員の私有財産からの分離）。

構成員の責任は，社団の責任に付随しており，従って，固有の義務要件とは無関係に生じるものである。そのため責任法の観点からすると，合名会社法の諸原則がここではあてはまる。2012年以降，弁護士が共同の職業実践のために提携している民法上の組合にも，この合名会社法の諸原則が妥当することもまた，争う余地のないものとなっている。

b) パートナー社団

1995年以降，弁護士はその他の組織形態として，パートナー社団法（PartGG）に基づきパートナー社団を用いることができるようになった。その実質からみてみると，パートナー社団とは自由職業を営むもののための合名会社である。立法理由書（連邦議会報告書12/6152, 8頁）は，パートナー社団を商行為を営む者のみが用いることができるとされている合名会社の「姉妹」であると説明している。パートナー社団法は，ほぼすべての重要な点につき，商法105条以下を準用している。自由職業の性質，特に独立性および職業実践における自己責任というその性格から導かれる限度においてのみ，合名会社に関する法規範とは異なった規定がおかれている。合名会社に模したものとされてい

ることから，パートナー社団は法人格を有してはいないが，当事者能力，登記能力，倒産能力および不法行為能力が認められているので，法人に非常によく似ている。商業登記にならってパートナー登記が導入され，パートナー社団の登記はここになされている。

パートナー社団が，合名会社そしてそれゆえにまた民法上の組合とも本質的に異なるのは以下の点である。すなわち，パートナー社団とともに，社員（「パートナー」）もまた，直接かつ個人的に，社団が通常負うすべての債務を連帯債務者として引き受けるということである。しかしながら，職業実践上の過誤について社団とともに責任を負うのは，当該依頼を担当した者のみである。こうした明白な利点があり，そして設立や登記の際にも形式的な要件はあまり要求されないにもかかわらず，組織形態としてのパートナー社団の浸透速度は，実に緩慢である。2011年についてみると，組織化している弁護士の中でパートナー社団を採用していたのは，24％のみである。

現在立法者は，職業上の責任についての制限を設けたパートナー社団の導入を計画している。これによれば，職業実践上の過誤について社員の個人責任は完全に排除されるはこびとなろうが，社団は依頼者の利益のために，格段に高額な保険による保護を確保しなくてはならないだろう。

c）弁護士資本会社

長いあいだ，弁護士は組織形態として資本会社を使用することができなかった。形式から似た商人性により，稼業であることという性格を内在し，そして，そこでは個人的責任を負わなくともよいとされる共同形態の組織は，伝統的に弁護士像とは相いれないと考えられてきた。1990年代初頭になって初めて，曖昧な理由づけをならべて，弁護士の結社の自由を制約することは，憲法上の保障が認められていないという見方が徐々に定着した。判例はこの見方を，リーディングケースとなる1993年の判決において支持し，職業法上要請される一定の修正を施せば，法律上特に規律がなくとも「弁護士有限会社」は許されると判断したのであった。

この判決を受けて立法者は，1999年に連邦弁護士法59条c以下において

「弁護士有限会社」に関する特別の法律規定を設けなくてはならないと考えたのであった。民法上の組合やパートナー社団とは異なり、弁護士の職業実践の特殊性に適合するように、これら諸規定においては有限会社法が大幅に修正されている。重要な違いは、弁護士有限会社は、会計監査会社および税理士会社にならって、連邦弁護士法 59 条 f が規定する商業登記とならんで職業法上の認可手続を経なければならないという点である。それゆえ民法上の組合やパートナー社団とは異なり、弁護士有限会社は、それ自身として職業法上の権利を有するとともに義務を負っているのである。

この弁護士会社は連邦弁護士法 59 条 c から 59 条 m に規定されている。連邦弁護士法 59 条 c は、弁護士会社を有限会社であると定義し、その会社の事業目的が、法律問題に関する相談と代理であるとする。すべての社員は社内で自身の職業を能動的に実践しなくてはならず、単なる資本参加は認められない。連邦弁護士法 59 条 e3 項により、会社の持分、そしてまた議決権の過半数は、弁護士が握っていなくてはならない。また、この有限会社では、取締役会の過半数を弁護士が占めなくてはならない（連邦弁護士法 59 条 f）。所属弁護士は、指揮および契約上の拘束から独立していることが明文をもって定められている（連邦弁護士法 59 条 f 4 項）。共同経営者になれない者は直接的にであれ間接的にであれ、経営に参加することは認められない。社員の責任は、一般に有限会社に妥当する諸原則に従い、パートナー社団のような担当した者の責任というものは負担しない。ある種その代わりに、職業責任保険の最低保険金額が 250 万ユーロまで引き上げられている。これらの特別な点以外については、弁護士有限会社の設立とその存続は、有限会社法の一般条文によるとされている。

立法者は、連邦弁護士法 59 条 c 以下において弁護士有限会社を法律上規定した際に、同時に弁護士株式会社の法律上の規定を連邦弁護士法の中に取り込むことはしなかった。弁護士の組織形態として、有限会社と弁護士株式会社との取扱いを異にすることは、事柄に即してみるなら正当化されないことから、2000 年に判例は、弁護士株式会社もまた立法論としては認められるという判

断を下した。法律では規定されていないので，弁護士の職業法により，弁護士の職業実践会社については，株式会社は四つのところで修正されねばならない。すなわちそれは，取締役会のメンバーになれる者を制限すること，想定される社員を弁護士および連邦弁護士法59条aに規定される共同経営者に限定すること，職業実践にあたり取締役会メンバーが指揮に従わなくともよいこと，そして，最小責任義務保険を引き上げることである。議論があるのは，基本法3条1項に照らすと，弁護士株式会社は連邦弁護士法59条dに相応する認可手続を自ら進んでとることができるかである。そうすることで，会社法上の組織内容形成の自由が制限されることにはなるが，進んで認可手続をとるのであれば，弁護士有限会社の諸法上の類推適用を認めてもよいだろう。

d) 外国の法的形式による会社

EU構成国に進出した弁護士の共同組織は，当初から認められていたEU法上の権利に基づき，事業地選択の自由を行使して，本店を放棄することなく他の構成国において支店または支所を設置する権利を有する（欧州司法裁判所判例集1984年2971号「Klopp」事件，1988年111号，「Gullung」事件）。このEU法により保障されている基本的自由を確保していく際に生じるそもそもの問題は，その組織が成立した他のEU構成国は法律で認めているものの，ドイツには存在しない組織形態の取扱いである。欧州司法裁判所は数多くの裁判により以下のことを確認してきた。すなわちEC条約43条（現EU運営条約49条）に照らすなら，構成国は他の構成国の法的形式を輸入できるはずだということである。ドイツ法はEU法に基づき，外国の法的形式のドイツ国内における有効性を認めなければならない。従って，ドイツの弁護士は他のEU構成国において承認されている共同形態をも用いることができる。

4．合同事務所および協力関係における職業実践

A　合同事務所

合同事務所（Burogemeinschaft）は，一つの弁護士事務所とそのインフラを，複数の弁護士で共同して使用することを目的としている。これは共同して職業

実践にあたるということではなく，単に職業実践のために必要な資源を共同して使用していこうというものである。このような合同事務所というのは，物的費用および人的費用の共同で支弁することで，事務所組織のための支出を削減しかつまた合理的な事務所運営を目指して，合同という形態を採用している。典型的には，事務所の空間，電話の設置，パソコン，蔵書等々を共有して使用しその費用を拠出する。

　従って，合同事務所は民法上の組合といえるが，共同して職業実践にあたることをその目的とする民法上の組合ではなく，単なる内部組合である。組合員間には，インフラの使用以外に何ら共通するものはない。合同事務所の弁護士は，各自が顧客の依頼を単独かつ自身の名前で受任するのであり，よって，共同経営ではなく，各弁護士は各自の計算で経営を行っている。実務においては，この合同事務所は少なからざる役割を担っており，認可を受けた全弁護士のうちの約10％がこの組織形態をもちいて活動している。

　合同事務所という組織形態をとるにあたり常に注意しなくてはならないのが，職業実践組織を採用していると捉えられるような権利外観を生じさせないということである。こうした権利外観が生じるのを避けるために，同じ便箋や印章そしてまた同じ事務所看板を使用しないよう注意しなくてはならない。

　B　協　力　関　係（コーポレーション）

　他の弁護士との最も緩やかな共同形式は，協力関係である。協力関係を広告に用いることに関する特別の条文が，弁護士職業規則8条である。共同して職業実践にあたっていることを広告に用いることができるのは，長期間かつまた実際に行われていることで確固たるものとなっている協力関係の下で，それが行われている場合である。実際のところはせいぜい，緩やかなコンタクトが保たれているに過ぎないパートナー関係にあっては，協力関係にあることの摘示を超えて，弁護士のパートナーと共同して仕事をしているかのような体裁をとることは許されない。単なる緩やかな形式の共同を，契約上の合意に基づかないままで，外部に広告することは許されない。というのは，当然のこととし

て，ここでは職業法上認められていない広告が問題となると考えられるからである。協力関係が，双務的な権利と義務を伴う法律行為により生み出される基礎に立脚してきた場合に初めて，それは必要とされる程度に確固たるものとなる。この要件が確保されれば，印刷物や事務所のパンフレットまたは名簿において「……との協力関係の下で……」という表現の仕方で協力関係を摘示することに対しては，なんら疑念をもたれることはない。権利保護を求める市民が外国法の問題に直面した場合には，彼らは外国法圏出身で当該外国法に詳しい弁護士と素早い情報交換ができるかを知ることつまりはこうした，情報に対し利害を有しているのである。

ドイツにおける弁護士マーケットの展開[*]
——日本の法律相談市場にとって一つのモデルとなりうるのか？——

訳　森　　　勇

Ⅰ　ドイツにおける法律家の活動範囲

1．その現況

　ここ数十年，ドイツでは，法律家の活動に関わる法的・経済的な環境は，その根本にわたる変革にさらされた。一方では，司法（裁判所・検察）そしてまた行政で働く機会が，国の緊縮財政措置のためにかなり減少したにもかかわらず，弁護士マーケットは，急激な増加をみたのであった。1990年には，弁護士の数は，わずか56,000人であったが，2008年1月1日現在の数は，146,910人であり，ほぼその3倍に達している。

　弁護士の増加傾向は止まることはなく，2009年末には，150,000人の大台を超えることは明らかであろう。要するに，二段階教育を修了する者の数が多いことから，ここ数十年来，法律家の数は激増しているのである。伝統的には，第一次国家試験（司法試験）を以て修了する4年間の大学教育の後，ドイツでは2年間の司法修習のあと第二次国家試験が行われる。はたしてどのくらいの法律家がドイツで活躍しているかについての正確なデータはないし，ドイツ統計庁も，正確なところは把握しておらず，その一部しか把握していない。さまざまな団体のデータを突き合わせてみると，比較的信頼できる近似値がでてくるが，それによると，ドイツでは総計約250,000人の法律家がいると考えられ

---

[*]　Die Entwicklung des Rechtsberatungsmarktes in Deutschland : (k)ein Vorbild für den japanischen Rechtsberatungsmarkt?

る。飛び抜けているのは，最大のグループである弁護士で，先にも挙げたように 150,000 人弱である。2 番手は，企業弁護士・団体弁護士で，約 50,000 人である。ただしこの数は，正確な調査がなく，推計値である。その次につづくのが裁判官・検事で，約 26,000 人である。ついで，彼らが組織する団体の発表によれば，行政で働く法律家（以下「行政法律家」）が約 17,000 人であり，その次に，大学に勤務する法律家が約 4,000 人であり，うち約 1,200 人が法律学教授である。

活動形態	人　数（人）	割　合（％）
弁　護　士	150,000	60.7
企業・団体弁護士	50,000	20.2
裁判官・検察官	26,000	10.5
行　政　法　律　家	17,000	6.8
大　学　勤　務	4,000	1.6
計	247,000	100

わずか 25,000 人程度の弁護士しかいない日本からすると，この数は多いように映ろう。しかし，比較するにあたっては，ドイツでは日本と違い，第一次国家試験に合格して大学教育を了した法学部学生のほとんどすべてが，司法修習に臨み，そのうえで第二次国家試験に合格するという道を歩んでいることである。いわゆる完全法律家（Vlljurist）である。大学だけを了した，ないしは，第一次国家試験の合格だけという者は，非常に少ない[1]。この点で，法学教育を了しながら，第二次国家試験をパスしておらず，したがって，弁護士職に就くことができない者が多くいる日本の状況とは，根本的な違いがある。

---

1) 考えられるのは，メディアで働きたい法律家が，第一次司法試験後に，ジャーナリスト養成校に入学するといった場合である。

2．リーガル・サービスの法的環境

　このような実情は，これを，ドイツにおける非常に厳格な弁護士の活動に関する法的環境という観点から見ていかなくてはならない。2008年に新たな規律が発効するまで，ドイツでは，1935年制定にかかる法律相談法（Rechtsberatungsgesetz）により，弁護士マーケットについて世界にその類をみないような厳格な規律がしかれていた。この法律相談法は，法律相談マーケットのほぼ完全な「弁護士による独占」を保障していたのであった。1980年に行われた改正[2]以降，その他の法律相談担当，いわゆる法律補佐人（Rechtsbeistand）には，一般的な法律相談担当許可をもはや与えることはできなくなった。1980年以降，弁護士でない者に，その後も部分的に認められ続けた相談権限は狭く，たとえば，年金相談とか税関・検疫（Frachtprfüng）といった実にエキゾチックな分野に限定されていた。このような厳格な規律は，1990年代以降批判にさらされた。クレジット会社，権利保護保険[3]，相談を業とする競業異業種，および調停人として活動している心理療養士（Diplompsychologen），社会教育士（Sozialpädagogen）そして福祉団体（Caritas），わけてもメディアが，この規律を廃止させようとしたのであった。

　2008年7月1日に発効した新たな「裁判外のリーガル・サービスに関する法律（Ges-tz über außergerichtliche Rechtsdienstleistungen (Rechts dienstleistungsgestz RDG) vom 12. 12. 1007. BGBl IS. 2840)」（以下「リーガル・サービス法」）は，なるほど，弁護士による独占を緩和したことはしたが，法律相談マーケットの開放は，しかし，何とはなしに取りやめとなった。弁護士は，それまでどおり，立法者から，法律相談・法律事務の代理をする広範な認可を与えられている唯一のグループのままである。

　高等法律専門学校の課程を修了した者（いわゆる経済法律家（Diplom-

---

[2]　5. BRAGebOÄndG v. 18. 8. 1980 BGBl. I, S. 1503.

[3]　この問題については，*Lüth,* Rechtsberatung durch den Rechtsschutzversicherer, Frankfurt 1997 参照。

Wirtschaftsjuristen), 社会法律家 (Diplom-Sozialjuristen), 情報法律家 (Diplom-Informationsjuristen)) に，独立して裁判外の法律相談にあたる権限を与えるという考えは，注目されなかった。立法者の目には，消費者保護は弁護士が介入することで格段に保障されると映ったのである。その理由は，弁護士がその職業上の義務に拘束され，加えて弁護士会に強制的に加入しなくてはならないことにある。それゆえ，第二次国家試験に合格してはいるが弁護士としての認可を受けていない，その他のいわゆる完全法律家には，有償でリーガル・サービスを提供することは認められない。

したがって，弁護士による独占が緩和された範囲は狭く，特に，(1)福祉団体などによる無償の法律相談，(2)個別事件の検討とならないような一般的（抽象的）法律相談，(3)職業団体および利益団体による法律相談，そして，(4)付随的なリーガル・サービスに限られる。すなわち，リーガル・サービス法の5条は，リーガル・サービスが，付随的サービスとして，サービス提供者の職業像・活動像にかなうときは，他の活動に関連したリーガル・サービスの提供を認めている。このような改正により，法律相談マーケットに非弁護士の占める部分が増えることが予想される。消費者団体，さらにはまた，税理士および公認会計士は，弁護士ではない法律家によるリーガル・サービスを，おおいに提供してこよう。そのほか，日本のJAFに類する自動車クラブもまた，そのメンバーを相手に，道路交通法の領域において法律相談にあたることができる。

II 弁護士マーケットの展開

1．その現況

ドイツの弁護士マーケットのここ数十年の展開は，弁護士の数の継続的な増大のみによってその特徴を語ることはできない。職業像もまた，その根本から変わったのである。後（II. 3.）に述べる職業法上の規律のため，1990年頃まではまだ，弁護士なる者は，単独で活動する弁護士＝単独弁護士（Einzelanwalt）という類型こそがその特徴だとされていた。隔地間事務所共同（Überörtliche

Sozietäten）は認められておらず，最高でも 20 人から 30 人ほどの専門職からなるわずかな大規模事務所があっただけだった。外国の弁護士社団は，その存在感をほとんど示していなかった。この点は，根本から変わった。今日大規模な事務所は，若干の例外をのぞけば，ほとんどが有限責任パートナーシップ（Limited Liability Partnership）という法形式をとったアングロ・アメリカ系の「ロー・ファーム」である。Freshfields, Linklaters, Clifford Chance といったこの巨大なロー・ファームでは，ドイツだけでも数百人の弁護士が働いている。もっとも，全体でみると，ドイツ弁護士のわずか 9 ％のみが，国際的・隔地間共同事務所において活躍しているに止まる。単独で活動する弁護士の数は，50 ％を下回ってはいるが，41 ％と今なお比較的高い水準にあるし，その他の 14 ％は，合同事務所（Burogemeinschaft）に所属し，したがって単独（一人）事業者として活動していることをも考えるなら，よりその感がある。最も好まれている職業実践の共同形態は，いまでも，民法上の組合である共同事務所（Soziet閣）であるが，そのほか，パートナー社団（Partnerschaftsgesellschaft）が 1,800，そして弁護士資本会社（弁護士有限会社・弁護士株式会社）が約 250 設立されている[4]。

　単独弁護士の活動領域と大規模事務所の弁護士の活動領域は，根本的に異なる。単独弁護士は，典型的にはジェネラリストであり，弁護士によるリーガル・サービスの品揃えすべてを提供する（よくあるのは，交通法，賃貸借法，家族法，契約法，刑法そして労働法におよぶといった具合である）。これに対し，大規模事務所で活動している弁護士は，経済に関わる法分野に専門化している。このほかに上げておくべき差異は，経済的な環境であるが，それは，この点に関する弁護士マーケットの分断をもたらしている。活躍分野，収入状況そしてまた職業についての基本的理解に乖離がもたらされる結果となっている。一般的には，専門化が止まることなく続いているということができる。専門弁護士称号

---

[4] 弁護士の 38 ％が，最高でも 10 人以下で構成される共同事務所で活動しており，大きな事務所で活動しているのは，わずか 7 ％（共同事務所の形態にある弁護士の 15 ％）である。

の導入がこのような展開になお拍車をかけた。今では，全部で20の専門弁護士分野に38,000人を超える専門弁護士がいる。2008年にはついに，「農業法専門弁護士」が導入された。このような専門弁護士の称号は，専門弁護士が認められる各分野が非常に特化されていることを示している。ちなみに，専門弁護士になるには，その候補者は，別して専門に関する理論的な教育を受けたことに加えて，各専門領域での実務経験を証明しなくてはならない[5]。

　ドイツ弁護士の経済的な状況は，――全体的にみると――満足のいくものとはなっていない。収入格差は，勤務弁護士および寄留弁護士（事務所に籍を置くが独立している弁護士＝ Freie Mitarbeiter）についてのみならず，独立弁護士についても非常に大きい。一人事務所ないしは合同事務所に勤務し，あるいは寄留弁護士として活動している弁護士の約50％は，30,000ユーロ以下の収入しかない。これは，彼らが長期にわたり，かつまた質の高い教育を受けたことを一切考慮していない[6]。同じように不満があるのは，単独弁護士として活動している弁護士が置かれている状況である。つまり，2004年には，平均的な年間の報酬が134,000ユーロであったのに，単独弁護士は，年間報酬がわずか45,000ユーロであった[7]。経済状況の悪化（財産不足）を理由（連邦弁護士法7条）に，認可が取り消された弁護士も多い。最近では，弁護士裁判権（Anwaltsgerichtsbarkeit）の最上級審である連邦通常裁判所（Bundesgerichtshof）の弁護士部に係属している事件の80％は，財産不足を理由とする認可取消しに関するものである[8]。さらに連邦弁護士会によると，弁護士会に加入が強制されているための費用および事務所に要する費用を，もはやまかなうことができないため，認可を自主的に返上する弁護士が増えている。

---

　[5]　この点の詳細は，連邦弁護士会の規約委員会が定める独自の規程，つまりは専門弁護士規則（Fachanwaltsordnung）で規定されている。
　[6]　この点については，*Hommerich/Kilian,* Statisches Jahrbuch der Anwaltschaft 2007/2008, S. 99 ff. 参照。
　[7]　この点については，*Spengler,* BRAK-Mitt 2007, 46 参照。
　[8]　この点については，*Hommerich/Kilian,* Statisches Jahrbuch der Anwaltschaft 2007/2008, S. 170 参照。

不十分な経済状況に生きる弁護士層に対して，収入の物差しの反対側に位置しているのが，経済分野を顧客とする大規模な事務所，そして，いわゆるブティック[9]と呼ばれる事務所で活動している弁護士からなる僅かなエリートである。彼らのタイムチャージは，300 ユーロを超え，高い者は，1,500 ユーロにもなる。2008 年におけるこれらの事務所では，初任者の収入は約 140,000 ユーロにも達している（固定給が 100,000 ユーロ，ボーナスが 40,000 ユーロ）。トップ事務所のパートナーとなっている者の収入は，数百万ユーロの域に達している。

弁護士マーケットにおいてかかる格差の生じた理由は，さまざまであり，弁護士人口が増大したということだけで説明できるものではない。法律により固定されている報酬請求権というのもまた，これに寄与している。ドイツの弁護士報酬法（Rechtsanwaltsverg tungsgesetz (RVG)）は，横ならしで塡補する（Quersubventionierung）という考え方に依って立っている。弁護士は，訴額が低いときは，報酬は比較的低額であり，これに対して，訴額が高いときは，報酬は，平均値を増して高くなっている。社会的な理由から，このようにして，社会的弱者である依頼者に典型的な少額の事件が，訴額の大きな事件で補なわれることになるわけである[10]。依頼者の構成がうまくいっていれば，弁護士は，総計ではそれでも適当な収入を得られる。しかし——実務で問題となっているように——一部弁護士層は，そもそも訴額の低い依頼のみを受任しているのに対し，大規模事務所は，報酬規模の大きい事件のみを受任し，加えてその報酬をタイムチャージで計算している場合には，このようなモデルは機能しない。

2．外国弁護士

ドイツ市場の開放はかなり進んでいるにもかかわらず，外国弁護士は，ここでは僅かな意味しか持っていない。現在外国弁護士資格を持ってドイツに事務

---

9) 法律家の構成員が 10 人までの，高度に専門化した事務所を指す。
10) この点については，*Madert,* AnwBl. 1998, 436 および *Kilian,* in Krämer/Mauer/Kilian, Vergütungsvereinbarung und -management, 2005, Rn. 194 ff. 参照。

所を置く者は，527人である[11]。このうち，256人は，EU加盟国の弁護士資格をもつ者である。EU加盟国弁護士は，ヨーロッパの規律により，ドイツ法に関する相談を受けてもよい。つまり，ドイツ弁護士にかなり近い地位を与えられている。その他の国の資格者には，このような権限は認められていない。彼らは，単に，その原資格国の法と国際法のみにつき，相談業務をすることができるに止まる（連邦弁護士法206条）。残念なことに，日本の弁護士資格を有する者で，ドイツに事務所を置く者は，現在のところいない。最も注意しておくべきは，この外国弁護士に関する統計には，ドイツの第二次国家試験に合格したとか，ヨーロッパの規律にしたがったドイツ弁護士資格取得要件を満たしたことで，ドイツの弁護士資格を取得した外国弁護士は含まれていないということである[12]。これら弁護士は，ドイツ弁護士会の「通常」会員とカウントされている。

3．弁護士職業法の展開

弁護士マーケットの展開と弁護士職業法の展開との間には，緊密な相関関係がある。20世紀においては，長きにわたり弁護士の職業法中核部分は，ほんのわずかに変わっただけであったが[13]，1990年以降になると，規制緩和の波にさらされた。このような変革は，多くの事件において，連邦憲法裁判所により強制されたものである。連邦憲法裁判所は，職業法上の幾多の規律を，基本法12条により憲法上保障されている職業の自由を不当に制限するものだと断じ，それゆえにこれを無効とし，あるいは立法者に対して新たな規律を設けるよう義務づけたのであった。例えば，他の職業を営むことを理由とする認可制限[14]，

---

11) *Hommerich/Kilian*, Statisches Jahrbuch der Anwaltschaft 2007/2008, S. 187.
12) ヨーロッパ弁護士に関する法律（Gesetzes über die europäischen Rechtsanwälte）11条によれば，EU加盟国を原資格国とする弁護士は，最低で3年間ドイツで実効的かつ日常的に活動すれば，「弁護士」のタイトルを用いることができる。
13) ただし，ナチが制定した帝国弁護士法（Reichsrechtsanwaltsordnung）が施行されていた1933年から1945年までは別である。
14) BVerfG NJW 1993, 317.

広告規制[15],各種裁判所で代理人となることの制限[16]は,職業上の諸義務に基づく制限[17]と同じく連邦憲法裁判所により無効とされた。最近では,成功報酬(quota litis)の禁止が無効とされたことが注目される[18]。連邦憲法裁判所は,立法者に対し,この報酬形態を認めるよう求めたのであった。立法者はこれに応じた法改正を行い,2008年7月1日からは,法律上もこの報酬形態が認められることとなった。最も,認められた成功報酬は限定的ではある[19]。その結果,争いのあった職業法上の制限は,今日までにほぼ立法者により取り除かれ,全体的にみると,職業法が後退したことははっきりしている。近時では,弁護士特有の広告の制限を廃止し,企業に許されている広告の仕方すべてを弁護士にも認めるべきだとの提案がなされている[20]。これに対し,弁護士の基本的義務,すなわち,独立性の維持,守秘そして利益相反の禁止(連邦弁護士法43条a)は,職業法の核心をなすものとして手がつけられてはいない。

　法律上の規定が大幅に減少し,弁護士の活動が企業の市場への参加と類似してきた結果,弁護士諸団体は,今日,弁護士という職業が非常に強く商業化する危険を感じ取っている。規制緩和の結果として生じる空白部分を,拘束力のない倫理的なガイドラインで埋めるべきかどうかが議論されている。このようにして確定された弁護士の理想像(Leitbild)は,弁護士のプロファイルを鮮明なものとし,営業者との差にアクセントをつけ,そして同時にこれは,弁護士がその活動を最もよく展開する際のサポートになろう[21]。

---

15) Vgl. nur BVerfG AnwBl. 2003, 584 ; 2004, 586.
16) BVerfGE 103, 1 ff.
17) BVerfGE 108, 150 ff. ; BVerfG NJW 2000, 347.
18) BVerfGE 117, 163, dazu *Kilian,* BB 2007, 1061 ff. und 1905 ff.
19) BGBl. I, S. 1000 ; dazu *Kilian,* NJW 2008, 1905 ff.
20) この点については,*Henssler,* AnwBl. 2008, 721, 727 ; Vorschlag des Deutschen Anwaltvereins AnwBl. 2007, 682, 684, 690 参照。
21) この点の詳細は,*Henssler,* AnwBl. 2008, 721, 727 f. ; 同 AnwBl. 2009, 1 参照。

4. ヨーロッパの展開

すべてのEU加盟国国内の弁護士マーケットの展開は,何年も前からすでにヨーロッパとしての影響を大きく受けている。ヨーロッパ(つまりはEU)は,すべての自由業種の職業法の規制緩和をその目標に掲げた。EU委員会は,ヨーロッパ裁判所の支援を受けて,一歩一歩,規律制定のイニシアチブや条約違反手続を通じ,そしてまた委託された鑑定意見において,EU加盟国の職業法を圧縮しようとしてきた[22]。EU委員会は,職業法上の諸規律は,自由市場を混乱させる競争制限であり,したがって,それは同時にヨーロッパの基本的な自由への望ましからざる介入になると考えている。弁護士もまた,何らの職業法上の規定に服さないフィンランドのような加盟国が模範とされている。フィンランドでは,はたして弁護士会の会員になるか,それともその他の方法で営もうとするのかは,独立して法律相談にあたる法律家が自由に決められる。フィンランドの法律相談マーケットにおいても,何ら問題となる状況が報告されていないことを理由に,EU委員会は,他の国においても法律相談マーケットを開放することは,消費者および公衆の関心事であると結論づけている。

現在,役務供給をその仕事とするすべての職業に適用されるヨーロッパ指令(いわゆる「サービス提供に関する指令」)の国内法化は,その職業法上の諸制限を再検討し,ヨーロッパの水準を満たすこと(いわゆる「規範のスクリーニング」)をすべてのEU加盟国に強いるものとなっている[23]。その結果,このプロセスは,弁護士という職業のさらなる規制緩和をもたらすことを覚悟しておくべきである。わけても,弁護士社団の社員(構成員)の資格は,現在激しい議論の対象となっている問題点である[24]。現在ドイツでは,弁護士社団の社員となれるのは,現実に協力し合っている弁護士とその隣接業種に携わっている者,つ

---

22) この点については,*Henssler/Kilian*, AnwBl. 2005, 1 ff.; Kilian, BRAK-Mitt. 2006, 194 ff. 参照。

23) この点については,*Henssler*, AnwBl. 2009, 1, 3 f. 参照。

24) この詳細は,*Henssler*, BRAK-Mitt. 2007, 238 ff. 参照。

まり，弁理士，税理士および公認会計士のみに限られている。大方のヨーロッパの国では，同程度ないしはさらに厳格な規定がある。もっともイングランドは，ごく最近——オーストラリアの規律[25]を取り入れ——いわゆる「選択的ビジネス構造 Alternative Business Structures (ABS)」に門戸を開き，その結果，外部資本提供者にも参入を認めた。これに対応する 2007 年リーガル・サービス法 (Legal Services Act) が 2007 年 10 月末に発効した。これがイギリスの国内マーケットにどのような結果をもたらしたのか，今のところ明らかにはなっていない。経済に限らず，法律相談マーケットもまた国際化していることに照らすなら，英国でのこの展開は，長期的には他のヨーロッパ諸国にも影響を与えることが予想される。すでに述べたように，ヨーロッパの大規模な弁護士社団は，その本拠をロンドンに置いている。これら社団は，イギリスモデルを他の諸国にも移入しようとするであろう。

III シンディクス・企業内弁護士

1．企業内弁護士

　企業内法律家および団体内法律家として活動する法律家は，ドイツではほぼ例外なく第二次司法試験の合格者である。このことは，大企業の法務部で活動している専門分野をもつ法律家にあてはまる。1990 年代半ば以降，確かに，高等専門学校において「経済関係法律家 (Wirtschaftsjurist)」養成コースが開設されている。この学習過程を了した者は，労働市場において非常によい就職のチャンスを得ている。しかし，彼らは，完全法律家の直接の競争相手ではない。彼らは主に，経営的な仕事と人事管理的な仕事そして法的な仕事の狭間を担当する部署で活動しているのである。その教育は，民事法に集中しており，大学法学部の修了生とは異なり，学部修了後の職業実務に関する教育，つまり修習が行われることはない。

---

[25] オーストラリアでは，上場株式会社すらも設立できる。

若手にとって，企業における活動は魅力的である。なるほど第二次国家試験に合格して法律職に就く者の約80％は，弁護士になる。平均的な年に行なったアンケートによれば，いうまでもないことではあるが，もともと弁護士になりたかった者は，若い弁護士のうち57％のみである。最も多くが挙げた弁護士でない職業は，企業法律家のそれであり，割合としては20％であった。そういうことであるから，このような活動への関心は，明らかにマーケットの需要を上回っているのである[26]。

　大学を卒業した者が皆これを知っているわけではないが，企業法律家をみると，原則として，その特徴を異にする二つのグループに分けられる。一つは，いうなれば，参謀の機能を担う企業内法律家と前線に立つ企業内法律家である。前者の企業内法律家は，ある企業の中枢に位置する法務部門に所属しているが，後者の企業内法律家は，具体的な業務にあたる部署に所属して法務にあたっており，前者は，通常，後者よりも企業内においては高い地位にあり，そしてまた高い俸給を得ている。しばしば参謀の機能を担う企業内法律家の俸給は，固定的ではないし，非常に多様な問題の処理にあたらなくてはならない。彼らの多くは，大規模事務所にも匹敵する長時間勤務となっており，企業内では，比較的高い昇進のチャンスに恵まれている。このような期待されることの多いそのプロファイルの裏返しとして，最優秀者の厳格な選考という意味で，その職へのハードルは非常に高い。前線に立つ企業内法律家の場合，期待されるプロファイルは，これとは異なる。その活動は，多くの場合非常に特化しており，それに伴うかたちで，企業内での昇進のチャンスは限られている。参謀の役割を担う企業内法律家に比べると仕事の量は一定しており，またスケジュールを組みやすく，労働時間も短いが，俸給もまた少ない。このような前線に立つ法律家は，専門職に似ているが，これに対し参謀の役割を担っている法律家は，どちらかといえばマネージメントの機能を果たしている。それ故彼らは，単にその資質が高いだけではなく，博士号をもち，そしてまた弁護士とし

---

26) *Hommerlich/Kilian,* Berufseinsteig junger Rechtsanwältinnen und Rechtsanwälte, Bonn 2006, S. 53.

て認可されていることも多い。

　企業内法律家の機能はどのようなものかを，ドイツの大企業，ボッシュ有限会社（Robert Bosch GmbH）の例がよく示してくれる。ボッシュ有限会社は，自動車部品工業および什器技術の分野においてその業務を展開し，その従業員は，全世界で28万人以上，売り上げ高は500億ユーロ（約7兆円）である。ボッシュの法務部門は，分散しているが，参謀格は，全部で約90人の法律家からなっている。本店所在地であるシュトゥットガルトでは，24人の法律家が勤務している。その他のドイツ内の支社およびUSAには，各14人の法律家がいる。外国にある比較的小さな七つの支社では，4人ないし6人である。毎年多数の法律家が，その本店・支社を，ローテーションで回っている。このような分散型のコンセプトを採っているにもかかわらず，中央によるすべての支社に対する厳格な指導が行き届いている。法的にかなり重要な事項はすべて，法務部門にあげられなくてはならない。法務部門はまた，個別の問題を，外部の弁護士事務所に依頼するかどうかをも決定する。依頼する外部の弁護士事務所は，1年ごとに作成する，公募・選抜した事務所のリストから選び出す。ボッシュ有限会社の法務部門に勤務している者のほとんどは，いわゆるジェネラリストではあるが，法務部門の規模が大きいことから，一定の専門化，例えば契約法，M&Aあるいはコンプライアンスといった分野での専門化がみられる。

2．シンディクス弁護士

　ドイツの法実務に独特なのは，シンディクス弁護士である。シンディクス弁護士とは，弁護士として認可された完全法律家で，同時に雇用契約に基づき定額の報酬と引替えに，企業あるいは団体において常時法律相談者として活動している者を指す。（おおざっぱに見積ってその数を約10,000人とすると）すべての弁護士の約6％が，シンディクス弁護士として活動していることになるが，その大方は，企業に勤務している[27]。企業では，シンディクスは，多くはいわゆる

---

27) *Prütting/Hommerich*, Das Berufsbild des Syndikusanwalts, Bonn 1998. Schmucker AnwBl. 2003, 65 は，旧西独では11％，旧東独では5％としている。なお，*Prütting/*

参謀の機能を担うものであり，前線に立つ者ではない。彼らは，他の雇傭されている法律家に比べると平均以上の俸給を得ており，また，法律家全体と比較してみると，(1996年に行われた調査では，35％と) 博士号をもつ者が明らかに多く，さらに彼らのほとんどは，多くの法資料に精通したジェネラリストである[28]。こういった点は，すでに述べたように，かかる企業法律家のプロファイルには高い期待がかけられていることから，説明がつこう。

一方で雇用されて指示に服する法律家であり，他方では独自の事務所をもつ弁護士という異なった任務を一人の人間に統合するというのは，軋轢をもたらす。法律上の規律は，いろいろな面からみて満足のいくものではないとされてはいるが[29]，雇用者のために活動する機会を制限することでこの問題に対処しようとしている。シンディクス弁護士は，わけても，その企業のため裁判所で代理人を務めることはできない（連邦弁護士法46条）。この法律上の規律のコンセプトは，いわゆる「二重職業理論（Doppelberufstheorie）」に依拠している[30]。これによれば，シンディクスは，主たる職業としては，恒常的ないしはこれに類する就業関係にある依頼者のための法律相談にあたり，同時に副業として事務所を構える弁護士ということである[31]。シンディクスはつまり，二つの職業を営んでいる。このことは，シンディクスは，雇用された企業法律家としては，証言拒絶権および弁護士としての書類の押収禁止といった弁護士の特権を受けられないという点で重要である。

ドイツ法によるこのような評価は，EUの各裁判所によるシンディクス弁護

Hommerich, Das Berufsbild des Syndikusanwaltの概要（AnwBl. 1997 Heft11. Sonderheft）については，訳者による翻訳「シンディクス弁護士の職業像」第一二回弁護士業務改革シンポジュウム運営委員会編「ドイツ弁護士事情調査報告書」(2001) がある。

28) *Prütting/Hommerich,* a. a. O., S. 171, 173, 181.
29) *Kleine-Cosack,* BB 2005, 2309 は，これは規律の欠陥だと指摘している。
30) BGH NJW 1961, 219 ; *Feuerich/Weyland* §7 Rdn. 123 ff. ; §46 Rdn. 3.
31) *Pfeiffe* FS Oppenhoff S. 249 (259 f.).

士についての評価と調和している。ヨーロッパ裁判所は，AM & S 事件[32]の基本的事項に関する裁判において，弁護士の特権を，就業関係によりその依頼者に依存していない「独立した」弁護士とその依頼者との関係に制限した。その理由として，ヨーロッパ裁判所は，雇用されている弁護士は，何ら独立の地位を持っていないことを挙げている[33]。ヨーロッパ第一審裁判所（europäische Gericht erster Instanz）は，Akzo 事件[34]において――以前に発令された仮の処分[35]に基づく予想に反し――この見解を確認し，域内マーケットにおいてシンディクス弁護士の重要性が増しているにもかかわらず，これと異なる判断にいたることは絶対ありえないとした[36]。裁判所にとり決定的だったのは，加盟各国においては，シンディクス弁護士の法的位置づけに関する統一的な傾向というものがまったくなかった点である。ヨーロッパの弁護士の団体であるヨーロッパ弁護士評議会（Council of Bar&Law Societies of Europe = CCBE）は，弁護士の特権は各国法によるべしと主張したが[37]，これは，はっきりと退けられてしまった。

IV　行政組織内の弁護士の活動環境

1．概　　況

以下の評価は，ドイツ連邦共和国において，約 17,000 人の完全法律家，つまり大学を修めて判事となる資格をもつものが上級の行政職にあることを前提

---

32) EuGHE 1982, 1575 = NJW 1983, 503 ; hierzu Rethorn FS Söllner S. 893 ff. ; *Dolmans/Eichler/Müller-Ibold* AnwBl. 1999, 493（494 f.）; *Eichler/Peukert* AnwBl. 2002, 189 ff.
33) EuG Slg. 1990, II-163 ff.（*Hilti*）もその趣旨である。
34) EuG ABl 2007, Nr C 269, 43 f. ; hierzu *Dahns,* NJW-Spezial 2007, 526 f. ; *Klees/Wolter,* EWiR 2007, 653 f. ; Meyer, EWS 2007, 455 f.
35) この点については，*Seitz* EuZW 2004, 231 ff. ; *Hoffmann,* EuZW 2003, 742 ; *Burholt,* BRAK-Mitt. 2004, 100 ; *Buntschek/Biermann,* wistra 2004, 457.
36) 批判的なのは，*Seitz* EuZW 2008, 204.
37) CCBE BRAK-Mitt. 2004, 103.

としている。この資格は，弁護士として認可を受ける資格に止まらず，同時に，連邦官署，州そして自治体の官署における上級の行政職に就く資格でもある。これら 17,000 人の行政法律家が，行政においてどのような機能をはたしているのか，それを正確に分類したものはない。しかし，これら行政法律家の典型的な活躍領域を特定することは可能である。「行政法律家」という概念は，必ずそうだというわけではないが，典型的には，問題となる機能が上級職の官僚（Beamte）により司られているということを意味している。行政官署の法律家の大方は，官僚である。行政法律家の明らかにわずかな部分のみが，給与被支給者（給与者）としての雇用関係（Anstellungsverhältnis als Tarifbeschäftigter）にある。この行政法律家は，通常，弁護士の認可を受けていない。連邦弁護士法 7 条 10 号により，官僚は，認可を受けられない。この点で，行政法律家がおかれている状況は，企業法律家／シンディクス弁護士のそれと根本的に異なっている。行政法律家は，官僚でなく給与者（Angestellte）として国の官署に勤務している者であっても，連邦弁護士法 7 条 8 号の意味での活動とは「弁護士という職業，わけても法的問題処理機構の独立した機関としてのその地位と調和しない，あるいは，その独立性に対する信頼を脅かす」ものとされているため，認可を受けることはまず無理である。仮に，行政法律家が個別例外的に職業法上は認可を拒絶されることはないとしても，彼らは，勤務先のために活動することは許されない。すなわち，シンディクス弁護士にも適用される連邦弁護士法 46 条の規定により，彼らが弁護士として，勤務先のために裁判所での代理を務め，その他にも，その勤務の範囲内においてその処理を任された案件を処理することは原則禁じられる。

　以下では，まず，ドイツの最も大きな州であるノルドライン・ウエストファーレン（Nordrhein-Westfalen）州を例に，ドイツでは，さまざまな行政レベルにおいて，典型的にはどのような分野で行政弁護士が活動しているかをみていくこととしよう。このように，ある州における状況にフォーカスすることで，連邦レベルの行政法律家，つまりは，最上級連邦官庁（わけても連邦諸省）の官僚，69 ある連邦上級官庁の官僚，地方を所管する 36 の中級官署（例えば，上級

財務官・国防領域の行政）地域を所管する連邦下級官庁（交通局・水資源局・税関主局）の官僚は，フェードアウトされる。このように連邦レベルを除外した一つの理由は，上級職にあるすべての連邦官僚の数は，比較的少ないことにある。ドイツ全体で上級職にある官僚は，約 400,000 人にのぼるが，そのうち連邦官僚は，2004 年でみると 18,400 人に止まる。行政法律家の多くは，州や地方自治体で活動しているのである。この点に関しても，日本との構造的な違いを挙げておくことは有益であろう。ドイツの行政構造は，その連邦制のみならず，さらには地方自治の原則（基本法 28 条 2 項）によっても特徴づけられているのである。この点で，ドイツのモデルは，大きく中央集権化した日本の国家と地方公共団体の組織図とは根本的に異なっている。

2．行政機構の概要
　　——ノルドライン・ウエストファーレン州を例に

　上級職にある行政官僚としての完全法律家は州行政のすべてのレベルで活動している。各州がとる構成によるが，直接の州行政の構造は，一段階であったり，二段階であったり，あるいは三段階である。最上級の行政レベルは，常に州の各省（最上級州官庁）と州全体にわたり活動している専門官庁（いわゆる州上級官庁）である。若干の州では，もう一つ下位の行政レベルとして，州全体に関してではなく，地方を担当する州中級官庁が置かれている。州事務所（Landesratamt）が，最下位の州官庁である。これは，独立した地方自治体，つまり，ゲマインデ（最小単位の地方自治体＝町）と地域に属する市に間接的に州行政をおよぼすための中間機関である。

A　省の行政と州官庁
　伝統的に完全法律家が最も活躍しているフィールドは，州の各省の行政である。そこでは，すべての専門省およびそこに属する上級州官庁には，完全法律家が勤務している。就業状況は，他の多くの国におけると異なることはなかろう。最も，行政裁判権が独立のものとして存在するため，若干の省で勤務する

行政法律家の一部は，裁判官からリクルートされている。つまりこれらの行政法律家は，純粋培養の行政法律家ではないという点は，ドイツの一つの特徴である。裁判官の多くは，一定期間裁判官としての活動からはなれ，省に配属となる。そのうちの何人かは，省の行政に残ることを決め，裁判官としてのキャリアから官僚のキャリアへと切り替えるのである。

B　地方行政府（Bezirksregierungen）

　地方行政府は，中級の州の官庁であり，その担当地方において，上位の州の省と下位にある当該州の地方の接点（地域における州行政の実施）として機能している。これはすべての州に置かれているわけではなく，その規模が大きいためにこういった三段階の行政組織が必要と思われる面積的に大きな州のみに置かれている。ドイツ全体では，5つの州（バイエルン，バーデン・ブルテンブルク，ノルドライン・ウエストファーレン，ヘッセンおよびザクセン）に計22の地方行政府が置かれている。その他の州では（都市国家を除き）行政機構は二段階となっている。つまりそれらの州では，行政機構としては，州の各省と州上級官庁の他には，地域ないしは地域から独立した市しかない。

　ノルドライン・ウエストファーレン州をみると，地方行政府は，法律上その地方においては州政府を代表する。地方行政府は，原則として，すべての省をその下位にある行政段階として支え，そしてまた，それが明文上他の官庁の権限とされていない限り，多くの部署において，中間レベルの州の任務すべてを束ねている。これに加えて，地方行政府は，計画手続，認可手続そして助成手続においては，裁可権限を持っており，自治体，学校の監督庁であるとともに不服申立て受理庁としても機能している。さらに地方行政府は，その下位にあって州行政を直接行う州官庁および組織に対し，人事に関する監督そしてまた専門的見地からする監督を行う。その任務が多種多様であることから，地方行政府は，給与者たる法律家および官僚として採用される法律家にとっては，大切な仕事場となっている。

C　地域から独立している市（Kreisfreie Stadt）
　a）その概要
　地域から独立している市は，ノルドライン・ウエストファーレン州には23，ドイツ全体では112あるが，非常に幅広い自治行政任務を担っており，当該市が属する行政組織としての地域と自治行政任務を分け合うことはない。このような独立した形の自己責任を負うことから，行政のすべてのレベルにおいて，行政法律家に対する需要は，地域に属している市に比べると大きい。完全法律家が多く勤務していることもまた，このような高いニーズの顕れである。
　b）ケース・スタディ
　ケルンは人口100万弱のドイツで4番目に大きな都市であり，地域から独立した大規模市[38]であるが，その行政においては「上級職」にある，つまりは大学での教育を了した給与者および官僚の約20％は，完全法律家の教育を経た者である。彼らは（副市長・部局長といった）指導的地位だけにいるわけではなく，個別案件処理にあたっている者もいる。ケルン市は，通常2年単位で多数（5人から10人）の完全法律家を採用し，一種のトレーニング・プログラムを受けさせ，それを了した後に，専門部署に配置している。このような特別の内部教育システムは，常時100人から200人の応募者があるまでに関心を呼んでいるが，この教育システムの下，通常，完全法律家は，ある特別の地位に就かせるために採用されるわけではない。その結果，実に多様な市の行政部署に完全法律家がいる。わけても，小さな行政組織では（たとえば地区事務所（Bezirksamt）の所長といった）伝統的には純粋の行政官僚が勤めるところにも，完全法律家がいる。とはいえ，完全法律家がその得意とする分野は，中央庁（行政の中心組織）人事部そして公安部（公共の安全と秩序維持）における指導的役割，分限事件の分野，調達，そしていうまでもないが法務部である。どちらかといえば完全法律家がいないのは，教育部，社会部，出納役，「技術局」そして土地管理部である。

38）大規模市というのは，現在の定義によると，人口100,000以上の市を指す。これより小規模の市は，原則として地域から独立した市となることはできない。

人口 330,000 人をかかえる中程度の地域から独立した大規模市であるボンでは，全部で 248 人が上級職として市の行政に従事している。完全法律家の数は，20 人に満たないが，ほとんどすべて官僚である。完全法律家は，執行部のレベル，法務部および官房的セクションにいる。執行部のレベル（局長および部長）についてみると，完全法律家があたっているのは，当該の職務に関する法的知識があれば，なおよいとはいうものの，必然的なものではなく，むしろ偶然の所産である。現在，総局長のほか，環境局長，土地管理部長，教育部長および都市計画部長は，完全法律家である。完全法律家による案件の処理は，主として法務部に集中している。そこには，パートタイマー 3 人を含む 7 人の完全法律家が勤務している。他の部局においては，完全法律家が案件処理にあたるのは，どちらかといえばまれである。このレベルで完全法律家がいるのは，たとえば土地管理部および地方就職斡旋事務所と市の社会部を統合した部である。その他の市行政における法律家の活躍の場は，市長の側近である。二人の完全法律家が，市長の下，参事として勤めている。このような組織構成の結果，たとえば，社会部の領域では，完全法律家ではないが経験を積んだ事務担当者が訴訟での代理人になることはあるものの，比較的多くの法的問題が法務部に持ち込まれてくる。法務部自体においても，案件の処理は事務配分プランに基づいて行われる。つまり，一人の部員に特定の部局が任されている。こうすることで，担当部局にかかる各法務部員の専門化，そしてまた，法務部員の特定法分野への集中が，一定程度もたらされる。最も，法務部員の新規募集にあたっては，特別の専門を挙げて求人がなされるわけではなく，完全法律家一般という形で募集されている。専門化は，法務部での活動の中で初めて生まれてくるのである。

これと異なっているのが，人口 160,000 人をかかえる地域から独立した小規模市，レバクーゼンである。この市には，約 40 人の上級職官僚がいるが，そのうち完全法律家は 5 人である。彼らはすべて，法務と公安の連合部に勤務している。2 人の局長も法律家であるが，他の資格ももっていることからすると，組織上から法律家をあてたというより，むしろ偶然の所産である。法務部

は，訴訟代理のための中央に置かれたユニットである。リーガル・サービスのアウトソーシングは，抑制されている。というのは，外部から低額で法的助言を受けられることでもたらされる費用節減の可能性が十分には考慮されていないことに由来する。

　D　行政区画としての州地域（Landeskreis）
　　a）概　　観
　ドイツの地方自治法（Kommunalrecht）によれば，州地域とは，ゲマインデの連合であり，地方自治体（Gebietskorperschaft）である。これは，多数の地域に属している市とゲマインデからなっている。地域と，地域に属している市およびゲマインデが，地域から独立した市では一括して行われている行政任務を分担している。このような任務分担のコンセプトは，次のような考慮に基づいている。すなわち，ゲマインデおよび小さな市は，自治にかかるすべての任務をプロフェッショナルに遂行していくのに必要な財政力，そしてまたノウ・ハウも持ち合わせていないということである。任務遂行にあたってのゲマインデ／市と州地域間の役割分担の具体的あり方は，典型的にはゲマインデ／市の規模にかかっている。人口60,000人以上の地域に属しているいわゆる大きな市は，小さな市そしてまた中間の市よりも多くの行政任務をはたしている。したがって州地域による行政の範囲も，地域に属しているものに，大きな地域に属する市が多いかどうかにかかっている。

　典型的な州地域の任務は，社会給付の保障，地域の交通，自然・環境保護，ゴミ処理，火災・災害保護を含む救急，保健，食品監督，動物に関する業務，運転免許，自動車登録および地域道路の建設および維持である。これに加え，大方の場合は，職業学校や特別学校の運営者でもある。小さなゲマインデについては，青少年保護および建築の監督も地域の任務としている。地方自治の任務領域の中で，行政法律家が活動している典型的な場は，たとえば，地域に属している市やゲマインデに残されている，法に関わる業務，あるいは，公安（秩序・公共の安全）の領域である。州地域行政上級職にある行政官僚に占める

法律家の割合が比較的少なく，むしろそこでは他の分野の高等教育を受けた専門官僚（たとえば，医師，獣医師，技師）が多くを占めているということは，上記の地域の任務に関する事実のあらわれである。

　b）ケース・スタディ

　ライン・エルフト地域（Rhein-Erft-Kreis）は，10のゲマインデからなり，その人口は，465,000人である。地域行政にあって上級職の官僚は，53人であり，完全法律家はそのうち3人である。1人（女性）は，トップの官僚である地域長官でかつある部局の長，もう1人は四つある部署の内の一つの部局の長，そしてもう1人（女性）は，官房セクションとしての法務課の長である。通常，法的な事柄については，特別の法学教育を受けてはいないが，一般的な行政に関する教育を受けた官僚または月給者からなる専門部署のレベルで処理されている。ライン・エルフト地域の完全法律家の数は，他の地域と比べると平均以下である。このことは，地域財政の大規模な立て直しの過程で，この地域の行政機構を大幅にスリム化すべしとの政治的判断に由来している。

　ライン・ジィーク地域（Rhein-Sieg-Kreis）は，19のゲマインデからなり，人口は，599,000人となっている。地域行政には，約100人の上級職にある官僚がいるが，そのうち完全法律家は10人である。2人の法律家が常勤，3人がパートタイムで勤務している法務部のほか，その他の専門的な部局にも法律家がいる。加えて，公安部，建設部および教育部では，その上司にあたる局長が法律家でない限り，法律家が部長を務めている。他の点については，各専門部局が独自に法的な問題の処理にあたっているが，訴訟遂行に関しては，法務部が集中してこれを担当するユニットとして機能している。

　ライニッシェン・ベルギッシェン地域（Rheinisch-Bergischen Kreis）は，八つのゲマインデからなっており，その全人口は，278,000人である。地域行政で働く上級職官僚35人中5人が完全法律家である。法務・会計監査合同部に勤務する者2人に加え，局長1人，人事参事1人，そして最上位の官僚である地域長官が完全法律家である。

E　地域に属している市
　a）概　　要
　大規模市ではない市，つまり，人口が100,000人を超えない市は，通常地域に属し，ゲマインデは，原則地域に属する，すなわち州地域のメンバーである。この場合，行政任務の一部は，市またはゲマインデではなく——すでに述べたように——集約されて，複数の市とゲマインデのために地域がこれを行う。地域に属する大きめの市は，地域から独立している市との比較でみると，地域に属している中程度の市（人口25,000人から60,000人）／ゲマインデおよび小さな市（25,000人未満）／ゲマインデにくらべ，地域に委譲している権限は少ない。小さな市およびゲマインデにあっては，構造的にみて，残っている行政機構はかなり小規模になっている，つまり，わずかな官僚に集中している可能性がある。このことは，2007年に通常連邦裁判所（Bundesgerichtshof）が下し，各方面の注目を集めた裁判[39]からうかがえる。この裁判では（月給者の）あるゲマインデの人事・総務・公安・戸籍・建設合同部の長が，同時に弁護士になれるかという点が判断されなくてはならなかった。人口がわずか2,000人しかないこのゲマインデの行政では，その長と出納役のほかには，部長はそもそも1人しかいなかった。問題の行政法律家は，同時に自分の事務所において弁護士として活動することを望んだという事実は，ゲマインデで生じる法的な問題も含め，行政のすべての任務は，その規模が小さいために，行政法律家にとって仕事としては大きな負担とはなっていないということを示している。ちなみに，連邦通常裁判所は，上記の裁判では，弁護士認可の可能性を否定したのであった。
　b）ケース・スタディ
　人口107,000人の地域に属する大きな市であるベルギッシュ・グラットバッハ（Bergisch-Gladbach）は，ここ数年来，市，行政に勤務する完全法律家の数を削減してきた。現在この市では，7人の完全法律家が勤務しているが，その

---

[39]　BGH NJW-RR 2008, 793 f.

うち5人は，案件処理担当レベル，1人は部長クラス，もう1人は局長である。市の法務部には，2人が常勤，1人のパートタイマーが勤務している。市は意識的に，専門化した弁護士事務所に多く依頼し，法務部の員数を減らす体制に移行した。複雑な紛争では，市に勤務する法律家が，市の利益を適切に代理していくのは無理がある，というのが市の見解である。法務部のメンバーは，いろいろな仕事をこなしていることから，相手方代理人弁護士に打ち勝つことができるまでに，個々の分野に専門化するのは無理だ，というわけである。他の2人は，人事部勤務である。これは維持されてはいるが，必ず必要だとされてはいない。ベルギッシュ・グラットバッハでは，建設部において案件処理担当レベルで勤務する法律家がもう1人いるのが伝統ではある。ちなみに，この建設部の存在が，地域に属するいわゆる大きな市の特徴である。

　人口56,000人の，地域に属する中程度の市であるフュルト（Hurth）では，法律家の資格をもつ市長のほか，4人の完全法律家が勤務している。このくらいの大きさのタイプの，地域に属している市にあっては，その理由は妥当なものであるが，完全法律家が勤務しているのは法務部である。常勤とパートタイマー各1人が，フュルト市のため，すべての法律問題――民事法から地方自治法，行政法さらには調達法に関する問い合わせ――を任され，加えて，弁護士強制のないところでは，訴訟代理もすべて引き受けている。この程度の大きさの市に典型的なのは，法律家が，その他の三つの部局のうちの一つの長を務めていることである。すなわち，それは，一次的に法的な問い合わせを担当する専門部（法務部，社会部および青少年部）を所管する局長である。完全法律家が不動産管理部の部長にあてられているのは，どちらかといえば偶然で，人事の展開に由来するものである。

　人口27,000人のオバーラス市（Overath）は，地域に属し，市である権利をもつ小さな自治体の例である。この自治体では，上級職の官僚が勤務している。選挙で選ばれる市長と副市長とならび，中央部の部長（女性）と出納役である。この市の行政には，法律家は勤務していない。というのは，法律家の本来的（中心的）活動に対する十分な需要がないからである。したがって法務部

はない。法的問題は，専門部局のレベルで回答されている。一部は中級職の官僚または月給者も担当はしてるが，この専門部局がまた，弁護士強制が働かないところでは，訴訟代理を引き受けている。また市行政の執行部にも，たまたまでも法律家資格を持っている者はいない。反対に，部長レベルでは，完全法律家であることを考慮しない傾向がみられる。というのは，完全法律家だと，専門の仕事をするかわりに，専門部署の負担となる形で，行政一般のための法律家として利用されてしまうおそれがあるからである。完全法律家がいない結果，難しい法律問題では，弁護士に依頼せざるをえない。

3．小　　　括

　以上をまとめてみると，次のようになる。すなわち，自治体は，その人口が40,000人から50,000人を超えると，法律専門家を採用できる状況にある。人口250,000人以上の市になると，部局長レベルのみならず案件担当者としても，完全法律家が活動している。これ以上の規模になると，一部は，ある職種にあてるために採用されるのではなく，まずは養成プログラムにのっとり内部で教育したうえで，具体的に配属するというかたちがみられる。法律問題への対応は，外部弁護士に「売り払われるか」あるいは——簡単な事案は——完全法律家としての教育を経ていない行政官僚により処理されることが多くなっている。この傾向は，その経費を理由に，独自には完全法律家を採用しないまでに至っている。

Ｖ　展　　　望

　ドイツの法律相談市場の将来，そして特には弁護士の将来を展望するのは難しい。100年以上も前から，ドイツでは，弁護士過多に警鐘が鳴らされてきたが，恐れられたような混乱した状態は生じていなかった。先に述べたように，一部の弁護士は克服を迫られる経済的に困難な状況下にあるにもかかわらず，第二次国家試験を上位でパスした者の職業に関する将来見込みは，今まで同様

すばらしいものがあり，多くの高等教育を要する職業に比べると，明らかによい。したがって，法学教育へと殺到する動きが，近いうちにはっきりとした形で後退する見通しはない。確かに，弁護士が多いことに加え法律相談扶助および訴訟費用救助を通じて国から支援的給付がなされていることで，国民の権利と正義へのアクセスが，大きく保障されていることは，ドイツのシステムのメリットと評価してよい。

リーガル・サービス法により，2008年にドイツの法律相談マーケットが解放されたが，経済問題を専門とする事務所に影響を与えることはないし，さらにはまた，今まで適切な収入を得ていなかった弁護士にも影響するものではない。将来的には，この市場セグメントでは，公共的な機関による無料での法律相談の提供，あるいは，団体がその構成員にサービスを提供することが多くなることが予想される。よりドラマチックなのは，その導入についてヨーロッパの学術担当大臣が合意したバチェラー・マスターモデルをドイツが取り入れた場合に，法律教育の改革がもたらす効果である。職業資格となるバチェラーの資格を得た者は，まさに，法律相談マーケットで仕事をする可能性を求めることになるが，それは，弁護士による独占をさらに緩和することでしか達成不可能である。法学バチェラーの導入は，このタイトルを得た者が，法を生業とする職業に就くことができる場合のみ，意味がある。ドイツの弁護士界は，このバチェラー・マスターモデルの導入を，たとえば，別に行われる弁護士教育を受けるには，マスターの資格をとっておくことが必要として，弁護士に対する職業参入の制限と結びつけようとしている。

ドイツの弁護士からみると，日本の弁護士がおかれている状況は，まさに望みどおりの姿である。弁護士が比較的少ない。権利保護を求める市民と経済界に対する法律相談は，難しい法律問題に限られ，その結果，経済的あるいはその無体的価値からして妥当な報酬を得られる依頼を引き受けてきた。反対に，ドイツにおける展開は，日本における現在の議論状況を仄聞する限りではあるが，日本にとってはまったく参考にはなりえまい。すべての階層の国民に権利へのアクセスを保障する一方，他方では，まったく無秩序な職業参入によっ

て，一部弁護士の困難な経済的状況がさらに進むことがないような，双方のシステムのメリットをコンビネーションしたモデルを検討する価値があると思われる。日本にとって，このような理想のモデルへの道を歩むことは，ドイツに比べれば明らかに容易であろう。職業参入について有意義な規律をすることで，ドイツのマーケットのような行き過ぎを回避すれば十分だからである。

〈参考〉
ボン基本法
第28条［ラントの憲法および市町村の自治の保障］
(1) ラントの憲法的秩序は，この基本法の意味における共和制的，民主的および社会的法治国家に適合しなければならない。ラント，郡および市町村においては，国民は，普通，直接，自由，平等，秘密の選挙に基づく代表機関を有しなければならない。郡および市町村の選挙においては，ヨーロッパ共同体の構成国の国籍を有する者も，ヨーロッパ共同体法に基づいて選挙権および被選挙権を有する。市町村においては，市町村集会が，選挙された団体に代わることができる。
(2) 市町村は，地域的共同体のすべての事項について，法律の範囲内で自らの責任において規律する権利を保障されなければならない。市町村連合も，法律の定める権限の範囲で，法律に基づいて自治を行う権利を有する。自治の保障は，財政上の自己責任の基盤をも包含し，税率設定権を有する市町村に帰属する経済関連の租税財源もこの基盤の一部をなしている。
(3) 連邦は，ラントの憲法的秩序が基本権ならびに1項および2項の規定に適合するように保障する。

第2部
労働法

ドイツ労働法における労働契約の内容審査[*]
――消費者保護の原則を通じたドイツでの労働者保護の拡大――

訳　米津　孝司・松井　良知

I　ドイツ労働法におけるアクチャルな中心的実務問題である労働契約の内容審査

1. 2002年の法改正

　ドイツでは現在，労働契約上の契約形成に関する法は，労働法実務および労働法学の最も重要な問題領域である。協約法で提起された諸課題と並んで，近年，連邦労働裁判所が下した判例の中で根本的な意義を有する判決の大部分を占めるテーマがここでは問題となっている。

　こうした展開の背景には，労働契約法にとって本質的な意義を有する，すでに10年前に遡る民法の改正がある。2002年1月1日にドイツでは，ドイツ債務法全体の本質的な部分を改革する債務法改革法が施行された。この改革のきっかけは，ドイツが国内法化しなければならなかった欧州指令であった。しかし，ドイツの立法者が行った改革は，欧州指令で要求されるものをはるかに超えていた。

　この債務法改正において，労働法は，唯一の例外を除いて，本質的ではない周辺的な関与（改正）にとどまるものであった。そしてこの例外とは，労働契約を約款法の適用対象とし，約款に適用される厳格な内容審査をあらゆる労働

---

[*]　Die Inhaltskontrolle von Arbeitsverträgen im deutschen Arbeitsrecht- die Erweiterung des Arbeitnehmerschutzes in Deutschland durch Grundprinzipien des Verbraucherschutzes　本章は，2012年11月24日に行われた関西労働法研究会主催の講演会の報告原稿である。

契約に対して導入するという立法者の判断にほかならない。

　この債務法改革以降，従来とは異なって，注意深くきめ細かい契約の形成が労働法の実務で行われるようになった。これまでは，労働契約の条項形成は，実務上ほとんど注意が払われない状況にあり，約款規制法の適用除外（＝労働法全体に約款規制を適用しないこと；旧約款規制法23条）に基づき，労働法の審査基準として民法242条の一般条項だけが適用されていた。この一般条項は，「信義誠実」による限界とみなされるあらゆる契約を禁止している。このドイツ法すべてに通じる規定は，2002年まで，労働者のための強行的な最低限の保護を定めた法律の特別規定（例えば解雇制限法，賃金継続支払法，パートタイム・有期労働契約法）が適用されない限りで，労働契約内容を評価する唯一の審査基準であった。2002年まで，労働裁判所の判例は，使用者に対して，契約条項の大変控えめな内容審査をもって対応していた。

2．労働契約実務に対する法改正の効果

　債務法改革法の施行以降，今日，労働契約の各条項は，約款規制に関する法が定められている民法305条以下の一般民法の規定に基づき評価がなされる。2002年まで妥当していた適用除外を廃止する目的は，一般民法の判例と労働裁判所の判例で異なる判断基準を一致させることであった。協約規定を引照する条項についてだけは，民法310条4項3文に基づき異なる（緩和された）審査基準が適用される。この改革以降，労働法実務は，これまでは一般的であった契約条項の修正的適応を余儀なくさせる判例の新たな展開に恒常的に直面することになった。基本的には，労働契約のほとんどすべての重要な条項に関して，それ以来，新たな諸原則が示され，2002年まで一般的だった契約条項は，この間に判例によって無効とされたのである。

　現在，労働契約法に適用される原則はおおよそ以下のように要約される。
　A　原則としてあらゆる労働契約は約款規制に服する。民法310条3項に基づき——労働裁判所の判例は，労働者を民法にいう「消費者」とするので——

使用者によって定型化されたあらゆる契約条件は約款とみなされる。使用者によって一回限り用いられるか，多数用いられるかは重要ではない。契約条件が契約当事者間で個別に交渉された稀な場合に限って，民法305条以下は適用されない。そうした例外は実務上，管理職者の契約の場合に限って問題になる。

B 労働契約条項の内容審査に関する一連の審査は，2002年以降，約款規制法に基づき三段階で行われる。
→第一段階では，単に協約規範の内容を繰り返したものということを理由に，当該条項について民法310条4項3文による内容審査を行わないとするかどうか，検討される。
→約款規制の中核は，民法305条以下に基づき一般民事法の基準に従って契約条項が「それ自体として」違法であるかどうか，という第二段階の審査である。
→約款規制法上禁止された条項の一つにあたる場合，次の第三の段階において，民法310条4項2文にいう「労働法の特殊性」から，より緩和された審査基準が問題になり得る。民法308条および309条は，労働法上の契約に合わせたものではなく，第一に典型的な売買契約または請負契約を対象にするものなので，この第三段階目の審査段階は大変重要である。

C 約款条項が無効の場合，無効な規定の部分には民法306条2項に基づき任意法がこれを補充し，労働契約自体の有効性は，影響を受けない。無効原因に基づき——労働契約に生じた欠缺は，部分的に，補充的契約解釈を通じて埋められる。

3．効果：労働法における二つの保護システム

こうした法律による新たな規定の結果，ドイツ労働法では現在，二つの保護システムが並行して存在する：
→第一は，例えば解雇制限法や賃金継続支払法（＝疾病時の労働者保護）とい

った労働者保護規定による本来の労働法保護システムである。

→第二は，契約当事者によって定型化された契約条件を審査する際に，契約の厳格な内容審査を通じた消費者保護を実現し，多くの規定の無効を定める（民法308条および309条）一般民事法の消費者保護システムである。この第二の保護システムは，それ自体としては，労働法を対象にするのではなく，企業のビジネス戦略から不慣れな消費者を保護することを目的とする。

II 労働契約の内容審査の詳細

以下では，この間ほとんど見通しがきかないまでに複雑多様化した（労働契約の内容審査に関する）諸問題の中から，ドイツ以外の労働法学者にとって法比較の観点から興味深いと思われるいくつかの中心的な問題だけを取り出して論じることにしよう。

1．労働協約参照の除外

民法310条4項3文は，実務上重要な内容審査の限定を予定している。ドイツの労働契約の80％以上には，補足的に労働協約を引照するいわゆる引照条項が含まれている。典型的な条項は例えば以下のものである。

> 「（本労働契約に関して）補足的に，ノルトライン・ヴェストファーレン州の鉄鋼・電気産業の労働協約の協約規定が適用される。」または「当該事業所にとって職域的に関連する協約規定が適用される。」あるいは，「使用者の事業所に関連する協約規定が適用される。」

こうした協約条項によって，労働者が組合に加入しているか否かにかかわらず，協約上の労働条件を得ることが保障される。実務では，自身が使用者団体に加入していない，したがってドイツ協約法によると労働協約が適用されない使用者の労働契約にはそうした条項は珍しくない。ドイツ法では原則として，

双方が協約に拘束されている場合に限って，したがって使用者が加入する使用者団体と協約を締結した労働組合に加入している場合に，規範的に，すなわち強行的に労働協約が適用される。いわゆるアウトサイダー，すなわち労働組合に加入していない労働者は，本来は協約上の請求権を有しない。引照条項については，労働協約は単に債務法的に，よって契約上の取決めに基づき適用される。

もし仮に（民法310条4項3文のような）明確な法文が無ければ，引照条項によって，単に契約上拘束されることに基づいて引照される労働協約の内容も約款規制法による内容審査に服することになるだろう。

こうしたことを背景に民法310条4項3文は，単に労働協約の内容およびその他の集団的契約を繰り返すだけの労働契約条項は，裁判所の内容審査ならびに法律上の禁止条項には服さないことを明らかにしている[1]。したがって，ソーシャルパートナーの対等性が憲法上保障されていることに基づき，労働協約においては，十分に交渉された労働条件として相当性を有するものであるとの推定が働くゆえに，協約上の規制が内容審査から除外することが正当化されるのである[2]。こうして，裁判所は協約内容の衡平性（公正さ）を審査することは禁止されている。協約内容の相当性を審査することは，憲法上許されない協約自治への侵害になるだろう。法政策上説得力のある民法310条4項3文の趣旨とするところは，個別労働法に対する適用除外を完全に廃止した際に問題になるであろう，間接的な協約の審査を排除する，ということにある。

2．労働契約条項の有効性審査

A　不意打ち条項の排除

民法307条〜309条の内容審査は，労働契約の場合にも民法305c条1項による一般的な有効性審査に先立って行われる。同条によると，不意打ち条項は労働法においても最初から契約の構成要素にはならない。不意打ちという性質

---

[1]　*Lingemann*, NZA 2002, 181, 189；*Gotthardt*, ZIP 2002, 277, 281.
[2]　いわゆる労働協約の正当性の保障。BAG v. 12. 2. 1992-7 AZR 100/91, NZA 1993, 998. を参照。

はまず，客観的に非慣行的な条項が問題になることを要件にしている。二つ目の基準的要件は，他方当事者（＝労働者）が当該条項を考慮する必要がないことであり，労働生活を形づくる手段として用いることが通常な（例えば協約の引照条項）条項は，労働者にとって不意打ちを意味するものではない[3]。

B 労働契約条項の解釈——不明確のものはすべて使用者がリスクを負担する

労働契約条項の内容が審査される前に，まず当該条項が解釈されなければならない。各条項の意味内容は民法133条，157条に基づき確認される。約款は客観的な内容および典型的な意味に従って，合理的で理性的な契約当事者が，通常関与する取引関係者の利益を考量して理解するよう統一的に解釈される。一般的に認められる解釈手法を尽くすことで，除去することが可能な疑いがもはや存在しない場合，実務上，非常に重要な民法305c条2項による不明確性準則は，適用されない。同条によると，不明確さが残るものはすべて，条項を作成して使用した者である使用者がリスクを負担する[4]。

民法305c条2項の規制は，客観的に多義的な条項の場合に補充的解釈を提供するものであり，こうした場合に約款使用者，すなわち使用者の利益が労働者の利益の前に希釈化される機能を有する。よって同条は，労働者にとって有利な規制である。同条の背後には，（契約条項において）明確かつ誤解なきよう表現するべきは，契約形成の自由を利用する側の契約当事者であるとの考えがある。曖昧さは当該契約当事者がリスクを負担するのである。

C 民法307条1項2文の透明性審査

この他，民法307条1項2文に基づき，当該規定が明確かつ平易でない場合には無効である。この透明性原則は，民法307条3項2文に基づき，内容審査の及ばない主たる［給付の］取決めにも適用される。労働法では，審査手段と

---

3) BAG v. 6. 5. 2009-10 AZR 390/08, NZA-RR 2009, 593.
4) BAG v. 24. 3. 2009-9 AZR 983/07, NZA 2009, 538.

して透明性原則に中心的な意味があり，特にいわゆる変更留保の領域では重要である（この点については後述）。

透明性原則の保護目的は，不透明な条項を通じた条項使用者の契約の相手方，すなわち労働者が内容的な不利益を受けることを防止することにある。労働者は，契約上の権利および義務についての平易で適切な情報を得ることになる。

透明性原則は，相手方の権利および義務を可能な限り明確で見通しできる形で表現するよう使用者に義務づけている。定型的な規定は，法的にそして実際に期待できる範囲で，要件および法的効果の点で相手方の権利および義務を可能な限り明確かつ正確に定め，状況に応じて要求される限りで経済的な不利益や負担が認識される場合にのみ，明確性の原則を充足するものである。使用者に関し，不正当な判断余地が生じてはならない[5]。透明性原則違反は，労働者が当該規制を理解する可能性がないまたは少ない場合には認められない[6]。そして例えば，法律または他の規制の規定を参照することは，それ自体は直ちに不透明であることにはならない。むしろ，約款において他の規制を参照することは原則として認められている。

D　民法307条〜309条による有効性審査

契約規定が透明性の原則を充足する場合，次の審査段階では民法309条（評価の余地なき条項）および民法308条（評価を伴う条項）による内容審査を受ける。両規定は，約款の中で無効である条項のカタログを定めている。約款では

---

5) BGH v. 25. 10. 2006-VIII ZR 23/06, NJW 2007, 1198 ; BGH v. 9. 5. 2001-IV ZR 121/00, NJW 2001, 2014 ; LAG Düsseldorf v. 13. 4. 2005-12 Sa 154/05, DB 2005, 1463, BAG v. 31. 8. 2005-5 AZR 545/04, NZA 2006, 324.

6) BAG v. 14. 3. 2007-5 AZR 630/06, NZA 2008, 45 ; BAG v. 10. 12. 2008-10 AZR 1/08, NZA-RR 2009, 576.

例えば，原則として，違約罰をすることはできず，または重過失に対する約款使用者／企業主の責任を排除することもできない。

民法308条，309条の中に関係する定めがない場合，民法307条の一般条項に立ち返る。同条によると一般的に，条項使用者の契約の相手方が相当性を欠く不利益を受ける条項は無効である。相当性を欠く不利益の存否の確定は，法的に認められた契約当事者の利益を相互に考慮し評価することが前提となる。信義誠実の原則を考慮した両契約当事者の地位の必要とされる包括的な評価に際しては，契約全体における条項の位置，条項間の補償的な効果や相乗的な効果といったことが考慮されなければならない[7]。相当性の存否の判断のために，一般的で，典型的な，個別事案からは離れた基準が設定される。内容審査の枠組みにおいては，各取引の種類，対象，目的，特殊性が考慮される。

消費者契約においては，民法310条3項3号に基づく個別訴訟において，民法307条1項および2項に従った相当性を欠く不利益を判断する際に，契約締結をめぐる事情も考慮される。このことは最高裁判所の判例によれば，結果としては労働契約にもあてはまる[8]。具体的な個別の事情としては特に，(1)交渉力に影響を及ぼす個別契約当事者の人的特性，(2)例えば奇襲（Überrumpelung）や説明（Belehrung）といった具体的な契約締結状況の特殊性，(3)契約当事者の非典型的な特殊利益，といったことがある[9]。こうした個別事情の考慮は，一般的で抽象的な審査によれば有効な契約条項を無効にすることになるのと同時に，逆に，典型的な内容審査によると無効な条項を有効にすることにもなる[10]。

3．労働法の特殊性

内容審査の結果，当該条項が一般的な約款規制法上の原則に適合しないこと

---

7) BAG v. 4. 3. 2004-8 AZR 196/03, NZA 2004, 727.
8) BAG v. 14. 8. 2007-8 AZR 973/06, NZA 2008, 170.
9) BAG v. 31. 8. 2005-5 AZR 545/04, NZA 2006, 324.
10) BAG v. 14. 8. 2007-8 AZR 973/06, NZA 2008, 170.

が明らかとなった場合，ドイツ労働法においては，当該契約規定が必ず無効になるわけではない。むしろ最後の段階において，当該条項が「労働法において妥当する特殊性」を理由に「救済」されないものかどうかが審査される。この特殊性は，民法310条4項2文の法律の定めに基づき「適切に考慮されるべき。」とされている。かくして契約の審査は，労働法において，他の民法上の契約（売買契約，請負契約等）の場合とは異なるのである

「労働法の特殊性」という概念の適用範囲および解釈については，債務法改革以降，長きに渡って活発に議論されてきた。連邦労働裁判所は，一連の判決の中で労働法の特殊性に輪郭を与えてきた。連邦労働裁判所が，この新たな規制によって与えられた判断上の裁量を，「労働法に妥当する特殊性」という概念のより拡張的な理解に与するかたちで行使してきたことは明らかである。

2004年3月4日の判決[11]以降，労働法に妥当する特殊性を適切に考慮することは，労働法または教会における労働契約や有期契約，傾向企業との契約など特別な労働法上の関係に限定されないことが確認されている。むしろ，すべての労働関係の条項の審査に関して，労働法の特殊性を考慮することが定められている。さらに，労働法に妥当する特殊性は，ある規範が労働関係だけに適用される場合に初めて存在するものではないことに注意すべきである。当該規範の適用が労働法の領域に影響を及ぼすことで十分である。連邦労働裁判所は例えば，前記の約款規制における違約罰の一般的な禁止を労働法には適用しなかった。というのは，他の使用者の下でより有利な立場を享受するために，例えば契約締結にもかかわらず労働する立場に入らないまたは解約告知期間を守らずに労働関係を終了する労働者に対する制裁には，使用者の正当な利益を有するからである。

連邦労働裁判所の適切な理解によると，法的な特殊性だけではなく，事案的な特殊性もこの概念を解釈する際に考慮される[12]。そして連邦労働裁判所は例

---

11) BAG v. 4. 3. 2004-8 AZR 196/02, NZA 2004, 727.
12) BAG v. 25. 5. 2005-5 AZR 572/04, NZA 2005, 1111 ; in diese　この点についてはすでに, Dauner-Lieb/Konzen/Schmidt/*Henssler*, Das neue Schuldrecht in der Praxis,

えば，除籍期間（＝特定の期間満了後に労働契約上の請求権を排除することであり，判例によると最低3カ月としなければならない）の許容性との関係で，請求を迅速に表明し，未解決の争点を処理するという，殊に労働法において顕著な必要性に着目している。この点，すでに確定している判例実務によると，「労働法の特殊性」という概念の拡張的な理解から出発すべきとされ，その結果，法的事実の動向や契約形成の慣行が考慮されることになる。

　審査の実務上の課題は，労働法に妥当する特殊性を適用する際，内容審査の範囲で一般民法に定められた契約当事者の利益状況を労働法における当事者の利益状況と比較することである。こうしたことにより，労働法における逸脱が正当化されない場合，むしろ，双方の法領域において同様の利益状況が認められることになり，民法305条以下が労働裁判所によって制限なく適用されることになる[13]。

III　条項が無効な場合の法的効果

　約款の条項が無効であっても，労働契約全体が無効になるわけではなく（民法306条1項），むしろ民法306条2項に基づき無効な規定には任意法がとってかわることになる。しかし労働法では現在，そうした任意法を欠いている。

1．効力維持的縮減の禁止

　ドイツ労働契約法にとって，効力維持的縮減の禁止は実務上非常に大きな意味をもつ。ドイツ私法上，効力維持的縮減とは，ある無効な契約条項が，それが適法となるように合意されうる範囲で維持されること，すなわち法的に許容されるものに当該の無効な条項が「縮減」されることをいう。

　例：約款においては（法的には）軽過失に対する責任だけが排除されうるに

　　2003, S. 615 ff.
13）　ErfK/*Preis*, 10. Aufl. 2010, §§ 305-310, Rn. 11.

もかかわらず，企業主が約款の中ですべての責任を排除する場合，当該の免責条項が完全に無効になるのか，それとも重過失に対する責任を含む範囲に限って無効となるに過ぎないのか，という問題がある。効力維持的縮減の禁止は，当該条項がすべて無効となること，したがって企業主が正しく契約形成を行っていれば得られたよりも劣った状態に置かれることを意味する。

効力維持的縮減を禁止する理由は，仮にこの禁止がなければ，約款の使用者，すなわち使用者が，そのことによってリスクなしに当該の無効な約款条項を用いることができてしまうであろう，という点にある。なぜなら，無効な結果は，単に当該契約条項が，なお適法なものに引き戻されるに過ぎないであろうからである。したがって使用者は，常に条項の適法性の限度まで（全部無効のリスクの負担なく）行動することが保障され得ることになる。効力維持的縮減の禁止が妥当することで，現在では，法状態に関する自らの誤った法状態についての判断について，もっぱら使用者がそのリスクを自ら負っている。

債務法改革以前においては，相当性の基準から外れた労働契約条項を許される限度でその効力を維持して縮減していたが，現在，連邦労働裁判所は無効な取決めを部分的に維持することを否定している。判例変更の効果は（まさに使用者の側からするならば）計り知れない。

2．補充的契約解釈

補充的契約解釈という手段は，「適法なもの」に縮減することを意味する効力維持的縮減とは厳格に区別される。補充的契約解釈は，ある条項の無効によって生じる契約の欠缺を埋めるものである。当事者らが契約条項の無効を認めたといった場合に，当該当事者らが合理的なものとして合意したであろう規定が適用されることになる[14]。生じたところの契約の欠缺が，（例えば，合理的には期待できないような利益を労働者にもたらすゆえに）法益のバランスがとれた結果には至らない場合には，補充的契約解釈を通じて，合理的な当事者意思に相応

---

14) BGH v. 1. 2. 1984-VIII ZR 54/83, NJW 1984, 1177, 1178.

する合意が見出されなければならない。

　かつて判例は，補充的契約解釈を通じた欠缺補充を例外的な場合に限って用いてきた。判例によれば，補充を必要とする欠缺を認めることだけで，使用者に不利なかたちでの負担を負わせるということが，そのことだけで補充を必要とする欠缺の承認を正当化するわけではない。例えば，第5法廷は，除籍期間（＝経過後に労働契約上の請求権をもはや主張できない期間）の無効との関係で，補充的契約解釈を否定した[15]。第5法廷は，補充的契約解釈の要件，すなわち，法規定を適用すること——具体的には民法195条以下の場合——および契約補充を行わなければ，契約当事者の典型的利益をもたらす相当性のある解決がもたらされない，という契約補充を行うための要件は満たされていないと判断した[16]。

3．条項の部分的救済（Teilrettung）

　条項の「部分的救済」は，文言上，意味が通じる二つの部分に条項を分離できる場合に可能であるに過ぎない。残りの条項の意味を損なうことなく，契約規定の無効な部分を削除することができる場合に，文言上，分離可能な規定が存在する（いわゆる「ブルーペンシルテスト」＝無効な部分を青鉛筆で削除して，残りの部分が十分意味のある適法な規定内容を有する，という意味）。そうした分離は適法である。というのも，裁判所は，これによって，ある条項を適法な限度に縮減するのではなく（これは効力維持的縮減の禁止に反することになる），不適法な部分を含まない，文言上および内容的に意味が通じるかたちで分離可能な条項を残すことで，当該契約条項の適法な内容を維持するに過ぎないからである[17]。例えば特定の期日まで「解約告知がなされていない労働関係」に着目し

---

15) BAG v. 25. 5. 2005-5 AZR 572/04, NZA 2005, 1111.

16) BAG v. 25. 5. 2005-5 AZR 572/04, NZA 2005, 1111 ; v. 28. 11. 2007-5 AZR 992/06, NZA 2008, 293.

17) Palandt/*Grüneberg*, 69. Aufl. 2010 Vorb. § 307 BGB, Rn. 11 ; *Lakies*, AGB im Arbeitsrecht, Rn. 373 f. ; *Reinecke*, BB 2005, 378, 382.

た期日条項について，連邦労働裁判所はそうした部分的救済を実際に行ってきた（例：ある年の12月31日に解約告知がなされていない労働関係が存在する場合に限って，労働者はボーナスを得る，というケース）。ここで，連邦労働裁判所の見解によれば，当該条項は「解約告知がなされていない」との文言をただ削除することで，当該の条項を部分的に維持し，その結果，単に労働関係の「存続」のみが，争いの目的である賞与請求権の要件となる[18]。第一段階において適法な規定部分（使用者に対する請求権の主張）と第二段階における違法な規定部分（使用者が請求権を認めない場合の裁判上の請求）からなる，二段階の期限の利益喪失条項（Verfallklausel）のケースにおいても，連邦労働裁判所は，条項の第一段階目の適法な部分を，違法な第二段階目の部分から意味が通るよう分離して，有効なまま維持することができるとした[19]。この結果，一定の（短すぎる）期間内に請求権を主張するという，第二段階目の部分の規定だけが無効とされたのである。

IV　実務上重要な個別契約条項

　個々の条項の有効性に関する判例は，この間，ほとんど見通しがついていない（ほど膨大・複雑な）状態となっている。個別の条項に関する連邦労働裁判所の判決は，ほぼ毎月出ている。そしてその間，いくつかの特に重要なものだけを挙げれば，違約罰条項，指揮命令権条項（Direktionrechtklausel），配転条項，労働時間規制，短縮労働条項，期日条項，特別な支出や養成報酬に対する返還条項，競業禁止，証明負担規制，期限の利益喪失条項，引照条項および契約上の年齢制限といった条項について，その有効性が連邦労働裁判所によって繰り返し検討されてきている。今日では，重要で一般的な労働契約条項のうち，連邦労働裁判所の審査の対象となっていないようなものは存在しないといってよ

---

18)　BAG v. 6. 5. 2009-10 AZR 443/08, NZA 2009, 783.
19)　BAG v. 21. 4. 2005-8 AZR 425/04, NZA 2005, 1053；v. 6. 5. 2009-10 AZR 443/08, NZA 2009, 783；LAG Rheinland-Pfalz v. 28. 6. 2007-2 Sa 62/07, juris.

いだろう。実務に困難をもたらすのは，判例の判断基準が直近数年間のうちに変更され，さらに連邦労働裁判所の各々の法廷で異なる見解が示されることである。

こうした連邦労働裁判所による個別の条項の厳密な審査は，世界でも初のことと言ってよく，それはドイツ人の徹底主義というだけではなく，たとえどんな些細な問題であったとしても，およそ争いのある問題について可能な限り最上級審による解明を行おうとするドイツ人の傾向という点でも，典型的な例といえるだろう。

以下では例として，実務上特に重要な二つの条項に関し，非常に厳格な連邦労働裁判所の原則を紹介する。

1．労働関係の柔軟性を高めるための調整条項（Anpassungsklausel）

いわゆる調整条項は，労働法上の契約形成にとって重要な意味をもつ。調整条項によって使用者は，環境条件の変化，経済動向一般，販売不振等々に契約条件を一方的に合わせることが可能となる。したがって，いわゆる労働関係の「内的な弾力性（Binnenbeweglichkeit）」を巡る問題である。解雇制限を基礎に労働法を特徴づけている厳格な（労働関係の）終了に関する保護を鑑みると，労働法における内容審査にとって重要な関心事とならなければならないのは，必要とされる労働関係内部の弾力性をなるべく維持することである。使用者が契約関係を終了することができないとすれば，いずれにせよ環境条件の変化に使用者が適応することができるようにしなければならない。

実務では，判例が異なる審査基準を展開してきた3種類の調整条項が区別されている。すなわち(1)撤回条項，(2)算入条項（Anrechnungsklausel），(3)任意性留保である。算入条項とは，これまで保障していた賞与を協約上の昇給に算入する権利を使用者が留保するものである。協約によって賃金が上がる場合，使用者はもともとの手当を昇給に算入することができる。その結果，労働者は実際には昇給分の賃金を得ないことになる（例：労働者はこれまで20.00ユーロの協約賃金を得ており，2.00ユーロの協約外の手当を得ていた。協約賃金が21.00ユーロに

上がった。使用者は1ユーロをこれまで保障していた手当に算入し，その結果，労働者はその後も 20.00 ユーロだけを得る）。労働者は損失を被るのではなく，昇給に関与できないだけなので，そうした算入を留保することは問題ないものとして認められている。

これに対して撤回留保の場合，使用者は将来の給付義務を一方的に解消することができると労働契約当事者が合意するものである（例：前述の場合，使用者は 2.00 ユーロの手当てをいつでも撤回できるとの意思表示をする）。

ドイツ労働契約では典型的な条項の例：「使用者は，撤回を留保しながら，月々の協約外の手当 300 ユーロを支給する。企業の経営状況が悪化した場合に撤回することができる。さらに労働者の労務提供または態度を理由として撤回をなし得る。」

こうした方法で，使用者は賃金の特定部分にあたる労働者の請求権を排除することができる。よって撤回留保は，労働契約上賃金を柔軟化するのに適当な制度である。

2．撤回留保の要件

A　実体的要件

撤回留保を判断した基本的な判決に，2005 年 1 月 12 日の第 5 法廷の判決[20]がある。この判決は，約款規制法の諸原則に対応して，適切性審査と行使段階の審査を区別する 2 段階の審査を行っている。まず，撤回留保の取決めの有効性は，特に民法 307 条，308 条 4 号に関する約款規制法の内容審査に服する。その際，実体的要件と同時に形式的要件も検討される。2 段階目では，具体的事案において撤回権の行使が，民法 315 条に基づく正当な裁量の基準を満たすかどうかを確認する。

実体面では，現在の連邦労働裁判所の理解によると，定型的な契約によって合意された撤回留保が民法 308 条 4 号の「期待可能性（Zumutbarkeit）」の要件

---

20)　BAG v. 12. 1. 2005-5 AZR 364/04, NZA 2005, 465.

を満たすのは，撤回が理由なく行われているのではなく，不安定な経済状況に対する調整手段として必要な場合に限定される。撤回を正当化する典型的な理由があるかどうかは，特に撤回される給付の種類および額，報酬の残額ならびに企業内の労働者の地位を考慮した利益考量に基づき確認する。任意の給付を「いつでも制限なく」撤回できるとする権利を使用者に認める労働契約上の撤回留保は，民法308条4号に基づき無効である[21]。

連邦労働裁判所は，労働契約の中核への侵害を可能とする点に限界を設けている。撤回留保の取決めは，双務関係にある報酬全体への撤回部分が25％未満で，協約賃金を下回らない限りで認められている。さらに，労務提供に対する直接の反対給付ではなく，労働者自身が負担しなければならない支出への補償を意味する使用者からの手当を撤回する場合，報酬に対し撤回可能な部分は，全報酬の30％まで引き上げられる[22]。労働者が賃金の25％を失う結果となる撤回権行使は，協約に基づく賃金の支払いが確保される限りは，「賃金構造への僅少な」侵害にとどまる，とする[23]。

B 形式的要件

連邦労働裁判所は，撤回留保の形式的要件に関しても厳格な基準を設定している。定型化したことによる曖昧さは，使用者がそのリスクを負担する[24]。民法307条1項2文の透明性の原則から，どのような場合に撤回権の行使を労働者が考慮しなければならないかわかるように撤回条項が理解されることになる。同条によれば，撤回条項は，種類および額といった点で撤回される給付が明確な場合に限って有効である。特に撤回の理由が明示されなければならない。この点について連邦労働裁判所[25]は，少なくとも「撤回が可能となるため

---

21) BAG v. 11. 10. 2006-5 AZR 721/05, NZA 2007, 87.
22) BAG v. 11. 10. 2006-5 AZR 721/05, NZA 2007, 87.
23) BAG v. 12. 1. 2005-5 AZR 364/04, NZA 2005, 465.
24) BAG v. 19. 12. 2006-9 AZR 294/06, NZA 2007, 809 ; Henssler, RdA 2002, 129, 137 f.
25) BAG v. 12. 1. 2005, 5 AZR 364/04, NZA 2005, 465.

の指針（経済的理由，労働者の成績や行動）が示されなければならない。使用者が障害事項（企業の経済的苦境，一事業部門のネガティブな経済収支，不十分な利益，経済見通しの後退や未達，労働者の平均を下回る成績，重大な義務違反）に基づき撤回権を行使しようとする場合，そして，経済状況や労働者の成績・行動についての一般的な理由だけでは，変更留保の範囲を確定するのには不十分で，契約条項として十分なものとするためには，それら障害の程度が具体化されなければならない。」

 C 違反時の法的効果
 撤回留保が上記の要件を満たしていない場合，無効である。条項の効力維持的縮減は行われない（民法306条2項）。このことは，使用者が撤回を留保しながら発生した賃金を継続して支払わなければならないことを意味している。かくして，原則として労働者との合意によるかまたは変更解約告知によってのみ賃金減額が可能である。

 D 小 括
 定型的な撤回留保は，民法307条，308条4号に基づき適切性と期待可能性を通じて審査される。その際，全報酬に対する撤回部分の額が問題になる。もっとも，条項の中に要件，よって撤回の行使を正当化する理由が挙げられていなければならない。

3．任意性留保

 A 実務上の意味
 現在，ドイツの学説では特に，任意性留保について大いに論争がなされている。任意性留保と撤回留保の本質的な違いは，撤回留保の場合には期限を設けることなく給付が約されるものの，使用者は同時に撤回権の行使により給付する義務を解消する一方で，任意性留保は請求権の発生そのものを妨げるという

点にある[26]。

　任意性留保の例：使用者は過去に，法的請求権を認めることなく，任意の給付として年1回の特別な支給を行ってきた。使用者は将来についても年1回の特別な支給を行ったとしても，この1回限りのまたは繰り返された支給によって，将来の請求権を根拠づけるものではない。使用者は，支給の可否，額，受給者の範囲および基準について毎年，新たに決定することについて留保する。

　ドイツ労働法では，事業所慣行と称されるものがあり，これは，使用者が3度留保なく給付する場合，将来も給付を保障する継続的義務を使用者は負うとするものである。例えば使用者が実際に3度，いわゆるクリスマス手当，すなわちドイツのクリスマスの祝日（12月24日）に際して賃金月額の半分の手当を支給する場合，使用者はこれを将来にわたって給付しなければならない。この事業所慣行を破棄するには，非常に困難な条件，例えば企業存続の危機の場合に初めてこれが可能とされる。任意性留保はこれまで，そうした事業所慣行の成立を妨げるために認められた手段であった。

　B　実体的要件

　連邦労働裁判所はかつて，撤回留保よりも明らかに広範な基準に従って，現行給付の任意性留保を判断していた。というのは，任意性留保の場合，労働者の給付請求権は初めから発生していないからであった[27]。約款法適用下で，連邦労働裁判所は徐々にこうした使用者の自由を明確に制限していった。そして例えば，成績手当（Leistungszulage）は，当然に任意性を留保しながら支給できるものではもはやなくなっている。使用者によって定型化された労働契約が，請求権を排除しながら毎月支給される成績手当を予定している場合，第5法廷の理解によれば，これは，労働者に相当性を欠く不利益を与えるものといえ

---

26)　BAG v. 14. 6. 1995-5 AZR 126/94, NZA 1995, 1194.
27)　BAG v. 6. 12. 1995-10 AZR 198/95-NZA 1996, 1027 ; v. 30. 7. 2008-10 AZR 606/07, *NZA 2008, 1173* ; Schimmelpfennig NZA 2005, 603, 604.

る[28]。関連事案において，月例の成績手当は，（手当についての）法的義務を伴わない任意の給付として支給されるのであり，支給から将来の権利を導くことはできないものとして理解されていた。これに対して連邦労働裁判所は，労働者の将来の請求権を認めないことは民法306条，307条に基づき無効と判断した。

　現在，任意性留保を判断するために重要な基準になっているのは，継続的賃金（＝労務提供に対する賃金）なのか，それとも特別な給付（＝特別な根拠による報酬）が問題になるか，ということにある。個別事案の中で，継続的賃金と特別な給付を明確に区別するのは難しい。連邦労働裁判所は，精確に区別するための基準を示しておらず，提起される問題の多さに鑑みて，一般的に妥当する境界を設定することは不可能だと指摘した。すなわち，継続的に賃金を支払うことは可能であるものの，毎月支給されなければならないわけではなく，これに対し今日では，特別支給は毎年行われるものの，暦年内で複数にわたって支給されることもある。特別な報酬の存在は特に，特定の根拠から（クリスマスや記念日）または年に一度だけ支給される場合に問題になる。

C　形式的要件

　任意性留保は，個別事案において透明性原則（民法307条2文）に反することがあり，これを理由として無効ともなりうる。連邦労働裁判所の見解によれば，定型化した労働契約の中で使用者にボーナスの支払いが義務づけられ，他の契約条項がこれと矛盾する形でボーナス支払いに関する労働者の法的請求権を排除する場合には，民法307条1項2文に根拠をもつところの，契約条項を明確かつ平易に定型化すべしとの原則（透明性原則）に反する[29]。使用者が労働者に，定型化された労働契約の中で，明確に，特定の額のクリスマス賃金を毎年支払うと約する場合，このことと，使用者が同じ条項または他の条項の中でクリスマス賃金の支給に任意性留保を付すこととは，相矛盾するのである。こ

---

28) BAG v. 25. 4. 2007-5 AZR 627/06, NZA 2007, 853.
29) BAG v. 30. 7. 2008-10 AZR 606/07, NZA 2008, 1173.

の場合，任意性留保は無効となる。

D　事業所慣行の意味

　前述したように，事業所慣行による請求権の発生を妨げるため，実務では特に任意性留保が用いられている。任意性留保は，適法な限りで，事業所慣行による特別な支給の請求権の発生を妨げる。連邦労働裁判所はかつて，各給付を行う際に留保の意思表示をする必要はないとの見解であった。労働契約の中にこれに対応する定めを置くことで十分であった。各給付を行う際，給付が任意であることを改めて指摘する必要はなかったのである[30]。

　しかし連邦労働裁判所は，ごく最近の判決において，こうした従来の法実務を破棄し，労働法学説において激しい論争が巻き起こっている[31]。連邦労働裁判所は，その種類や発生に関係なく「将来の給付すべて」を含む契約上の任意性留保は，労働者に相当性を欠く不利益を与えるものであり，無効であるとする[32]。一般的に，後に具体的な給付を行う際に反復して行われることのない，予防的な契約上の任意性留保がはたして有効かどうかは疑わしいことを，裁判所は示唆してきた。ドイツの学説では，「任意性留保の終焉」が度々語られている[33]。法実務においては，現在のところ，個別の各付加給付，賞与または特別支給の際，これらを実際に支給する場合には，常に任意であることを示すことが推奨されている。これに対して，労働契約を形成する際，使用者は，撤回留保をしさえすれば，法的にはより安全に，必要な柔軟性を高めることができるのである。

---

30)　BAG v. 12. 1. 2000-10 AZR 840/98, NZA 2000, 944 ; BAG v. 21. 1. 2009-10 AZR 219/08, NZA 2009, 310 ; BAG v. 18. 3. 2009-10 AZR 289/08, NZA 2009, S. 535.

31)　Vgl. nur *Bauer/von Medem*, NZA 2012, 894 ; *Preis/Sagan*, NZA 2012, 697 ff.

32)　BAG v. 19. 9. 2011-10 AZR 526/10, NZA 2012, 81.

33)　Vgl. nur Lakies, Arbeitsrecht Aktuell 2012, 469, 471 ; *Bauer/von Medem*, NZA 2012, 894 ; *Preis/Sagan*, NZA 2012, 697 ff.

V おわりに

　2002年1月1日に実現した法改正に基づき展開されてきた前述の判例により，ドイツではこの間，労働契約上の取決めを世界で最も厳格に内容審査してきたといえる。このことは，ドイツの使用者にとって，かつて長年問題なく用いられてきた契約条項の有効性が約10年にも渡って不安定になったことを意味するものである。現在の法的状況に問題がないわけではない。なぜなら，こうした状況は，使用者が協約外の任意の手当を支給する動機を低下させているからである。良好な業績を理由にして特定の給付を行うかどうかについてこれを毎年，改めて新たに企業が決定するという傾向が生じてしまうのもやむを得ない。

　これはむしろ，一般的な経済動向と企業収益への調整をいつでも可能にするため，協約外の給付についてはできる限り広い柔軟性を使用者に認めるというのが国際的な動向である。

ドイツの労働組合の新たな役割と企業再編成・大量解雇に際するスト可能性の拡大[*]

訳　米津　孝司・山本　志郎

I　序　　論

　ドイツの労働市場と労働法は，最近，経済協力開発機構（OECD）のような国際機関から多く称賛を受けている。他の欧州連合（EU）加盟国，とりわけ危機に陥っている南欧諸国は，ドイツを範として自国の労働法を自由化および柔軟化するよう促されている。その際に指導的なものとして特に称賛されるのが，2004年シュレーダー連邦首相の下実行されたいわゆる「アジェンダ2010」であり，目下のドイツ経済および労働市場の強さはこれに基づいて取り戻されたものである，ということがいわれる。私見によれば，「アジェンダ2010」——これについては是非，討論の中でより詳しく扱いたい——の枠組みにおいてなされたむしろわずかばかりというべき改革は，少なくとも労働法上の改革に関する限り過大評価されている。より重要に思われるのは，労働組合と使用者団体が共同で危機を克服することにこれまで非常に成功してきたことである。私の講演はこうした特殊性に関連するものであり，同時に，当時実証されたこの共同作業が，近時行われた変更によって危機にさらされていることを明らかにするものである。

---

[*]　Die neue Rolle der deutschen Gewerkschaften und die erweiterten Streikmöglichkeiten bei Restrukturierungen und Massenentlassungen　本章は，2012年11月17日に行われた比較法研究所主催のスタッフセミナーの講演原稿である。

II ドイツにおける労働組合の組織構成

ドイツの労働市場および労働法の特徴は，国際的にみて並はずれて強いその労働組合の地位である。1945年以降，ドイツにおいては「統一労組（Einheitsgewerkschaft）」が設立された。このモデルの目的は，労働者の力を唯一つの労働組合組織に結集することである。労働市場の当事者双方にとっての利点は明白である：一方では，強くて貫徹力のある労働者の利益代表であり，同時に，使用者は，当該労働組合との協約締結が法的安定性と法的平和をもたらすものであることに確信をもつことができるのである。諸組合が互いに急進化したり，その賃金要求において凌ぎ合おうとする危険は，回避される。統一労組というのはもちろん，唯一つの労働組合しか存しないことを意味するものではない。しかし諸種の産業部門の労働組合は，一つの統一的組織（ドイツ労働組合総同盟：DGB）にまとめられ，互いに競合しないのである。現在DGBの傘下には，主要産業部門に関して合わせて七つの個別の労働組合が属している。すなわち，建設・農業・環境産業労働組合（IG BAU (Bau, Agrar, Umwelt)），金属・電気産業労働組合（IG Metall (Metall, Elektro)），統一サービス産業労働組合（ver. di (Dienstleistungen)），鉱業・化学・エネルギー産業労働組合（IG BCE (Bergbau, Chemie, Energie)），警察官労働組合（Gewerkschaft der Polizei），教育・学術労働組合（GEW：Gewerkschaft Erziehung Wissenschaft），鉄道・運輸労働組合（EVG (Einsenbahn, Verkehr)），そして食品・飲食業労働組合（NGG (Nahrung, Genuss, Gasestätten)）である。これらの労働組合は，いわゆる産業団体原則に従って組織されている。すなわち，例えば「金属および電気」部門を管轄するIG Metallの組合員はすべて，金属事業所で働く者だということである。その具体的な職種は問題とならない。フォルクスワーゲンの食堂で働く料理人も，ソフトウェア専門家も，あるいは守衛も，IG Metallに組織されており，彼らは金属産業の相対的に高水準の賃金を受け取っている。それゆえある企業の被用者全員は共通に，かつ連帯して，その企業に適用される労働協約を闘い取

る。DGB 傘下にまとまっている労働組合は，原則的にお互いに競合することがなく，むしろ「1事業所1労組」という原則が通用するのである。

　対するモデルとしての——ある特定の職業に属する労働者のみによって結成されるものである——職業団体労組は，ドイツでは近年になって初めて重要性を増してきた。というのも，これまで長らく，ドイツの連邦労働裁判所は協約単一性原則を維持してきたからである。この原則によれば，ある一つの事業所においてはただ一つの労働協約のみが存在しうるものとされる。この原則に従えば，通常，DGB 傘下の労組と比べて小さい組合の交渉余地はなかった。というのも，労働協約が締結されえたとしても結局のところそれは，通常はより大きい DGB 傘下の労組が締結する労働協約によって排除されるからである。2010年にこの協約単一性原則が放棄されたことは，ドイツにおいても，労働組合の状況に変動をもたらした。日本と同様に，労働組合の多元性がいっそう増大し，したがって事業所における協約多元性も目につくようになった。その結果が，まったく多様な労働組合により激しく行われる労働争議であり，これには例えばルフトハンザ，またドイツ鉄道も，特に悩まされている。

　日本とは異なってドイツは，団結の自由の具体化（Ausgestaltung）のための労働組合法を知らない。しかし判例が，ドイツ基本法（基本法9条3項）から直接に，協約能力を有する労働組合についての厳格な基準を導き出してきた。それによれば，労働組合は特に「社会的対向力（Soziale Mächtigkeit）」と貫徹力（Durchsetzungsfähigkeit）を有するものでなければならず，そのことによって実際上，使用者と対等の立場での均衡のとれた交渉がもたらされるのである。この社会的対向力を有しない労働組合の労働協約は無効（nichtig）である。

III　ドイツにおける労働組合の戦略

1．最近の展開

　DGB 傘下の労働組合の戦略というのは，何十年にもわたる間，部門全体にわたる横断的協約（Flächentarifvertrag）の締結を目指すものであった。それは

例えば金属および電気産業についての連邦レベルでの統一的労働協約であり，加えて，当該協約にすべての金属業企業（例えば自動車産業の全企業）が可能な限り包括的に拘束されるものであった。したがって，産業別労組が極めて少数派に留まるものであり 90％以上の労働組合が企業別労働組合である日本とは，根本的に状況が異なる。このことに対応して，賃金決定プロセスも異なる。確かにドイツにおいては，労働協約法 4 条 3 項に従って横断的協約上に開放条項（Öffnungsklausel）を設けることが可能である。それにより，使用者と事業所協議会（Betriebsrat）は企業レベルあるいは事業所レベルで，横断的協約を逸脱する事業所近接的（betriebsnahe）な規整を定めることを許される。ただこのような開放条項は実務上，相対的に数が少ない。

　近年，特に使用者側は，硬直的に感じられる横断的協約モデルから脱することを試み，ある企業に対してのみ適用される，いわゆる企業別協約の締結を増やしてきた。この企業別協約を締結するのは，特に，確かにある使用者団体に組織されながらも，そこで協約拘束を受けない企業である。このような「協約拘束なき」(OT) 団体構成員資格は，連邦労働裁判所により承認されたものである。また，企業別協約はしばしば，経済的苦境にある企業により，経営再建協約の形で締結される。この経営再建協約の下では，危機克服のためにコスト上の優位を使用者に与えるため，横断的協約を下回る逸脱がなされる。

　大きな組合の戦略においても，近年，比較可能な変化が看取される。労働組合は，事業所近接的な協約政策が組合員獲得のための効果的な手段であることに気付いたのである。労働組合は加えて，企業別協約による企業への圧力行使を試みている。すなわち，特にドイツでの拠点閉鎖あるいは東欧若しくはアジアの人件費が安い国への事業所の移転という，企業再編成（Umstrukturierung）を企図している企業に対する圧力である。

　おそらく近年において最も革新的な労働組合の戦略であるのが，すでに 1998 年に沿岸地区金属労働組合 IG Metall Küste[1] によって展開されていた，

---

1) *Bauer/Krieger*, NZA 2004, 1019 unter Hinweis auf IG Metall Küste, Bezirksleitung Hamburg, Qualifizieren statt entlassen, 1998.

二重の社会計画（der doppelte Sozialplan）という構想である。これはまず何よりも，低賃金国への生産移転に対処するものである。事業所協議会により代表される全従業員は，事業所閉鎖あるいは所在地移転に際しては，伝統的に利益調整（Interessenausgleich）と社会計画（事業所組織法111条以下）を要求することにより対応をしてきた。他方このモデルでは，協約管轄を有する労働組合が，補助的な協約の締結を要求することによって社会計画の交渉をサポートする。このようにして事業所協議会と労働組合が，使用者を「挟撃」[2]するのである。協約要求において典型的に目的とされるのは，解雇予告期間の延長，就職活動および職業資格取得活動（Beschäftigungs- und Qualifizierungsmaßnahmen）の財政援助，高額な補償，そして救済基金（Härtefonds）の設置である。使用者が当該要求に応じることを拒む場合，労働争議による威迫が行われることとなる。こうした戦略が著しく成功したことによって，労働組合は近年一般的に，企業再編成の際にあきらかに能動的な役割をはたしてきた。あらゆる大規模な事業所変更（Betriebsänderung）や大量解雇の際に，またそれが国境を超える要素を有しない場合にも，社会計画協約（Tarifsozialplan）は通例のものとなった。加えて，労働組合は最初から強く前面に出る。事業所協議会は，労働組合に対して，部分的に全従業員の対応戦略構想の立案を委ねることさえする。近時 E. ON や Siemens，WestLB において行われようとしていたような大規模な企業再編成が例を提供するが，すでに数年前のドイツテレコム T-Systems の部門での企業再編成も，能動的な組合政策が採られた事例に分類されうる。単純な（schlicht）事業譲渡の場合，企業別の社会計画協約（Firmentarifsozialplan）の代わりに，移行期協約（Überleitungstarifvertrag）ということがいわれる。ただこれも，基本的に同じ関心に基づくものである。すなわち，企業再編成の労働者にとっての結果を，社会的に緩和するためのものである。国際的なレベルにおいても，明らかに能動的であり，かつ，労使の協同よりも強く攻撃に向けられた労働組合の行動がみられる[3]。

---

2) So die treffende Formulierung von *Nicolai*, RdA 2006, 33.

3) Dazu aktuell *Hornung-Draus,* BB 2012, Heft 10, S. I.

2. 社会計画協約

　上記のような労働組合の能動的役割に決定的に寄与したのが確実なのは，社会計画協約の適法性を裁判所に幅広く明確化させることに比較的短期間の間に成功したこと，そして，連邦労働裁判所により示された解決の構想が，事業所協議会に対する労働組合の優位を認めるものであったことである。社会計画に類似した内容の労働協約は，判例[4]および学説[5]上今日完全に支配的な見解によって，適法なものとみなされている。当初議論の余地があったこの問題の突破口となったのは，連邦労働裁判所第1部の2007年4月24日判決[6]であった。その中で連邦労働裁判所は，協約による社会計画（企業別の社会計画協約）を求めるストライキを，原則的に適法なものと判示したのである。これにより，学説および下級審判決においてそれ以前に争われていた問題の多くに，最上級審の判断が与えられた。議論の余地が残されたのは，企業別社会計画協約をストライキによって勝ち取ることについての，細かい部分だけである[7]。

---

4) BAG v. 24. 4. 2007-1 AZR 252/06, NZA 2007, 987.
5) *Henssler*, in : FS Richardi, 2007, S. 553 ; *Bauer/Krieger*, NZA 2004, 1019 ; *Fischinger*, NZA 2007, 310 ; *Franzen*, ZfA 2005, 315 ; *Hohenstatt/Schramm*, DB 2004, 2214 ; *Kühling/Bertelsmann*, NZA 2005, 1017 ; *Lipinski*, DB 2007, 1250 ; *Löwisch*, DB 2005, 554 ; *Meyer*, DB 2005, 830 ; *Paschke/Ritschel*, AuR 2007, 110 ; *Reichold*, BB 2004, 28 ; *Schiefer/Worzalla*, DB 2006, 46 ; *Thüsing/Ricken*, JbArbR Bd. 42 (2005), S. 113 ; *Willemsen/Stamer*, NZA 2007, 413 ; *Wolter*, RdA 2002, 218 ; *Worzalla*, FA 2006, 79 ; *Nicolai*, RdA 2006, 33 ; diff. *Krause*, Standortsicherung und Arbeitsrecht, 2007, S. 56 f. ; *Schneider/Sittard*, ZTR 2007, 590, 593.
6) BAG v. 24. 4. 2007-1 AZR 252/06, NZA 2007, 987.
7) Vgl. etwa zu dieser Fragestellung *Henssler*, in : FS Richardi, 2007, S. 553 ; *Bauer/Krieger*, NZA 2004, 1019 ; *Fischinger*, NZA 2007, 310 ; *Franzen*, ZfA 2005, 315 ; *Hohenstatt/Schramm*, DB 2004, 2214 ; *Kühling/Bertelsmann*, NZA 2005, 1017 ; *Lipinski*, DB 2007, 1250 ; *Löwisch*, DB 2005, 554 ; *Meyer*, DB 2005, 830 ; *Paschke/Ritschel*, AuR 2007, 110 ; *Reichold*, BB 2004, 28 ; *Schiefer/Worzalla*, DB 2006, 46 ; *Thüsing/Ricken*, JbArbR Bd. 42 (2005), S. 113 ; *Willemsen/Stamer*, NZA 2007, 413 ; *Wolter*, RdA 2002, 218 ; *Worzalla*, FA 2006, 79.

この判例は，原則的には賛成に値する。というのも事業所組織法111条以下の規定により遮断効がもたらされるわけでもなければ[8]，規整対象が協約で規整可能な対象として労働協約法1条1項で挙げられているものにあてはまらないということもできないからである[9]。企業の決定の結果を社会的に緩和するということも，協約当事者の使命である[10]。社会計画に関する事業所組織法上の規定から協約自治に対する法律上の制限を導き出すことはできないし，そもそもそれは憲法上正当化することが難しいであろう。（協約自治に対する）制約の方向とは反対に事業所組織法2条3項は，本法が団結の使命に影響を与えるものではないことを規定している[11]。社会計画の問題に関して事業所組織法77条3項の協約優位を不適用とする同法112条1項第4文からは，立法者が協約規整と事業所規整の併存を前提としていることが推測できる。規定上は事業所組織法111条以下の領域において社会計画に関する労働協約は当然の前提とされており[12]，そのことは，1993年の判決において連邦労働裁判所も強調していたことである[13]。

3．移行期協約

同様に比較的新しくかつ社会計画協約と近しい関係にある現象が，いわゆる移行期協約である。これは，統一的，法的，かつ／あるいは経験的に定義づけ

---

8) So aber *Nicolai*, RdA 2006, 33 ff.
9) LAG Niedersachsen v. 2. 6. 2004-7 Sa 819/04, NZA-RR 2005, 200, 201；*Henssler*, in：FS Richardi, 2007, S. 555.
10) LAG Niedersachsen v. 2. 6. 2004-7 Sa 819/04, NZA-RR 2005, 200；*Kühling/Bertelsmann*, NZA 2005, 1017, 1019.
11) Vgl. auch *Kühling/Bertelsmann*, NZA 2005, 1017, 1019.
12) LAG Niedersachsen v. 2. 6. 2004-7 Sa 819/04, NZA-RR 2005, 200；LAG Schl.-Holst. v. 27. 3. 2003-5 Sa 137/03, NZA-RR 2003, 592；*Fitting*, 23. Aufl., §111 BetrVG Rz. 9；*Kühling/Bertelsmann*, NZA 2005, 1017, 1019；*Löwisch*, DB 2005, 554, 558.
13) BAG v. 24. 11. 1993-4 AZR 225/93, EzA §4 TVG Metallindustrie Nr. 96；vgl. auch BAG v. 7. 11. 2000-1 AZR 175/00, EzA §1 TVG Nr. 43 zu einem Konsolidierungstarifvertrag.

られた協約実務上の現象が問題となっているものではない。むしろ，移行期協約によって追求されている目的はまったくもってさまざまなものである。よくあるのは，事業譲渡あるいはその他の企業再編成後の事業所内の労働条件の統一化が問題となる場合である。きっかけは，あまりに「厳しい」ものと感じられ，また労働組合からは「労働者に対する武器」として批判される，民法典613a条1項第3文の規整である。同規定は，対応する労働協約が譲受人の下で効力を有する場合に，事業譲渡後の自然発生的および明確な労働条件の不利益変更を許容する。移行期協約は，事業譲渡後に適用される労働者の権利義務を法規定から逸脱する形で定め，それにより譲受人の下で効力を有する労働協約上の条件を修正的にしか適用させないことで，上記規定により生じる結果を和らげるものである[14]。したがって，移行期協約も企業再編成の際の労働組合の能動的な役割をあらわすものであり，ここでは労働組合の一時的な管轄がより明らかになっている。というのも，民法典613a条1項第3文では，協約システム間での変更が問題となっているからである。

特別な状況が生じるのは，移行期協約が同時に事業所組織法111条にいう事業所変更の事案に関係する場合である。この場合，社会計画協約での問題と同じ問題が生じる。

IV 労働組合の争議行為

1．基本法9条3項の保護領域の拡大

新しい協約規整，すなわち企業別の社会計画協約および移行期協約の真の問題は，労働争議法の領域に存する。連邦労働裁判所判例は，労働組合に対して，ストライキを用いて企業の投資決定および所在地決定に多大な影響力を行使する可能性を開いた[15]。ストライキ法は，連邦労働裁判所によって近年徐々に変更を加えられてきたが，それ以前に連邦憲法裁判所が——おそらく無意識

---

14) Vgl. LAG Köln v. 9. 6. 2010-9 Sa 66/10, BeckRS 2010, 76130.
15) Vgl. *Franzen*, in : FS Reuter, 2010, S. 479.

的にではあるが——この漸新的な拡大の基礎を提供していた。

　連邦憲法裁判所は1995年に判例変更を行ったが，それは（労働）裁判所には誤解の表明として軽視され，学説上は当初，根本的な基本法解釈の性質の変更として過小評価された。基本法9条3項の文言上は明らかに規定されていない労働組合の活動の自由の保護は，——連邦憲法裁判所によれば——団結に要求されるところの活動の核心（Kernbereich koalitionsmäßiger Betätigung）に限定されるわけではなく，団結に特有な行動様式すべてを対象とするものだというのである[16]。

　1995年11月14日判決[17]によって行われたこの核心領域説（Kernbereichslehre）の放棄によって，連邦憲法裁判は，労働組合の活動可能性について，明らかに拡大された理解への扉を開いた。適切に明確な輪郭を描かれた団結自由の権利に，包括的な労働組合活動の基本権が取って代わったのであり，これは，その後の展開が示すように，極めて例外的な場合にしか制限されえないものである。団結自由について必要であった核心領域によって引かれていた綿密な境界線は，輪郭のない比例相当性原則に取って代わられた。団結に特有な行動様式に対するあらゆる制限が，正当化を要する介入とみなされるが，ここでは，いったいいかなる公益が正当化の際に考慮されうるのかが，不明確なままである。現在通用している大まかな定式（Faustformel）——「労働組合の活動に対する介入が強力なものであればあるだけ，正当化のために引き合いに出さ

---

16)　BVerfGE 93, 352, 358 ff. = NZA 1996, 381 (Gewerkschaftliche Werbung) ; bestätigt durch BVerfG v. 24. 4. 1996-1 BvR 712/86, NZA 1996, 1157 (zu §§ 57a ff HRG) ; BVerfG v. 24. 2. 1999-1 BvR 123/93, AP BetrVG 1972 § 20 Nr. 18 (Ausschluss von Gewerkschaftsmitgliedern). Der Versuch des Gerichts, diese klare Korrektur als bloße Aufklärung eines Missverständnisses darzustellen, überzeugt nicht. Dazu waren die Hinweise allzu eindeutig und vor dem Hintergrund der Entwicklung der Betätigungsfreiheit auch klar nachvollziehbar. Das Schrifttum hatte die ältere Rechtsprechung dementsprechend auch einhellig im Sinne einer Kernbereichslehre verstanden ; vgl. zum Ganzen *Henssler*, ZfA 1998, 1, 8 ff.

17)　BVerfGE 93, 352, 358 ff. = NZA 1996, 381.

れる要保護公益は重要なものでなければならない」——によって，事例判断が無制限に助長されている。

この拡大は，ドイツにおけるスト権に関する憲法枠組みを変更するものであった。確かにすでに旧来の理論上，基本法9条3項から労働争議システムの制度的保障[18]を導き出すことはできた。したがってまた旧来の核心領域説に従っても，スト権は保護される団結活動の範囲に含まれるものであった。ただ，それは狭い意味でのものであった。すなわちそれは，「協約自治の補助手段」[19]として，協約システムを機能させるための不可欠なものである場合に限られる。活動保護についての新たなそして明らかにより広い理解は，上記の承認されている限界づけを破棄し，そして，自身の協約に関する要求とは関係のない争議手段をも承認することを，連邦労働裁判所に許すものである。そうして，連邦労働裁判所[20]は，勝ち取られる労働協約の当事者にはまったくならないにも拘らず労働者が自身の使用者に対してストライキを行うものである，支援争議（Unterstützungsarbeitskampf）ないし同情争議（Sympathiearbeitskampf）の適法性までも認めたのである。むしろ他の使用者あるいは他の協約地域の労働者は，支援されるべきものとされる。

連邦労働裁判所は新たな基本法解釈によって開かれた裁量を，徹底的に労働組合に有利な形で利用しており，またさらに，保護領域を追加的に拡大し制限を広範囲にわたり排除することに努めている。まさにこのことを明らかにするのは，連邦労働裁判所が協約単一性を放棄した最近のその判断の中で行った説明である。連邦労働裁判所[21]はその中で，次のような言葉で説明を行った：「基本法9条3項により保障される団結の自由は，……場合によっては（allenfalls），同様に憲法上保障されている法益および公益の保護のために，制

---

18) *Otto*, Arbeitskampf- und Schlichtungsrecht, 2006, § 4 Rn. 20 ff.
19) Dazu statt vieler *Wank*, RdA 2011, 1, 3.
20) BAG v. 19. 6. 2007-1 AZR 396/06, AP GG Art. 9 Arbeitskampf Nr. 173 mit Anm. *Wank*.
21) BAG v. 7. 7. 2010-4 AZR 549/08, NZA 2010, 1068.

限されうるものである（BVerfG, NZA 2007, 394 L (zu II 2 a) 他；BVerfG E 84, 212 (zu C I 3 a) 他)。」援用されている2007年の連邦憲法裁判所の判断を読み直して調べてみると，次のような判示がみられる：「基本法9条3項において保障されている団結の自由は，法律上の留保なしに保障されているものではあるが，少なくとも (jedenfalls)，同様に憲法上の地位が与えられるべき法益および公益の保護のために，制限されうるものである。」こうした〔2007年の――訳者〕判示こそ，内容的に適切である。「場合によっては」という文言を深刻に捉えた場合，連邦労働裁判所に従えば明らかに，憲法上保護されるあらゆる法益――特に基本法12条および14条で憲法上保護されている企業家の自由 (Unternehmerfreiheit) が問題となる――でもってしても，労働組合の活動の自由の制限を正当化しえない。これは，1990年代半ばまで通用していた憲法上の基本的立場から，劇的に方針転換するものである。これには同時に，民主的な正当性を有する国会の立法者の権力を奪うことが伴う。どのような公益が保護に値するかは，立法者こそが決すべきことであって，団結が行うことではない。望みうるとすれば，連邦憲法裁判所が，フラッシュ・モブに関する判決に対する近時の憲法異議によって提供されたチャンスを利用して，さまざまな同権的な憲法上の価値評価のうちのただひとつを上記のように一方的に強調することを止めることだけである。労働組合の包括的な活動自由という意味での基本法9条3項は，こうして比較的短期間の間に，「超基本権」に変異したのである。これは，連邦労働裁判所判例によれば，他のすべての価値――特に企業の権利――を広範囲にわたって隅に押しのけるものである。連邦労働裁判所は，基本法9条3項を広く解することによって，労働争議に関するあらゆる領域において労働組合のスト権を拡大したのであるが，より詳しくいえばこれは，次の点に関してであった：

① 争議手段（これについてはIV. 2),
② スト可能な規整対象であるところの争議目的の種類（これについてはV. 3),
③ 争議での要求水準に対する審査（これについてはIV. 4),

④　比例相当性原則の意義である目的と手段との関係（これについてはIV. 5）
⑤　最後の手段 ultima-ratio 原則（これについてはV. 3），そして，
⑥　争議力対等の審査（これについてはIV. 6）。
この拡大は，部分的には労働組合の権利を明確に承認することにより，また部分的には，憲法上未だ問題の余地ある，労働組合の評価特権の承認を復活させることにより，行われた。後者は結果として，法治国家としては憂慮すべき，法的保護の拒絶となる。

2．争議手段の拡大

基本法9条3項の保護領域を広く解することは，まずもって，保護される争議手段に関する広い理解を可能にする。判例によれば，すべての団結特有の行動様式に保護が及ぶ。団結の自由の擁護の不可欠性は問題とならない[22]。労働組合には，相手に対する対抗力を維持し，均衡のとれた協約締結に至るために，その争議手段を変わりゆく状況に適合させる権利がある[23]。ある争議手段が団結特有というには，連邦労働裁判所によれば，労働組合がそれにより団結特有の目的を追求しており，したがって特にある協約を強いるために圧力を行使するのであれば，それだけで足りる[24]。（これについては以下でより詳しく説明するが）連邦憲法裁判所の一般的方針（Generallinie）に従えば，労働組合は，ある争議手段がどのような場合に団結特有であって，したがって基本法9条3項により保護されるものであるのかを，自身で決することになる。結果として循環論法を思い出させるようなこの観念的な基準では，被保護者がその保護領域の射程を自身で決することができるのであって，このような基準の定立によって労働組合は，実際上，まったく新しい圧力手段を考え出すことに関して自由裁量を与えられている。というのは，労働組合がその主観的評価により，その都度の圧力手段によって使用者に協約要求の受入れを強いることを望むという

---

22) BVerfGE 93, 352 ; BVerfG, NZA 2007, 394 Rn. 21 ; BAGE 123, 134.
23) BVerfGE 92, 365 ; BAGE 123, 134.
24) BAG, NZA 2009, 1347, 1351.

状況それだけで，当該争議手段が憲法上保護される争議手段であるとの評価がもたらされるとすれば，争議目的とは別に争議手段に対する独立の法的審査が行われることはなくなるからである。そのため，連邦労働裁判所が「フラッシュ・モブ行動」を基本法9条3項により保護される争議手段として承認することにも，困難がなかったのである[25]。

3．不適法な争議目的

A 事業所閉鎖に対するストライキ？

本章で関心の対象となっている事案でしばしば労働者の抗議の矛先となるのは，企業再編成措置（事業所閉鎖，所在地移転）そのものである。特にこれがあてはまるのは，当該企業の再編成（Neuordnung）が事業所の閉鎖と結び付けられている場合である。というのも，その場合ある拠点が完全に放棄されるか，コスト上の理由で国内外の他の拠点に生産が移転されるからである。そこで，このような企業家の根本的決定に対してもストライキを行うことができるのか，という根本的疑問が生じることになる。

私見によれば，答えは憲法により明らかに与えられている。計画されている事業所閉鎖に対するストライキは，不適法である。それは基本法12条および14条により保護されている企業家の自由の核心領域に介入するものであり[26]，他方，基本法9条3項の保護領域の外にあるものである。基本法12条1項により保護されている使用者の企業自治（Unternehmensautonomie）の展開のための適切な裁量は，広く承認されているように完全に不可侵なものであり[27]，し

---

25) BAG, NZA 2009, 1347, 1351.
26) Vgl. *Gamillscheg,* Kollektives Arbeitsrecht, Bd. 1, 1997, S. 345；Franzen, in：FS Reuter, 2010, S. 479, 481；*Hanau/Thüsing,* ZTR 2001, 49, 52 f.；*Henssler,* in：FS Richardi, 2007, S. 553, 564；*Höfling,* ZfA 2008, 1, 28 ff.；*Löwisch,* DB 2005, 554, 558；*Otto,* Arbeitskampf- und Schlichtungsrecht, 2006, §5 Rn. 15；*Sutschet,* ZfA 2005, 581, 610 f., 613 ff.；*Walker,* ZfA 2004, 501, 532；*Wank,* RdA 2009, 1, 6 f.
27) BVerfG v. 1. 3. 1979-1 BvR 532, NJW 1979, 699 (708)；v. 14. 10. 1970-1 BvR 306/68, NJW 1971, 368 (jeweils zu Art. 2 Abs. 1 GG)；LAG Hamm v. 31. 5. 2000-18a

たがってそれへの労働組合の影響は除去される[28]。労働組合の協約要求はそれゆえ、そのような企業の決定を対象として取り上げるものであってはならない[29]。この点、争議での協約要求が直接所在地の決定に向けられたものであるのかといったことや、確かに異なる争議目的が口実にされているとはいえ、実際上労働組合にとって優先的重要性を有するのが（例えば企業家の決定を阻害するような過大な要求を行うことによって）企業家の決定を阻止することであるのか、ということは重要な役割をはたしえない。したがって、企業家の自由に対するそのような間接的な介入は、企業家の自由に対する不適法な直接的介入と同一視されるべきものである。間接的な介入はその強度に鑑みれば、本来の企業家の決定（Unternehemerentscheidung）を困難にするだけでなく、実際上阻止するものである[30]。

　事業所の譲渡や法的な独立に係る決定と同じように、閉鎖に係る決定においても、基本法9条3項にはそれだけが含まれるところの労働条件および経済条件の規整が問題となるものではない。むしろ、そもそもある企業が労働力を雇用するかどうか、すなわち契約関係を取り結び当該契約関係のために労働条件を提供するかどうかという、前提的な問題に関わるものである。連邦憲法裁判所が、使用者が「その企業において自身のイメージに合う（Vorstellung entsprechen）従業員のみを雇用し、その人数を自身で決めた数に限定する」ことの利益は、憲法上基本法12条1項により保護されていると強調した[31]ことは、正当である。このことが同時に意味するのは、職場を維持創設するかどうかという問題は、必然的に基本法9条3項の保護領域外におかれなければならないということである。ある企業家の活動（unternehmerische Aktivität）の「選択（ob）」に関わるストライキに対する評価は、それゆえにまったくもって、基本

　　　Sa 858/00, NZA-RR 2000, 535, 536 f.
28）　BVerfG v. 14. 10. 1970-1 BvR 306/68, NJW 1971, 368.
29）　Vgl. LAG Schl.-Holst. v. 27. 3. 2003-5 Sa 137/03, NZA-RR 2003, 592.
30）　Vgl. schon *Henssler*, in : FS Richardi, 2007, S. 553.
31）　BVerfG v. 27. 1. 1998-1 BvL 15/87, AP KSchG 1969 § 23 Nr. 17.

法9条3項ならびに基本法12条および14条の間の実践的調和（praktische Konkordanz）の問題ではない。たとえ異なる見解に立ったとしても、少なくとも、実践的調和の要請が行きつくところは、事業所閉鎖に係る決定においては企業家の自由（Unternehemerfreiheit）の核心領域が関係するので、企業家の決定の自由が優位を得る、ということである。

協約法解釈上承認されているところの原則によっても、対応したスト権は認められない。事業所閉鎖を断念することは、企業別協約の債務的規整の対象となりうるだけであろう[32]。債務法上の取決めについてはしかしながら、広く承認されているように、それ自体が規範的な協約規整の適法な対象となりうる場合でなければ、ストを行うことはできない[33]。したがって、どのようにこの法的問題を取り扱おうとも、常に導かれるのは、事業所閉鎖の「選択（ob）」に対するスト行為の不適法性である。

B　事業所移転に対するストライキ？

同じ考察に基づいて、職場の移転に対するストライキも同様に不適法となる。この点については、事業所組織法111条以下の評価体系（Wertungssystem）も顧慮されるべきである。そこでは、確かに、利益調整について事業所協議会との協議が規定されており、仲裁委員会に判断を求めることが可能であることも規定されている。しかし、〔職場移転そのものに関して——訳者〕使用者を拘束する仲裁委員会裁定は規定されていない。全従業員に生じる不利益だけが、社会計画手続きの中で、使用者の意思に反して、判断を求められた仲裁委員会によって補償されうるものである。このことから、立法者の考えに従えばいかに企業家の決定の自由（unternehmerische Entscheidungsfreiheit）が顧慮されるべきなのかに関して、明らかな評価が判明する。

---

32) So zutreffend *Franzen*, in : FS Reuter, S. 479, 482.
33) HWK/*Hergenröder*, 5. Aufl. 2012, Art. 9 GG Rn. 280 ; *Otto,* Arbeitskampf- und Schlichtungsrecht, 2006, §5 Rn. 19 ff. ; *Kaiser,* in : FS Buchner, 2009, S. 385, 387 ; *Franzen*, in : FS Reuter, 2010, S. 479, 482.

C 事業譲渡の実施あるいは民法典 613a 条の法律効果に対するストライキ？

移行期協約を求めるストの可能性について，同じような法的問題が生じる。これまで独立したものではなかった事業所若しくは事業所の一部を法的に独立させまたは第三者に譲渡するという決定は，同じく組織再編行為（organisatorische Strukturmaßnahme）として企業家の決定の自由の核心領域に含められるものである。事業譲渡に対するストライキもまた，労働条件および経済条件の規整を目的としたものではなく，したがって，基本法 9 条 3 項の保護領域外にあるものであるがゆえに違法である。

ところで譲受人は，引き継いだあるいはその下ですでに効力を有している労働協約上の平和義務によって保護されることもありうる。譲受法主体が労働協約を締結している場合で，組織変更法 20 条に基づく組織変更法上の包括承継の事案では，通例，譲渡法主体が締結した企業別協約から生じる平和義務が，これもまた譲受法主体に有利に働く。それゆえ労働争議は，当該企業別協約の解約告知期間あるいは有効期間が経過した後に初めて可能である。対して事業買収（Asset Deal）の場合，それ自身として協約拘束を受けない譲受人は，労働協約上の平和義務によっては保護されない。したがってこの場合，従業員が望む移行期協約を求めるストライキは行われうる。民法典 613a 条 1 項第 2 文は，この点何ら保護を提供するものではない（民法典 613a 条 1 項第 3 文の反対解釈）。対して，事業買収の際の譲受人が団体協約に規範的に拘束されている場合には，事情が異なる。というのも，それを締結したのは，今度は労働者に有利なさらなる移行期協約を要求しているのと同一の労働組合だからである：この場合，同じ規整対象が問題となっており，したがって労働組合が譲受人の団体協約に規定されている労働条件をこれまで譲渡人の下で適用されていたより高い水準に「引き上げ」ようとしている限りにおいては，団体協約から生じる相対的平和義務がスト可能性の妨げとなる。

移行期協約が譲渡法主体との間で締結された場合を想定すると，検討されるべきは，民法典 613a 条 1 項第 2 ～ 4 文の定める法律上の移行および引継体系

(Überleitungs- und Ablösungssystematik）が遮断機能（Sperrfunktion）を発揮するかどうか，ということである。例えばT-Systemsの分離に対してドイツテレコムでストライキが行われた事案において，ドイツテレコムはこうしたことを主張した。しかし疑問に思われるのは，実際上それほどに広範な法的効果を民法典613a条1項から導き出すことができるかということである。原則的に相対的平和義務の遮断機能は働かない。ただし，特別な状況は考えられる。すなわち，見込まれる事業（の一部の）譲渡に際しての企業別協約に関して，平和義務を獲得することが可能である。コンツェルン事案について，支援ストに関する連邦労働裁判所の判決[34]が顧慮されるべきである：「Aと言った者はBとも言わなければならない」[35]。したがって場合によっては，分離を行う母体会社は平和義務の対象とされなければならない。

4．ストでの要求水準に対する審査の放棄

たとえ連邦労働裁判所が，当該理由に基づいて事業所の閉鎖やそれに比肩する措置に対するストライキは行いえないということを認めたとしても，こうした譲歩は，第二の原則によって意味を低減，いやむしろ完全に無効化される。社会計画協約に関する判決[36]において裁判所が強調したのは，労働組合のストによる要求は，その対象が協約によって規整可能なものである場合，いかなる場合であっても裁判所による過剰性審査（Übermaßkontrolle）に服するものではない，ということであった。これは労働組合にとっては，企業再編成を妨げる目的があったとしても，純粋に表現の手際の問題である[37]。労働組合がストライキの目的として拠点閉鎖〔の影響〕を社会的に緩和するという意図を述べる

---

34) BAG v. 19. 6. 2007-1 AZR 396/06, AP GG Art. 9 Arbeitskampf Nr. 173 mit Anm. *Wank*.
35) Dazu *Hohenstatt/Schramm*, NZA 2007, 1034.
36) BAG v. 24. 4. 2007-1 AZR 252/06, NZA 2007, 987.
37) Vgl. die Übersichten über die Kampfforderungen bei *Fischinger,* Arbeitskämpfe bei Standortverlagerung und -schließung, 2006, S. 25 ff.

限り，計画されている拠点の移転を事実上妨げあるいは経済的に無意味なものとするような要求を行うことも可能である[38]。連邦労働裁判所は，結果としては法的保護の拒絶に等しいその命題を，次のように正当化した。すなわち，争議相手方への協約要求は何ら拘束力を有するものではないのであって，それゆえ典型的には，争議目的が無制約に実現される見込みはないというのである[39]。こうした理由づけによれば，ストでの要求に対する法的審査は，いかなるものであっても拒否されうる。「使用者が不適法な協約要求を拒んだ場合であったとしても」，連邦労働裁判所の判示が問題となりうる。

解釈論として，こうした命題は維持可能なものではない。法治国家システムにおいては，濫用審査にまったく服しない権利行使というものは存在してはならない，ということを連邦労働裁判所は見誤っている。国家の裁判所がこの濫用審査を怠るというのは，法治国家において保障される権利保護を拒否していることと同じである。したがって，ストでの要求はいかなるものであれ，それが恣意的で濫用的なものでないかどうかを，その水準にしたがって審査されなければならない。まさに不適法な要求を掲げることを招来し，そうした要求に対して，それが巧みに婉曲に表現されていればそれだけで保護を与えるような判例は，説得力を欠くものである。

エプロン・コントローラー（Vorfeldlotse）［空港で機長に対して航空機の駐機場所を割り当てている］による最近のストを手がかりにして，問題性を具体的に説明することができる。彼らの（職務上の）ポストの重要性から生じるその高い争議力ゆえに，200人の小さなグループだけで，このとき，使用者と第三者において日ごとに数百万ユーロの損失を生じせしめることが可能であった。たとえ彼らを代表する航空安全労組（GdF）の掲げた賃金要求が，資格，労働による精神的・肉体的な負荷，そしてこれまでの賃金水準からして比較可能な他の就労者の賃金上げ額の2倍を超えるものであって，したがって非現実的に高額でありかつ非連帯的なものであったとしても，連邦労働裁判所によれば，

---

38) BAG 24. 4. 2007-1 AZR 252/06, NZA 2007, 987 Rn. 112.

39) BAG 24. 4. 2007-1 AZR 252/06, NZA 2007, 987 Rn. 100.

このことに異議を唱えることはできないのであった。確かに，ストライキに対しては比例相当性原則によって限界が画される。しかし比例相当性原則に基づく審査も，協約要求の水準を評価することは避けられないのである。すなわち，航空安全労組がエプロン・コントローラーの事案において5％という相対的に穏健な賃金要求を掲げた場合には，その間に比例相当性を欠くほど高い損害が生じたということだけでは，一定期間後にストライキを禁じることは難しい。連邦労働裁判所の命題によれば，労働組合は，100％という非現実的な賃上げを要求し，まさにそのようにして，法外な損害が生じうる形で長期にわたりストライキを行うことを，労使の賃金交渉の通例的枠組みで行われるようなものと同様に，許容されている。こうしたことの問題性は，十分に検討されているようには思われない。いかなる場合であれ，そのようなストライキは経済的な意義を欠くものである。なぜなら，千万単位のレベルの損害は，わずかなスト日数の後の数年にわたる追加的賃金の合計を優に超えるであろうからであって，エプロン・コントローラーが勝ち取ろうとしていたのは，このような追加的賃金なのである。

濫用的要求への審査は，協約検閲（Tarifzensur）の禁止に違反するものではない[40]。これが禁止するのは，協約要求および協約内容の相当性審査（Angemessenheitskontrolle）である。しかし，協約要求に対する，その比例相当性についての法的審査は禁じられていない。

したがって，まとめれば次のように確認できよう。スト行為からの必要な権利保護は，争議での要求水準に対する相当性審査をしなくとも行うことができる。

5．目的と手段との関係／比例相当性審査

ストでの要求水準の合法性審査を行うことを連邦労働裁判所が拒否したことの問題性は，裁判所が同時に比例相当性審査を明白性審査（Evidenzkontrolle）

---

40) *Franzen*, in : FS Reuter, 2010, S. 479, 483.

に変える解釈を行っていることから明らかになる。結果としては，憲法上比例相当性原則から要請されるところの個別事案における比較衡量に，単なる濫用審査が取って代わっている。

連邦労働裁判所は，支援ストに関するその判断において[41]，このことを明確に表明している。いわく，ある争議行為は，——そこでのそのままの文言によれば——それが争議目的に照らして明らかに不適切，あるいは明らかに不必要あるいは不相当な場合に初めて違法となる。こうした判示において裁判所は，争議での要求の水準が問題となっている限りにおいて，第三の部分である相当性の範囲において労働組合は加えて完全な自由さえ有している，ということを明確に指摘することを怠っている。必要性，比例相当性，そして相当性という三つの要素からなる憲法上の比例相当性審査は，このようにして，憲法に違反するような形で，単なる濫用審査に格下げされている。

適切性および必要性に関して連邦労働裁判所が，スト実施組合はその点評価特権を有しているという命題を立てていることについては，何を根拠に連邦労働裁判所がそのような企業家の自由を犠牲にするような制限を導き出したのか，不明確なままである。少なくとも，憲法から直接そのような制限を導くことはできない[42]。というのも，そのような制限がなければ協約自治が空転するということについて，経験則上実証しうる根拠は存在しないからである。例えば従来承認されてきた原則的な支援ストの禁止に帰せられるような，そういった機能障害は存しなかった。そして，原則・例外の関係をひっくり返すような権限が連邦労働裁判所に与えられるのは，——まさに支援争議が禁止されていることにより——憲法上の保障システムにそのような機能障害が生じた場合のみであろう。

---

41) BAG v. 19. 6. 2007-1 AZR 396/06, AP GG Art. 9 Arbeitskampf Nr. 173 mit Anm. *Wank*.

42) *Jacobs*, ZfA 2011, 73, 90 ; *Konzen*, in : FS Reuter, 2010, 603, 615 ; *Otto*, RdA 2010, 135, 136 ; *Rüthers/Höpfner*, JZ 2010, 261, 263 ; a. A. ErfK/*Dieterich*, 12. Aufl. 2012, Art. 9 GG Rn. 130a.

中間的結論としては，以下のことが確認するに値しよう。すなわち，競争力の保持のために必要な企業再編成が労働争議によって妨げられるということは，認められてはならない。判例はどうやら，労働組合が責任を自覚した存在であることを信じているらしい。しかしながら，経験則上実証可能な原則として，労働組合が自身および組合員の利益のために過大な協約要求をすることはないであろうということは，認められない。もちろん私は，DGB傘下組合を念頭におけば，このような原則を支持することにもためらいはない。しかし協約単一性原則の放棄が，基本的に異なる前提状況をもたらしている。近時の展開が示すのは，貫徹力の非常に強い専門職組合が，その組合員の強大な争議力を，より小さな争議力しかもたない仕事仲間のものからかけ離れた賃金要求を貫徹するために用いるということは，もはや想定外のことではまったくない，ということである。

6．争議力対等の原則

　連邦労働裁判所の判例においては[43]，争議力対等の原則が裁判官による法の継続形成の枠組み内で発展させられてきた労働争議法の中心的柱となっている。――少なくとも現在は拘束力のある――連邦労働裁判所大法廷の基準によれば，協約当事者の一方が他方当事者に対して最初からその意思を強制可能することができるのではなくて，可能な限り同等の交渉見込みが存在することが保障されなければならない[44]。この原則は第一に，連邦労働裁判所が，その見解によれば労働争議法の中心的支柱をなすところのもの，例えばロックアウトに関するいわゆる割合ルールに関する判例（Quotenrechtsprechung）[45]や，従業員の統一性理論（Lehre von der Einheit der Belegschaft）[46]，あるいは争議リスク理

---

43) BAG GS v. 21. 4. 1971-GS 1/68, AP GG Art. 9 Arbeitskampf Nr. 43.
44) BAG GS v. 21. 4. 1971-GS 1/68, AP GG Art. 9 Arbeitskampf Nr. 43.
45) BAG AP GG Art. 9 Arbeitskampf Nr. 64, 84, 124, 107.
46) BAG GS v. 21. 4. 1971-GS 1/68, AP GG Art. 9 Arbeitskampf Nr. 43 ; dazu *Henssler*, ZfA 2010, 397, 413.

論 (Lehre vom Arbeitskampfrisiko)[47]といったものを, 発展させ, また解釈論上補強することを可能にする。労働争議法を段階的に[48]導き出す方法の中で, この原則が最後の局面で具体的争議形態に対する確かな微調整を可能にする。ある争議行為の合法性についてのこの詳細な審査は, 3 段階で行われる：

第1の限界は, 基本法9条3項から直接に導き出される争議力対等の帰結である。これは, 制度的な争議手段保障の内在的限界である。対等性の保持のために必要でない争議手段は, はなから基本法9条3項によって保障されていない。こうした制限は, 核心領域説が放棄されたのちにおいても効力を有する。こうした解釈上の調整によって導かれうるのは, まさに差しあたっての包括的な団結活動の保護であって, 構成員に対して契約違反によって意図的にその契約相手方に損害を与えることを要求し, そうした損害行為を組織することの無制限な権利ではないのである。

同様に9条3項から直接に導きだすことができるのが, 第二の限界である最後の手段原則（ultima-ratio-Grundsatz）である。契約違反による意図的な損害行為は, 当然, 新たな労働協約についての合意に達するための究極的かつ最後の手段としてのみ許されるものである。こうした限界は, ——またのちに示すように——連邦労働裁判所の判例によって事実上破棄されており, 評価特権に置き換えられてしまった。

第三の限界は比例相当性原則から導き出される。労働争議は契約違反による敵対者への意図的な損害行為であり, したがって我が国の法秩序上原則的に違法なものであり, また故意に被害者の憲法上保護されている法益に介入するものであることからして, こうした原則が関係してくる。それゆえに, 単に基本法9条3項の内在的価値にのみ基づいて比例相当性審査が求められるのではな

---

47) Vgl. BAG v. 22. 11. 1980-1 ABR 2/79 und 76/79, AP GG Art. 9 Arbeitskampf Nr. 70, 71 m. Anm. *Richardi*.

48) Die kaskadenartige Argumentation vollzieht sich über die Schritte : Bildungsgarantie-Betätigungsgarantie-Garantie der Tarifautonomie-Garantie eines funktionsfähigen Tarifsystems-Pflicht zur Zurverfügungstellung eines Konfliktlösungsinstrumentes-Pflicht zur Gewährleistung von Arbeitskampfparität.

くて，衝突している被害者の基本権のためでもあるのである。

　争議力対等なくしては機能的な協約システムは存在しえず，協約自治保障から争議手段保障を導くことを正当化することはできない。フラッシュ・モブに関する判断において連邦労働裁判所第1小法廷は，争議力対等原則が争議行為に対して要求するところの抽象的要件を，的確に描写している。すなわち「協約自治が機能しうるのは，おおよその均衡（対等）が存する場合のみである。したがって，協約交渉の際の一方協約当事者において，双方の基本権的地位を調整するために必要とされるところの，効果的な争議を実施する能力を含めた交渉力が維持されない，あるいはその団結特有的活動が継続的に制限されるということに結びつく場合，そのような形態（Ausgestaltung）は基本法9条3項に矛盾する。」[49] 残念ながら連邦労働裁判所は，自身が承認したこの原則から必要な結論を導き出さなかった。フラッシュ・モブ判決において連邦労働裁判所が行ったのは，すでに他のほとんどすべての労働争議法上の原則と同じように，当該原則の価値を貶めることであった。それは，理解可能な対等性審査を，既述の，単なる濫用審査に退化させられた比例相当性審査に取って換えることによって行われたのであり，これによって法的に争いうる余地を広範に奪われてしまった[50]。このように対等性という考えは，現在の連邦労働裁判所の判例においてはリップサービスになってしまったのである。

　前に述べた労働組合の権利拡大は，(1)新たな争議手段の発明に関して，(2)その適正および必要性の評価について広範に審査が免除されていることに関して，そして(3)争議での要求水準の設定については完全に審査が免除されていることに関してのものであったが，こうした権利拡大を背景とすれば，争議力対等は唯一残された解釈論上の防波堤である。これは，使用者が無力にも争議行為による経済的圧力にさらされることを防ぎうる。その原則が貶められたことによって，ドイツの労働争議法は全体として歪んだ状況に置かれている。

　争議力対等の判断に際しては，使用者の争議手段としてのロックアウトが今

---

49)　BAG v. 22. 9. 2009-1 AZR 972/08, NZA 2009, 1347.

50)　*Rüthers/Höpfner*, JZ 2010, 261, 262 ff.

日では経済的に時代遅れな手段であるということを顧慮すべきである。ロックアウトによって使用者が自分自身に負わせることになる損害は，個別労働者において報酬請求権が消滅する結果として生じる損害よりも，通例はるかに高額である。厳しい競争のなかにある企業にとって，そのような自損行為を行っている余裕などありえない。

V　新たな争議形態

　以上の諸原則の衝撃性は，新たな争議形態についての連邦労働裁判所による法的評価によって明らかにできる。

1．デ　　モ

　連邦労働裁判所の判例によって，新たな争議手段を発明する権利が労働組合に認められたことに基づくと，労働組合によって組織される公衆の面前での圧力手段としてのデモを裁判所がどのように評価するであろうかは，比較的はっきりと予想できる。デモ的争議行為が基本法9条3項の保護領域の外に置かれるのは，それが可能的な政治的，社会的，あるいは経済的関係についての集団的意見表明を目的とするものである場合のみである[51]。対して，労働組合の組織するデモが協約要求の貫徹に資する場合，それは争議手段として承認されることになる。協約により規整可能な要求の貫徹のための争議行為であると分類されるためには，連邦労働裁判所に従えば，個々の参加者の個人的動機ではなくて，組合が追求していた目的が重要となる[52]。たとえば報道に効果のあるキャンペーンなど，それによって企業の評判に損害を与える公衆の面前での非難

---

51) Dazu BAG v. 23. 10. 1984-1 AZR 126/81, AP GG Art. 9 Arbeitskampf Nr. 82 ; zuletzt hat der Petitionsausschuss des Bundestags noch einmal auf die Rechtwidrigkeit des politischen Demonstrationsstreiks hingewiesen, BT-Drucks. 17/2100, S. 31.

52) BAG, NZA 2009, 1347, 1351.

行為も[53]，それが協約交渉の文脈で行われたものであれば，この広い争議手段概念に包含されうるのである。

2．冷たいストライキ

A　新たな争議形態としての冷たいストライキ

労組によるスト予告自体，関係する使用者，第三者たる企業，そして公共にとっての多大な損害につながりうる。そのため現在，ルフトハンザ，エア・ベルリン，およびライアンエアが，2011年8月からのストの威迫を理由として，航空安全労組（GdF）に対する合計320万ユーロの損害賠償の訴えを，フランクフルト（マイン）労働裁判所に提起している[54]。保全手続きにおけるフランクフルト（マイン）労働裁判所の判断[55]によればストライキは行われていないが，その威迫だけでもって，予約変更，キャンセル，遅延や，余計な人件費が生じたという主張である。訴訟関係者の話では，連邦労働裁判所の原則的判決を得ようということも言われている[56]。実際に連邦労働裁判所の判断に至るのだとすれば，これまで最上級審においては判断が下されたことのない，二つの基本的な問題が同時に解明されなければならない：争議により間接的にのみ影響を受けた第三者は，争議を実施した当事者に対して争議により当該第三者において生じた損害の賠償を請求できるか。また，単に労働争議の予告を行ったというだけで，損害賠償義務が基礎づけられうるのか，ということである。

特に二つ目の問題は，差し迫って解明の必要がある。というのも近時，労働組合はスト予告の争議手段性に気付いたという感が否めないからである。学説上こうした現象は――いわゆる「冷たいロックアウト」[57]にちなんで――「冷たいストライキ」と表現される[58]。特に運輸部門の企業（鉄道，空港経営者，航

---

53) *Hornung-Draus,* BB 2012, Heft 10, S. I.
54) FAZ v. 2. 3. 2012, S. 14.
55) ArbG Frankfurt/Main v. 3. 8. 2011-22 Ga 134/11 (rechtskräftig).
56) Vgl. FAZ v. 2. 3. 2012, S. 14.
57) Grundlegend BAG v. 22. 12. 1980-1 ABR 2/79, AP GG Art. 9 Arbeitskampf Nr. 70.
58) *Hromadka,* Editorial NJW 32/2010 ; *Steinau-Steinrück,* NZA-Beil. 2010, 127, 133.

空会社）においては，ストが予告されるだけで通例，通常の運行ないし飛行計画を緊急の計画に取り換えることになる。その後労働組合がその予告を撤回しても，こうした緊急の計画を短期間で取り消すことができないことはしばしばである。そうしたものとして例えば，ドイツ鉄道においては，すべての列車が再び計画どおりに運行するようになるまでに，3日間かかった[59]。本来の争議は行われないため，労組のスト金庫は手つかずのままである。他方で，関連する企業の一部は莫大な売り上げ上の損害を被る。さらにこれらの企業は，民法典の一般的ルールによって，緊急の計画の結果必要とされなくなった労働者に対して賃金を支払わなければならない。このように，争議力対等が崩れていることは明らかである。

　B　団結特有の争議手段としての「冷たいストライキ」

　これまでのところ，こうした問題を規律するための納得のゆく基準は形成されてこなかった。判例だけでなく労働法学説上も，「冷たいストライキ」に関して，これまでのところヒントらしきものはほとんど見当たらず，詳細な解決方法の提案についてはなおさらである。この問題についての特別な困難性は，「冷たいストライキ」と，実際に計画されている争議行為の予告との区別にある。

　まず生じる問題は，単なるスト予告をそれだけで争議手段とみることができるかということである。基本法9条3項は，団結に争議手段選択の自由を保障している[60]。いずれの当事者も，「一般的な労働争議法上の行動規範により設定された限界内で，その最も効果的な争議手段を講じることが」できる[61]。基本法は，「歴史的に受け継がれてきた」争議手段への団結の自由の限定づけを知

---

59)　*Hromadka*, Editorial NJW 32/2010.
60)　BAG GS v. 28. 1. 1955-GS 1/54, AP GG Art. 9 Arbeitskampf Nr. 1.
61)　*Nipperdey*, in : Hueck/Nipperdey, Arbeitsrecht, Bd. II/2, 7. Aufl., 1970, S. 929.

らない[62]。争議行為の「人数制限（numerus clausus）」は存在しない[63]。連邦労働裁判所第1小法廷の最新の判例によれば，団結特有な行動様式はいかなるものであれ，たとえそれが協約自治を機能させるために必須のものでなかったとしても，基本法9条3項の保護領域に含まれる[64]。ある争議行為が「団結特有」のものであるかどうかは，この点原則的には，団結により選択された手段の性質ではなくて，それにより団結が追求していた目的によって判断されるべきものである。これに従えば，「特に労働協約の強制」のような団結特有の目的の貫徹に資する平和的手段のすべてが，団結の自由により保護されている[65]。

したがって連邦労働裁判所は，主観的基準を基礎としている。ある措置が争議手段であると評価されるのに決定的なのは，それにより団結が追求するところの目的なのである。このことを背景とすれば，スト予告についての考察を細分化することができる。三つの場合が区別されうる：

通常，労働争議は予告されたとおりに行われる。こうした基本的事案においては，当該予告は全体的プロセスとしての労働争議の非独立的部分に過ぎない。こうした予告は，労働争議の合法性の要件として相手方に届けられなければならない争議布告（Kampfaufruf）の枠組み内で捉えられうる[66]。あるいは，形式的な争議布告に追加して行われ，通常社会的な対向者に対して交渉圧力を行使する意図的で公に向けられる，独立的な行為を意味しうる。予告どおりに労働争議が行われた場合，その合法性，特に比例相当性は，もっぱら実際行われたところの争議行為によって判断される。

これと区別されるべきなのが，予告の後に労働争議が行われなかった場合である。予告だけが行われるにとどまるということには，二つの原因があり得る。一つに，団結は，予告当時実際に計画されていた労働争議を後に初めて生

---

62) Vgl. *Zöllner*, in : FS Bötticher, 1969, S. 427 ff. ; *Rüthers/Höpfner*, JZ 2010, 261.
63) BAG v. 22. 9. 2009-1 AZR 972/08, NZA 2009, 1347.
64) BAG v. 22. 9. 2009-1 AZR 972/08, NZA 2009, 1347.
65) BAG v. 22. 9. 2009-1 AZR 972/08, NZA 2009, 1347.
66) Vgl. *Otto*, Arbeitskampf- und Schlichtungsrecht, 2006, §7 Rn. 39.

じた事情により思いとどまることがありうる。特にこうしたことが該当するのが，近時計画されていた航空管制官による支援ストの場合のように[67]，争議が開始される前にすでに，対向者が争議の実施に対して仮処分を勝ち取った場合である。もう一つありうるのは，はなから，すなわち予告の時点ですでに，労働組合が予告されたストを行わないつもりであった場合である。この場合労働組合は，使用者に対して交渉圧力をかける目的で予告を戦略的に用いているのであり，使用者は単なる予告によって莫大な損失を被るのである。こういった事案においては，予告はそれだけで労働争議を意味する。なぜなら，労働組合はそれを団結特有な目的の貫徹の手段として利用しているからである。実際にストライキが行われていないため，労働争議の合法性の判断は，当該予告およびその使用者への影響によってのみ行われる。第四の複合的事案は，変形的下位分類に該当する。それは，実際に計画・実行された争議行為を超える予告が意図的に (gezielt) 行われる場合である。そうであれば，団結により戦略的に企図されていたところの「余剰的」効果が，後に行われた争議行為に対する対等性審査と比例相当性審査において一緒に考慮されなければならない。

　実際に計画されているストライキの前段階での予告と，争議手段として戦略的に用いられている予告との区別は，予告によって労働組合が追求しているところの目的をもとにして行われる。予告を行っている労働組合の意思だけが，スト予告の争議行為としての分類にとって決定的である。内在的な事実として，確かに当該意思は裁判所における証拠調べの対象として適切なものである[68]。しかし行為の意図や目的というのは，事後的に客観的に確認できるものではない。一方訴訟当事者が，主張するだけで有利な立場を得ることを防ぐため，判例は推定的証拠原則を発展させてきた。これによれば，事実審の裁判官はその自由心証の枠内において，「外形的な事実経過から……内的な事象およ

---

67) ArbG Frankfurt a. M. v. 28. 2. 2012-9 Ga 25/12.
68) *Prütting*, in : MünchKomm-ZPO, 3. Aufl. 2008, §284 Rn. 41 ; *ders.*, in : Germelmann/Matthes/Müller-Glöge/Prütting/Schlewing, ArbGG, 7. Aufl. 2009, §58 Rn. 10.

びそこから生じる非難可能性を推定することが可能」である[69]。証明責任を負う者が典型的な事実経過を示すことができたのであれば，今度は相手方が，例外的な（非典型的）事実経過の重大な可能性を示す事実を主張・立証しなければならない[70]。

　ストライキとその予告に関しては，全事案のうち大部分において予告のあとに実際にストライキが行われるという典型的な事実経過を出発点とすることに，問題はない。「通常事案」における予告の目的は，その名称からしてすでに明らかである：それは，使用者，自身の組合員，および／あるいは公衆に対して，計画されているところのストライキが行われるであろうことを知らせることに資するものである。このことから逆推論的に導かれるのは，その後にストライキが行われなかった場合，予告は典型的には「本来の目的からは逸れた」ものであり，それ自体争議手段として用いられている。したがってこのような状況においては，労働組合が予告を戦略的に争議手段として利用したということについて，一応の証明が存在する。労働組合は，このような典型的な事実経過からの逸脱を生み出した事実を立証することで，一応の証明を覆すことが可能である。これが成功するのは，特に，労働争議が予告後に開始される前に，労働裁判所における保全手続きにおいて差し止められたような場合である。そうであれば，予告は「全体的複合としてのストライキ」の一部に過ぎないものとみられうる。これに応じて，例えば最近のヘッセン州労働裁判所は，簡易手続において，ある予告されたストライキの合法性を，予告ではなくて当該ストライキに関連づけて判断したのである[71]。

　C　「冷たい」ストライキの違法性
　対して，予告それ自体が独自の争議手段である場合，その合法性は別個に審査されるべきである。その際には，連邦労働裁判所により発展させられてきた

---

69)　BGH, NJW 1989, 1354 ; BGH, NJW 1984, 2165 ; BGH, VersR 1989, 109.
70)　*Foerste*, in : Musielak, ZPO, 8. Aufl. 2011, § 286 Rn. 23.
71)　LAG Hessen v. 9. 8. 2011-9 SaGa 1147/11.

一般的な労働争議法上の諸原則が持ち出されるべきである。予告は，特に争議力対等原則に違反してはならない。さらに，それは適切，必要，かつ相当なものでなければならない。

連邦通常裁判所[72]は，あまり関係のない判決においてではあるが，ある事案において公正な争議のルールへの違反を認定した。当該事案では，労働争議は意図的に旅行シーズンの最盛期にあてられており，また予告の匿名性が，いつどの空港で争議が行われるかについてのあらゆる予測を妨げていた。それゆえに，民法典826条違反が肯定された。もっとも，「仮病（go sick）」および「サボタージュ（go slow）」は実際に予告どおり行われたのであり，したがって当該判断を純粋な予告に直接転用することはできないが。

独立的に争議行為として用いられる予告において，使用者がそのような予告に対抗できないがゆえに，争議力対等が侵害されることもありうるであろう。使用者は，実際にストライキが実施された場合に少なくとも部分的に事業所の継続操業を確保するために，緊急の計画を作成せねばならないのである。同時に，意図的に予告を用いることによって，自身の負担なき圧力行使も可能となる。すなわち労働組合は，その組合員に対してスト手当を支払わなくともよいのであり，むしろこれらの者はその賃金請求権を保持するのである。ストライキがなければ主たる給付義務の一時的停止（Suspendierung）は生じないため，個々の労働者の報酬請求権はいずれにせよ，たとえもはや撤回することのできない緊急の計画に基づけば使用者が就労させることのできない労働者であったとしても，継続して存在することになる。この場合使用者は，民法615条に基づいて賃金請求権を生じさせる履行遅滞に陥る。ストライキとは異なって予告は，それにより労働組合の「自損行為」に結び付くものではない。こうしたことは，──連邦労働裁判所第1小法廷[73]がそれにも拘らず不当にも是認したフラッシュ・モブの事案と同じで──大法廷の判例に矛盾する。大法廷は，適切な要請を打ち立てていた。すなわち「争議を決心したものは，争議のリスクも

---

72) BGH, NJW 1978, 816, 817.
73) BAG v. 22. 9. 2009-1 AZR 972/08, NZA 2009, 1347.

負わなければならない。」[74] 自損行為を欠いているため，ストライキに比べて「より穏当な手段」であるということでもってしても，予告を正当化することはできない。

「予告争議（Ankündigungskampf）」は憲法上要請されている争議力対等への違反につながることが必須であろうから，それは基本法9条3項の保護領域に含まれるものではない。予告争議は，大法廷が合法的な争議手段に対して打ち立ててきた要求に合致しない。核心領域説が放棄された今や大法廷の判例は時代遅れだと説明しようとしても，いずれにせよ当該予告は，正当化段階において，争議力対等および／あるいは比例相当性原則に違反するが故ゆえに，違法なものとみなされなければならないであろう。

D　解決のための諸原則

以上より，以下の諸原則が導かれる：

　　予告されたストライキが違法なものであれば，それだけでその予告は違法である。このことは，後にストライキが実施されたか否かにはまったく左右されない。なぜなら，労働組合は自らもしくは仮処分に基づいて違法性を認識した，または，その他の理由で「尻込み」したものだからである。労働組合は損害賠償を義務づけられる。

　　それに対して予告されたストライキが合法的なものであったとすれば，いかなる理由でそれが行われなかったのかが区別されるべきである。その実施が当初から予定されていなかったとすれば，虚偽の予告は違法であり，争議力対等に違反する争議行為であり，損害賠償を義務づけるものである。使用者は，一応の証明原則によって保護される。対して，使用者との合意に至ったために本来計画されていたストライキが行われなかった場

---

74)　BAG GS v. 28. 1. 1955-GS 1/54, AP GG Art. 9 Arbeitskampf Nr. 1.

合，何らの法的結果も生じない。損害行為は，合法的なスト行為として不法行為法上正当化される。

——例えば「我々は来週，航空事業に対する重大な妨害を行うであろう！」といったことの表明のように——これはしばしばあてはまることであろうが，差し迫った争議行為の合法性が審査できないほどに予告が漠然としたものである場合には，予告それ自体のみが，合法性審査の対象としての適格性を有する。先ほど展開した諸原則によれば，このような事案における予告は通常違法である。というのも，使用者はそれに対抗し得ないのであり，それにより争議力対等が妨げられているからである。

3．警告ストの新たな形態——最後の手段原則の放棄

1980年代以降，それが明らかに労働組合にとって有利なものであるため（スト金庫の負担の少なさ，圧力の効果の有効性，労働者の動員および団結），警告ストがストライキの支配的形態として一般に発展させられてきた。ほとんどすべての労働争議が，形式的には警告ストとして呼称されるストライキの形態においてまずは開始される。近時では，2012年の公務領域における協約交渉が示すように，労働組合は，事前にたった数時間の短い最初の会談しか行われていない場合にさえ，それだけで警告ストを行うことにためらいを持っていない[75]。ここに示されているのは，この間に，警告ストという概念に関して一般的な混乱が生じているということである。当該概念は，まったく異なった労働の中断の諸現象形態に用いられている[76]。こうした混乱の責めを負うべきは，連邦労働裁判所である。しばしば議論の対象とされたその1988年の判決[77]は，結局のところ，警告ストと強要的ストライキ（Erzwingungsstreik）のすべての

---

75) Die FAZ v. 6. 3. 2012 berichtet, dass nach lediglich "4 Stunden Verhandlungen" zu Warnstreiks aufgerufen wurde.

76) *Otto*, Arbeitskampf- und Schlichtungsrecht, 2006, § 1 Rn. 27 ff.

77) BAG v. 21. 06. 1988-1 AZR 651/86, AP GG Art. 9 Arbeitskampf Nr. 108.

意味ある区別を不可能なものと宣言したのであった。裁判所にとってのその帰結は，警告ストに独自の争議手段としての法的承認は与えられてはならないということであった。実際上，最小限の実行によって使用者に最大限の損害を生じさせるものである，近時の他の争議形態（いわゆる「新たな可動性」）への移行は，よどみないものである。法事実的にみれば，問題となるのは，短い期間での場所的に限定された部分的ないし重点的ストライキであり，これはすでにある協約の締結を強要する目的を有しており，従来の意味での警告ストとはその名前だけを共有するものである[78]。

現在の判例の状況に鑑みれば，使用者は労組の警告スト戦略に対して事実上法的保護を受けないものとされている。このことの原因は，今日までこうした争議手段を規律している，既述の連邦労働裁判所の原則的判示に存する。こうした判示において連邦労働裁判所により初めて打ち立てられた，警告ストの宣言によって労働組合は交渉の挫折を宣言したのであるという命題が，すでに現実を完全に無視したものである。それゆえに労働法学説上[79]，このことに対して疑問を抱くのがまったく圧倒的見解であったのは，正当なことである。公務領域における現在の警告ストは，こうした命題の不合理性を証明している。より問題であると思われるのは，それに続く連邦労働裁判所の第二の命題である。これによれば，こうした労組による挫折の宣言は，この点労組は評価特権を与えられているため，裁判所によって審査されうるものではないという。こうした命題の行きつく先は，最後の手段原則の完全な無効化であり[80]，同時に使用者から——争議による要求に関してすでにそうであったように——法治国家において要請される法的保護を奪うものである。連邦労働裁判所の判例は，労働組合をして，——通例どおり——使用者にとってあまりに受け入れがたい

---

78) *Gamillscheg*, Kollektives Arbeitsrecht I, S. 1156 ff.; Staudinger/*Richardi*, Vor §§ 611 ff. Rn. 925.

79) Vgl. zuletzt *Rüthers*, NZA 2010, 6, 10 f.

80) Vgl. dazu *Löwisch/Rieble*, Anmerkung zu BAG v. 21. 06. 1988-1 AZR 651/86, JZ 1989, 91 f.

協約要求を掲げる戦略を可能にするものである。こうした第一の要求を使用者が拒否した後には、事実上即座に強要的ストライキを行うことが適法となる。最後の手段という考えは、これにより事実上完全に放棄されている。

使用者に対する法的保護の拒否は、支配的役割を担う者（いわゆる役割上のエリート）によって警告ストが行われる場合、あるいは、例えばエネルギー企業における発電所のように、産業団体による警告ストの場合で重要な役割を有する領域におけるものである場合に、特に問題性がある。こうした事案において警告ストは、特にその期間が不確定である場合、それだけで企業部門の大部分の停止あるいは欠損に、したがってそれに対応した重大な損害につながりうる。そのようなものとして例えば、航空管制官の警告ストの事案においては、12時間後の着陸可能性が確実なものとできなかったがゆえに、事前に大西洋のフライトがキャンセルされた。警告ストの期間が不確定であることは、ここでは、スト予告と同様の結果的問題につながる。使用者は、「最悪のケース」に備えなければならないのである。労働者は、警告ストを中断することによって、自身の不利益を制限することができる。

結果として、警告ストに関する連邦労働裁判所の判例は争議力対等を危険にさらしているが、この争議力対等は、説明してきたように労働組合の権利が強化されていることから、憲法上問題をはらんだ重要性を得ているものである。

VI　ヨーロッパ法の労働組合の戦略への影響

今日において国内の労働争議判例は、もはや基本法9条3項だけではなくて、ヨーロッパ法の諸原則にも適合しなければならない。確かに、EU運営条約153条5項によれば、欧州連合は労働争議の領域での規整権限を有していない。にも拘らず、欧州司法裁判所はそのLaval事件[81]およびViking事件[82]における先決裁定において、労働争議法的な問題を論じた。この点、EU運営条

---

81) EuGH v. 18. 12. 2007, NZA 2008, 159 ("Laval").
82) EuGH v. 11. 12. 2007, NZA 2008, 124 ("Viking Line").

約153条5項、あるいは以前のEC設立条約137条5項に対する違反はない。なぜなら、専ら国内立法者に立法権限が存するところでも、基本的自由（Grundfreiheiten［自由移動原則］）は常に効果を有するものだからである[83]。ここでの文脈上より興味深いものであるViking事件先決裁定の対象は、次のような原則的問題であった。すなわち、労働組合は、企業が行うEU域内でのその本拠または生産拠点の移転に関する決定をスト行為でもって妨害することの資格を、いかなる程度に与えられているかという問題である。欧州司法裁判所が強調したのは、EU運営条約45条、49条、56条の基本的自由が、国家的措置だけでなく、非独立的および独立的な活動あるいはサービス提供を集団的に規律するルールに対しても効力を及ぼすということであった[84]。それによれば、使用者が開業の自由もしくはサービス提供の自由を行使することを妨げる、あるいは魅力的でなくすような労働組合のあらゆる措置が、EU運営条約49条上の制限と評価されるべきものである[85]。しかし当該制限は、Gebhard事件[86]以来承認されている一般原則に従えば、それが公益上の強行的な理由を追求するものであり、追求される目的の実現を確保するために適切なものであり、かつ当該目的の達成に必要なものを超えない場合、正当化されうる。Viking事件先決裁定において欧州司法裁判所により承認され、この間にEU基本権憲章

---

83) Auf die von *Joussen*, ZESAR 2008, 333, 335 angesprochene Frage, ob die Bereichsausnahme das EU-Richterrecht tangiert, kommt es daher gar nicht an.
84) So auch das überwiegende Schrifttum : Calliess/Ruffert/*Brechmann,* EUV/EGV, 3. Aufl. 2007, Art. 39 EG Rn. 57 ; *Ganten,* Die Drittwirkung der Grundfreiheiten, 2000, S. 94 ff. ; Groeben/Thiesing/Ehlermann/*Tiedje/ Troberg,* EUV/EGV, 6. Aufl. 2003, Art. 43 EG Rn. 133 ff. ; Groeben/Thiesing/Ehlermann/*Wölker/Grill,* a. a. O., Art. 39 EG Rn. 18 ; *Reich,* EuZW 2007, 391, 392 ; *Roth,* in : FS Everling, Bd. 2, 1995, S. 1231, 1247.
85) Zu den beiden Entscheidungen s. *Blanke,* AuR 2006, 1 ; *ders.,* AuR 2007, 249 ; *Davies,* ELJ 2006, 75 ; *Joussen,* ZESAR 2008, 333 ; *Kocher,* AuR 2008, 13 ; *Reich,* EuZW 2007, 391 ; *Schubert,* RdA 2008, 289 ; *Zwanziger,* DB 2008, 294 ; *Sunnus,* AuR 2008, 1, 9 ff ; *Streinz,* JuS 2008, 447 ff ; *Bücker,* NZA 2008, 212 ff ; *Wendeling-Schröder,* AiB 2008, 179 ff ; *Temming,* ZESAR 2008, 231 ff.
86) EuGH v. 30. 11. 1995, NJW 1996, 579 ("Gebhard").

28条との関係でEU条約6条1項により明文化されたところの団体行動権という基本権のように，公益がむしろ基本権として保障されているのであれば，このことはよりいっそうあてはまる。また，EU条約6条1項が基本権憲章と基本条約との同位性を強調していることに鑑みれば，基本的自由と基本権との衝突については，基本権同士が衝突する場合を解決するための我が国のコンセプト，すなわち実践的調和というコンセプトが転用されうる。

この点欧州司法裁判所によって国境を超える組織再編措置について求められるべきとされた立論形式は，国内憲法上基本法12条により保護される企業家の自由を基礎としてなされるべき考察とパラレルのものである。重要なのは，比例相当性原則である。企業家の決定自由あるいは基本的自由を排除することを直接目的とする争議行為は，国内憲法上もヨーロッパ法上も違法である。対して，所在地移転の社会的結果を緩和するための協約規整を得ようというスト行為は適法である。基本権とのつり合いがとれた形で考慮されるべき基本的自由が明らかにしているのは，労働組合は，ストの結果に苦しめられなければならない第三者の利益をも考慮しなければならないということである。

連邦労働裁判所が労働組合の評価特権を広範囲にわたって承認しているのとは対照的に，Viking事件において欧州司法裁判所が強調したのは，労働組合もその集団的権利を行使するにあたってはその目的の達成に必要なものを超えてはならないということであった。労働組合は，可能性のある──基本的自由をより制限しない──手段を優先的に講じなければならず，ストライキの実行前にそれらの手段を「尽くす」のでなければならない[87]。Laval事件先決裁定[88]においては，こうした判例が十分に広範囲にわたって，部分的にはまったく同じ表現で確認された。連邦労働裁判所によって示されている，団結の自由および団体行動を行う権利が行使されれば不可避的に使用者の権利（基本的自由あるいは基本法12条）に対する何らかの制限を伴うのであり，使用者はそれを甘受しなければならないという命題は，欧州司法裁判所によって明らかに退けら

---

87) EuGH v. 11. 12. 2007, NZA 2008, 124, 130 Rz. 87 ("Viking Line").
88) EuGH v. 18. 12. 2007, NZA 2008, 159 ("Laval").

れた[89]。むしろ，基本的自由を制限するようなスト権の行使はいかなるものであれ，正当化を要求される。連邦労働裁判所は広範囲にわたって評価特権を承認しているため，このような形での正当化の要求を知らない。欧州司法裁判所が表明したのは，争議行為の必要性，適切性，および相当性の審査を制限なく行うということであった。このことに対応してViking事件において欧州司法裁判所は次のことを強調した。すなわち，船主が船舶をその経済的所有者の国籍とは異なる国で登録することを妨げるということに労働組合の目的がある場合，それはいかなる場合においても客観的に正当化されえないということである[90]。

VII　結論の要約

1. 職業別労組が増大していることと，連邦労働裁判所が協約単一性原則を放棄したことで，ドイツの協約制度は近年根本的に変化した。
2. 加えて，労働組合は，企業近接的な協約政策の利点を認識してきており，もはやその活動を横断的協約の締結に優先的に集中させてはいない。
3. 今日ドイツの使用者は，組織再編および大量解雇の実施に際して，労働組合が明らかにより積極的な役割を担うようになってきたということを念頭におかねばならない。
4. このような積極的役割を支えているのが，連邦労働裁判所の判例である。それは，特に労働争議法の領域で近年継続的に行為可能性を拡大し，そのことと並行して企業の権利保護を制限するものであった。連邦労働裁判所は，労働組合に対して，ストを利用してドイツ企業の投資・所在地決定に強大な影響力を行使する可能性を開いた。
5. 労組の拡大された行為可能性というのは，労働争議法の本質的部分のすべてに関わっている：(1)争議手段の選択，(2)争議目的の設定，(3)争議での要求水準，(4)比例相当性，(5)最後の手段原則，そして(6)対等性審査である。

---

89) EuGH v. 11. 12. 2007, NZA 2008, 124, 128 Rz. 52 ("Viking Line").
90) EuGH v. 11. 12. 2007, NZA 2008, 124, 130 ("Viking Line").

6. 連邦労働裁判所は労働組合に対して，新たな争議手段を発明することの広範な権利を認めている。
7. 事業所閉鎖，事業所移転，および事業譲渡に対するストライキは，企業家の自由の不可侵な核心領域への不適法な介入である。連邦労働裁判所は，いかなる方法においてであれ争議での要求水準の審査を拒否することで，こうした原則を無効化している。
8. 適切性，必要性，そして相当性という三つの要素からなる憲法上の比例相当性審査を，連邦労働裁判所は憲法に違反するような方法で単なる濫用審査に格下げしている。
9. 対等性という考えは，連邦労働裁判所の判例においては，ただリップサービスとしてのみ存在する。対等性審査にとって重要な領域すべてにおいて労働組合に評価特権が与えられているため，理解可能な対等性審査というのはもはや行われない。
10. 労働組合にストの実行に際しての広範な評価特権を承認するのは，ヨーロッパ法違反であり，欧州司法裁判所の判例に明らかに矛盾している。
11. いわゆる「冷たいストライキ」は，はなから予告されているストライキの実行が予定されていないものであり，違法である。それは，争議力対等に違反する争議行為であり，結果として損害賠償義務を生じさせるものである。
12. いわゆる警告ストに関する連邦労働裁判所の判例は，最後の手段という考えの完全な無効化につながるものであり，現在では，使用者に対する法的保護の広範な欠如にいたっている。
13. 連邦労働裁判所の判例は，団体行動についてのヨーロッパ法上の基本権に関する欧州司法裁判所の判例に矛盾する。ヨーロッパ法において保護されている開業の自由は，使用者が他の加盟国において自由にその所在地を選択する権利を保障している。この開業の自由に対する労働組合の介入は，一般原則に従って正当化されなければならず，特に，適切，必要，かつ相当なものでなければならない。連邦労働裁判所が認めているような，比例相当性審査の制限は，欧州司法裁判所では行われていない。

欧州諸国との比較におけるドイツ労働法の最近の展開[*]
——ドイツ労働法は危機にある国々の模範たりうるのか？——

訳 桑 村 裕美子

I 現行のドイツ労働法規制

1．ドイツ労働法のシステム
　　——高度の保護レベルと法典化の明らかな欠如

　ドイツは現在，その比較的高い競争力ゆえに，国際的に羨望の対象となることもあれば敵視されることもある。ドイツの優れた点の一つとして，輸出による高利潤，厳格な財政規律とそれによるわずかな国家債務に加え，特に失業率がわずかに5％を超えるだけという非常に安定的な労働市場が指摘される。これによってドイツは，オーストリア，ルクセンブルク，デンマークといったわずかな例外を除けば，他の多くの欧州諸国とまったく異なる状況にある。特に南ヨーロッパの国々——ギリシャ，イタリア，スペイン，ポルトガル，そしてフランスも——では，明らかに失業率がより高い。ドイツの相対的に有利な状況は，OECDや他の国際機関によってまずは以下のように説明される。すなわちドイツでは，ゲアハルト・シュレーダー（Gerhard Schröder）政権下のアジ

---

[*] Aktuelle Entwicklungen im deutschen Arbeitsrecht im Rechtsvergleich mit anderen europäischen Staaten - Ist das deutsche Arbeitsrecht ein Vorbild für Staaten in der Krise? 本章は，2012年11月13日に東京大学グローバルCOE「ソフトローと社会法研究会」において行われたヘンスラー教授の講演を収録したソフトロー研究21号123頁（2013年）に，一部修正を加えたものである。

ェンダ 2010 およびハルツ改革によるさまざまな法改正が功を奏したというのである。労働法の規制緩和が危機にある国々での長期失業の早期克服と新たな雇用創出の実現にとって決定的に重要と見なされ，その実施が EU からも危機にある国々に対して強く求められている[1]。しかし，ドイツは本当に南ヨーロッパ諸国の模範となりうるのだろうか？　本章はこの問いについて検討し，また，日本からみて興味深いドイツ労働法の特徴を指摘していく。

　一連のアジェンダ 2010 による改革に立ち入る前に，ドイツ労働法の法的枠組みはまったく満足のいくものではないということを指摘しなければならない。ドイツ労働法は確かに，欧州だけでなく全世界で最も発展した労働者保護システムの一つを有する。ドイツの解雇制限法（Kündigungsschutzgesetz）は，10 人を超える労働者を擁する事業所において，雇用期間が 6 カ月を超える労働者に存続保護の形で広範な解雇制限を保障している。また，疾病時には 6 週間まで使用者に賃金継続支払義務があり，労働者は広範囲にわたって——例えば性別，民族的由来，世界観または年齢に基づく——差別からも保護される。これはいくつかの重要な例を挙げたに過ぎない。

　さらに，世界的に類をみない集団的労働法の規定（事業所組織，企業の共同決定，労働協約の法）も存在する。多数の労働者に適用される集団的規定は，ドイツでは協約当事者（労働組合および使用者団体）によってのみ定められるのではない。ある事業所のすべての労働者から選出される事業所委員会（Betriebsrat）と使用者も，当該事業所のための合意を行うことができる。当該事業所の全労働関係に直律的かつ強行的に適用される，いわゆる事業所協定（Betriebsvereinbarung）である（事業所組織法（Betriebsverfassungsgesetz）77 条）。ドイツの労働協約は原則として双方が協約に拘束される労働者と使用者にのみ適用され，そこでは当該労働者が当該組合に所属していることが前提であるのに対し，事業所協定はそれよりも広範な，全従業員を含む適用範囲を有している。

---

1) OECD, What is the near-term global economic outlook?, Paris, 6 September 2012, S. 7. 以下の HP で閲覧可能。http://www.oecd.org/economy/economicoutlookanalysisandforecasts/Interimassessment6September2012.pdf.

ドイツの事業所委員会には，例えば雇入れ，配転，時間外労働あるいは労働時間短縮の場合に広範な共同決定権が付与されている。事業所委員会の法的地位が並はずれて強力であるということは，国際比較におけるドイツ労働法の注目すべき特徴の一つである。ただし，事業所委員会と使用者は通常協約で規制されない事項でのみ事業所協定を締結することが許される（事業所組織法77条3項）ので，事業所委員会は労働組合と競合してはならない。

以上から，労働法の法源はドイツでは五つあることになる。それを規範秩序の下から上へ（1が法源として最も弱く5が最も強い）示すと次のようになる：

1．労働契約
2．事業所協定
3．労働協約
4．法律
5．憲法／EU法

より下位のレベルにある法源は，常により上位の法源と両立するものでなければならない。この場合，労働者にとってより有利な規制は通常許容される（有利原則。労働協約法（Tarifvertragsgesetz）4条3項参照）。

ただし，綿密かつ体系的にうまく整理されている事業所組織の法（事業所組織法）を除けば，ドイツの法的状況は労働法実務にとって非常に不十分なものである。すなわち，ドイツの労働契約に関する法（いわゆる個別的労働法）は多くの散在する個別立法で構成され，30以上の連邦法が労働法の規定を含んでいる。一部は連邦共和国の民法典であるBGB（Bürgerliches Gesetzbuch）に，一部は営業法（Gewerbeordnung）や商法典（Handelsgesetzbuch）に規定されている。さらに，ゆうに10を超える労働法の特別立法が，例えば差別禁止，パートタイム労働あるいは有給休暇について存在する。日本ですでに1947年以来存在するような包括的な「労働基準法」は，ドイツには存在しない。

質的にも批判すべき点がある。すなわち，労働法の実務家はたびたび，不明

確で均衡を欠き，部分的に矛盾する規制に直面している。そして，保護の欠缺は判例によって不十分にしか補塡されえない。理解不能な法的枠組みや予見可能性の欠如は混乱を，そして結局は関係者全員にとってコストのかかる帰結を伴う不必要な紛争をもたらす。法的安定性が特にドイツの使用者から求められている。労働法の大部分の分野はまったく法典化されておらず，労働裁判所が代わってその欠缺を埋めなければならない。強く望まれるのは，日本で2008年3月1日に施行された労働契約法で労働契約に関する広範な判例法理が明文化されたように，ドイツにおける判例の発展を法定化することである。

ドイツの使用者にとって不明確なのは，例えば，公募について法的安定性のあるルールとはいかなるものなのか，応募過程でいかなる文書作成義務を遵守しなければならないのかである。採用面接でいかなる質問をすることが許されるのか，家族設計のような許容されない質問をした場合にいかなる帰結が導かれるのかは，どの法律にも書かれていない。別の日常的な例を挙げると，働く女性は，いかなる場合に病気の子供の看病のため賃金継続支払いの下で労働義務から解放されるよう要求できるか，法律から導くことはできない。法務部を設置する余裕のない中小企業は，欠缺が多く分散的で矛盾を含む法的状況に対し，しばしばなす術がない。

この市民にとって不親切な状況は，最新の判例を知っていても法的安定性につながらないため，いっそう深刻である。頻繁に法改正が行われ，また，EU法がドイツで不十分にしか国内法化されていないため，労働裁判所は常に突然の予期せぬ判例変更を迫られる。したがって，法律規制が存在していても，当事者たる労働者および使用者は，法的問題ごとに，当該法律規制が最高裁判例によって補完または修正されていないか，その適用がかなり限定されていないかを調査しなければならない。

上述の問題の妥当な解決策について専門家は一致している。およそ100年前から，すべての個別的規定を一つの労働契約法典に統合することが求められているのである。1900年1月1日に施行されたBGBの立法過程ではすでに，民法典は労働関係に関する排他的規制には適していないことが関係者全員に明ら

かであった。それ以来，この不十分な法的状況を解決するために多くの試みがなされてきたが，残念ながら成功しなかった。このことは，私がケルンの同僚とともに2008年に公表した労働契約法案についても同様である。専門家の間ではこの法案の実現に賛成する立場でほぼ一致していたにも関わらず，立法に至らなかった。ドイツ政府はあらかじめ労働組合と使用者の同意が得られた場合にのみある規制を導入するので，残念ながら労働法の分野で政府に対応能力はない。そのため，長い間議論されてきた多くの法案の実現が暗礁に乗り上げている。一部を例に挙げるだけでも，従業員の情報保護規制の導入，いわゆる「内部告発者（Whistleblowern）」の保護の強化，有期労働契約法制の充実化，協約単一（Tarifeinheit）原則の明文化，最低賃金の導入に関する法案がそうである。

2．欧州における労働法の状況とドイツ労働法の保護レベル

以上述べてきた理由から，ドイツの法制度に対する国際的な称賛は，ドイツの労働法学者から見ればむしろ驚きである。ドイツは，例えば英米法系の国々よりもかなり高い労働法の保護レベルを有している点は強調しなければならない。もっとも，労働契約の法に関しては多くのEU指令が最低限の保護レベルを規定しているので，欧州ではこの点に関する国による本質的差異はすでに回避されている。このことは例えば，労働条件の証明，有給休暇の法，労働時間の法，母性保護，使用者の倒産時の労働者保護，派遣労働，事業譲渡後の労働者保護に妥当する。賃金決定だけはEUの立法者の影響力が及ばないことになっている。いずれにせよドイツは，労働時間などの多くの問題についてEU法の保護レベルを上回っている。解雇についてはEUレベルの最低限の規制が存在しないため，欧州諸国におけるおそらく最も重要な違いは解雇に関する法に存在する。

ところで，事業所組織の法，労働協約・争議行為の法，共同決定の法という三つの要素をもつ集団的労働法は，ヨーロッパではあまり発展していないか，EUレベルでおよそ統合されていない。ドイツは，すでに述べたとおり，特に事業所組織と企業の共同決定に関して主導的立場にある。世界のどこにも，労

働者から選ばれた事業所委員会がドイツほど広範な共同決定権を有し，労働者が企業政策に広範な影響を与える例はない。ドイツでは大企業において，監査役会の委員が半分まで労働者代表で構成されるのである。

ドイツ労働市場の成功の秘密は，労働者保護の縮小にあるというよりも，とりわけ短縮労働の許容の拡大と国家による短縮労働の促進によって労使が労働条件を柔軟化し，労働時間を業務の必要性に対応させているということにある。

3．解雇制限の法に関する欧州比較

上述のように欧州では労働法の統合が進んでいるため，労働契約の法に関して比較法の観点からもっとも興味深いのは，間違いなく解雇規制である。すでに述べた通とおり，EUは，解雇の法規制についてはこれまで加盟国の法的枠組みに大きな違いがあることを理由に，統一的最低基準を設定してこなかった。

A　正当な解雇

異なっているのは，正当な解雇と不当な解雇の場合の取扱いである。「正当な解雇」とは，使用者が当該解雇を基礎づける理由を立証することができるか，少なくとも解雇が原則として許容される場合にこれを無効とする特別な理由がない解雇と理解される。

10のEU加盟国は，正当な解雇の場合でさえ金銭支払（＝正当な解雇の場合の金銭補償）を保障している。これに該当するのは，フランス，イタリア，イギリス，スペイン，ポルトガル，ギリシャ（職員（Angestellte）のみ），オーストリア，デンマーク（職員のみ），アイルランド，ルクセンブルクである。これに対応する義務がないのは，ドイツ，オランダ，ベルギー，スウェーデン，フィンランド，そして欧州以外ではアメリカだけである。ドイツでは，解雇制限法1条にいう解雇理由（当該労働者の個人的理由，態度あるいは切迫する経済上の理由）が存在する場合には，解雇予告の保護のみ存在する。事業所変更の場合，すな

わち集団的な取扱いが問題となる場合にのみ，事業所委員会は社会計画を要求できる。社会計画には通常，解雇される労働者に対する補償金が規定される。したがってドイツでは，この領域では労働者保護の点で主導的立場にないことが明らかである。むしろ，労働ポストを完全に廃止するという判断は，憲法上保障された企業の決定権の現れとして恣意性の有無が裁判所によって審査されるだけである。そのため，もはや必要ない労働ポストは原則として補償金の支払いなしに廃止することができる。もっとも，ドイツにおける使用者の，他のEU加盟国に対するこの費用面でのメリットは以前から存在していたので，最近の法改正とは関係がない。

  B　違法な解雇
　以上と状況が異なるのは，正当でない解雇，したがって使用者が法律上認められた解雇理由を立証することができない解雇の場合である。このケースでは，世界中を見ても，また欧州内でも規制の幅が非常に大きい。本質的に違いがあるのは，当該労働者が労働関係の継続に加えて，あるいはそれに代わって補償金の支払いを要求することができるか，または，解雇が違法であるにも関わらず，使用者は補償金の支払いだけをなすことができるかである。ベルギー，デンマーク，そしておそらくフィンランドでも，労働者は損害賠償請求のみ可能で，労働関係の継続を要求することはできない。使用者から見て同様の帰結が導かれるのは以下の国々である。すなわち，当該労働者は確かに労働関係の継続を求めて提訴できるが，使用者は賠償金を支払うことで労働関係の継続を回避できる国々である。追加的要件なしにそのような使用者の形成権を認めるのは，フランス，スウェーデン，フィンランド，ルクセンブルク，イタリア（小規模事業所の場合），スペイン（個別的解雇の場合）である。イギリスとアイルランドも同様に使用者に契約継続を拒否する権利を認めるが，この場合使用者には損害賠償義務が生じる。
　少数派の六つの国だけが労働者に労働関係の継続の権利を無制限で認め，これによって補償金支払いだけでない真の存続保護を行っている。したがって，

これらの法体系では，使用者は賠償金の支払いによって強制的に労働関係を終了させることはできない。こうした国々に数えられるのは，オランダ，ポルトガル，ギリシャ，オーストリア，イタリア（労働者が15人を超えるより大きな企業の場合），スペイン（大量解雇の場合）である。イタリア，スペイン，オランダでは労働者に雇用継続の請求権を実現することにも成功しているのに対し，オーストリアとギリシャでは補償金額の調整に入ることが多い。

ドイツもこの六つの国で構成されるグループに第7番目の国として加えられる。ドイツでは解雇制限法9条により，使用者は雇用継続が「期待できない」稀なケースでのみ労働裁判所で労働関係の解消を求めることができるからである。

C　比較法の観点からの評価のまとめ

したがって全体としては，ドイツの解雇規制の比較法上の評価は二面的である。ドイツの使用者はまず，切迫した経済的理由ゆえに労働ポストを廃止する場合，補償金の支払いなく労働者から別離することができる点で有利である。これに対して，ドイツの使用者は一定額の支払いによって常に労働関係を終了させることができるような，経済的に計算可能な安定性は有しない。したがって，この解雇制限法の規制だけを見れば，雇用創出を促進する，規制緩和された労働市場の枠組みは確認できない。ドイツにおける低い失業率は，いずれにせよドイツの解雇法理が自由主義的であるとして説明することはできないのである。ドイツの使用者は逆に，解雇制限法の厳格さを訴え，ドイツでも存続保護に代わる補償金の支払いを認め，予測可能性と法的安定性を高めることを繰り返し要求しているのである。

ところで，外国の研究者が他国の法制度を正確に評価するためには，その国の労働者保護規定を全体として考慮に入れなければならない。ここで指摘すべきなのは，まずは自由主義的な有期契約法制と比較的自由主義的な労働者派遣法制がドイツの解雇制限法のハードルの高さの代償となっているということである。それゆえ現行法は，ドイツの使用者が不安定雇用に逃げるという結果を

もたらしている。ずっと合理的で労働市場の当事者すべてにとってより適切なのは，有期契約と派遣労働における緩和措置を廃止し，その代わり解雇法理を若干自由化することであろう。しかしそのような解決策は，ドイツの解雇制限を神聖化する労働組合の反対で失敗に終わるだろう。

　比較法の観点から注目すべきは，労働市場が危機にある国々，すなわちギリシャ，ポルトガル，イタリア，スペインの使用者は全体として二重の負担を負わなければならないということである。これらの国の使用者は，一方で正当な解雇の場合にも補償金を支払わなければならず，他方で，補償金の支払いによって常に労働関係をより法的安定性のある形で終了させることもできない。したがって，これらの国々に欧州諸国の別のモデル，例えばドイツやフランスのモデルを導入させるという提案は妥当であるように思われる。危機にある国々は，一定の規制の柔軟化なしにはグローバル化経済において競争力を発揮することはできない。また，解雇にあまりにも高いハードルを設定すると雇入れを妨げることが証明されている。新たな雇用の創出は，その労働ポストを計算可能な費用支出によって再び廃止できることが確実な場合でなければ，使用者にとって魅力的でないのである。

II　2004年以降のシュレーダー首相によるいわゆるアジェンダ2010

　こうした状況でシュレーダー政権下で実施された改革は，実際にいかなる意義があるのだろうか？　この改革はドイツの強力な国際的地位を説明することができるもので，意味ある労働法の柔軟化を本当にもたらしたのだろうか？

　最初に想起すべきは，ドイツは1990年代に「欧州の病人」と呼ばれていたことである。再統一の結果たる高い失業率と多大な財政赤字はドイツ国内の雰囲気を重くし，ドイツは特にイギリスからの嘲笑と悪意のある言動に耐えなければならなかった。シュレーダー首相率いるSPD（社会民主党）と緑の党の連立政権は，1998年から2002年までの最初の任期では，いまだ立法活動の重点

を労働者の権利の強化，事業所委員会の共同決定権の拡充，前コール政権下の使用者に有利な改革の後退に置いていた。しかし，労働市場の明らかな悪化を受け，シュレーダー首相のSPD・緑の党連立政権の二期目（2002年-2005年）にようやく，2004年以降印象深い「アジェンダ2010」のスローガンの下で政策転換がなされた。

　このアジェンダの一連の改革を正確に分析すると，特に労働法の分野では改正が少なく，概観が容易であることがわかる。最も重要な改革に挙げられるのが，解雇制限法の適用事業所を「労働者が10人を超える場合」に引き上げたことである。この基準の引上げは小規模事業所（特に手工業事業所）および自由業の組織と実務に，新たに労働者を雇い入れるインセンティブを与えた。これらの事業所は同改革により，特別な理由を何ら証明することなく通常解雇（普通解雇）をなすことができるようになった。これらの小規模事業所において違法となる解雇は，良俗（gute Sitten）に違反するか，差別禁止のような一般的法律に違反するものに限られる。もっとも，この改革によって新たに生み出された労働ポストは比較的少ないようである。

　より重要なのは有期契約法制の緩和によって付与された雇用創出のインセンティブであろう。パートタイム労働・有期労働契約法（Teilzeit- und Befristungsgesetz）14条によると，使用者は2年まで客観的理由なく従業員を有期契約で雇用することが許される。また，この2年の期間内であれば3回まで契約期間を更新することが許容される。したがって例えば，使用者は新たに生み出された労働ポストにおいて，ある労働者をまずは6カ月の期間で雇用し，さらに雇用継続の必要がある場合には，この労働者との労働契約を3回（例えばその都度6カ月の期間で）更新することができる。結局このことが意味するのは，労働関係の最初の2年はドイツでは実際上まったく解雇制限が存在しないことになったということである。そのため，ドイツで新たに雇い入れられた者の大半が有期契約労働者であるということは驚きではない。一連のアジェンダ2010においては，ドイツですでに長い間存在していたこの可能性を若干拡大させた。これ以降，上述の客観的理由のない有期契約利用の可能性は，新たに企業を設

立した場合は4年まで保障される。

　労働市場に対しておそらく最も影響が大きく議論がある労働市場政策は，いわゆるハルツ法による派遣労働の強力な促進であった。派遣労働はドイツでは過去数十年間はタブー視されていた。しかし，連邦首相の労働法の最も重要な助言者の一人，フォルクスワーゲン社の人事担当役員ペーターハルツ（Peter Hartz）は，派遣労働の「貼り付け効果（Klebeeffekt）」を期待し，派遣労働の規制緩和に真っ先に賛同した。この改革には，派遣先企業が派遣労働者に業務に従事させその適格性を認めた場合に，自己の通常の労働者として雇用するだろうという期待がこめられていた。そのような「貼り付け効果」は実際過去に証明されている。さらに最近では，多くの労働組合が協約交渉の中で，派遣先企業に対し，派遣労働者を直接雇用の労働者として引き継ぐよう求めている。

　派遣労働は特に，労働協約に基づき派遣先の基幹労働者よりも低い賃金を支払うことが認められ，同一賃金および平等取扱原則の適用が限定されたため，いっそう促進された。一連のハルツ改革ではさらに，すべての雇用エージェンシー（公共職業安定所）に，いわゆる人材サービスエージェンシー（Personalserviceagentur）の設置義務が課された。これによって国家は，自由市場において派遣企業以外にも派遣の原則を奨励している。

　ハルツ改革はその他に，雇用期間と派遣期間の「一致の禁止（Synchronisationsverbot）」と派遣の期間制限を完全に廃止した。「一致の禁止」はもともと，派遣企業がある労働者を「必要に応じて」のみ，したがって派遣先が当該労働者を必要とする限りで雇用することを禁止していた。しかし，ハルツ改革の新規制によると，派遣企業はある企業で相応の必要性があることを認識している場合に労働者を雇用することができる。ただし，多くの規制が弊害発生ゆえに2011年に再び廃止ないし限定されたので，2011年改正以降は派遣は再び「一時的に」行われなければならない。また，派遣労働部門では，西側7.79ユーロ，東側6.89ユーロの最低賃金が導入され，2012年5月1日より適用されている。

　さらに，労働法上の規制は社会法上の規定によって補完されている。ハルツ

改革では，特に失業手当の受給者に対する要求が厳しくなり，就業が期待される幅が広がった。より若い求職者には，例えば勤務場所の変更やより低い賃金での職務への変更が期待される。また，失業者は最後の給料によって定められる失業手当を1年間だけ受給し，その後は国家による支援は生活保護のレベルまで引き下げられた。そのため今後は失業者の経済的困窮が懸念される。

全体として確認できるのは，一連のアジェンダ2010では労働者保護規定の多くが廃止されたわけではないということである。労働法上の保護規定の核心部分に手はつけられていない。また，議論があった派遣労働の緩和措置は最近部分的に再び廃止された。したがって，ドイツの競争力強化に対する労働法の貢献は全体としてはむしろ少ないように思われる。より重要だと思われるのは，ドイツの立法者の手にはよらない展開，すなわち労働組合と使用者が数年前から行ってきた賃金抑制である。労働組合，事業所委員会，使用者が2008年の危機にともに対応し，短縮労働の実施によって労働ポストの大量削減を防いだということには大きな意義が認められる。これを支援したのは国家による操業短縮手当の寛容な支払いであった。これによって企業は，危機が去った後で生産活動を迅速にかつ低価で再開し，自らの国際競争力を強化することができたのである。

III 日独比較における労働組合の意義

ドイツ労働市場のさらなる特徴は，国際比較において並はずれて強力なドイツ労働組合の地位である。1945年以降，ドイツでは単一組合（Einheitsgewerkschaft）が組織されてきた。最も重要ないくつかの産業および経済分野で合計八つの組合がドイツ労働総同盟（Deutscher Gewerkschaftsbund；DGB）傘下にある。具体的には，IG BAU（建設，農業，環境），IG Metall（金属，電機），Ver.di（サービス部門），IG BCE（鉱業，化学，エネルギー），警察官労組，GEW（教育・学術），EVG（交通，鉄道），NGG（食品，飲料，飲食業）である。これらの組合はいわゆる産別組織原理によって組織されている。このことが意味する

のは，例えば金属・電機産業に管轄を有する組合 IG Metall の構成員は金属産業事業所で働くすべての労働者であるということである。この場合，当該労働者の具体的な職務の内容は重要でない。したがって，フォルクスワーゲン社の食堂で働く料理人もソフトウェアの専門家も守衛も IG Metall に組織され，金属産業の比較的高い賃金を支払われている。したがって，ある企業のすべての労働者が共同・連帯して当該企業の労働協約の獲得のために闘うことになる。DGB に統合されている組合は原則として互いに競合せず，むしろ「一つの事業所には一つの組合」という原則が妥当する。

　これと異なり，ある特定の職業の労働者のみ，例えば医者だけ，パイロットだけ，操縦士だけが結集した職業別組合のモデルは，ドイツではここ最近になって重要な意味をもつようになった。ドイツ連邦労働裁判所は長い間，協約単一原則（Grundsatz der Tarifeinheit）を適用してきた。協約単一原則によると，一つの事業所にはただ一つの協約が存在しうる。同原則の下では，DGB 系組合と併存する，より小規模の組合の交渉には通常意味がなかった。というのも，小規模組合が締結した協約は，いずれにせよ通常はより大きな組合の協約によって排除されていたからである。2010 年に協約単一原則が廃止されたことにより，現在ドイツでも組合の状況に変化が見られる。日本と同様に，ますます多くの組合が競合し，当該事業所で協約が併存する事態が生まれているのである。これによりまったく異なる複数の組合によって激しい労働争議が行われ，ルフトハンザやドイツ鉄道などがそれに苦しんでいる。

　日本と異なり，ドイツでは確かに団結自由を具体化する労働組合法（Gewerkschaftsgesetz）は存在しない。しかし判例は，ドイツの基本法（Grundgesetz）から直接，組合が協約能力を有する（tariffähig）ための厳格な基準を導き出してきた。これにより労働組合は，実際に使用者と同じ目線で均衡のとれた交渉を行うために，特に「交渉実力性（soziale Mächtigkeit）」と貫徹力を有していなければならない。この交渉実力性を有しない組合の労働協約は無効である。

　DGB に統合されている組合は，数十年前から，全部門のための産別協約

(例えば，自動車産業の企業が可能な限り広く拘束される，金属・電機産業のための連邦レベルの単一協約）を締結することを目指してきた。この点は，産別組合がわずかで組合の 90％以上が企業別組織である日本と大きく異なっている。これに対応し，両国で賃金決定プロセスも異なっている。確かにドイツの産別協約は，労働協約法 4 条 3 項に基づき開放条項（Öffnungsklauseln）を置き，使用者と事業所委員会が企業ないし事業所レベルで，産別協約から逸脱する，事業所に即した規制を採用することを許容することができる。しかし，そのような開放条項は実務では比較的まれである。もっとも，大きな DGB 系組合の戦略には最近変化がみられる。DGB 系組合は，使用者団体に組織されていない使用者と，ある一つの企業にのみ適用される企業別協約をより多く締結するようになっているのである。

　一般に，労働組合は最近，あらゆる企業組織再編や大量解雇（Massenentlassungen）に関して，明らかにより積極的な役割を引き受けている。使用者は，財政立直し協約（Sanierungstarifverträge）を通じて産別協約から逸脱し，事業所に適合的な規制を実現しようとするが，労働組合はこの使用者側の圧力にもうまく対応しているのである。

IV　国際比較におけるドイツの労働争議の法

　ドイツには労働争議に関する法律は存在しない。労働争議法の法律案は，繰り返し作成されたとしてもドイツでは立法過程で実現される見込みはほとんどないであろう。労働組合と使用者団体の見解があまりにも異なっているので，政府がこの立法案を受け入れようとすれば常に激しい抵抗を見込まなければならない。したがってドイツでは，労働争議に関するルールは判例法だけであり，裁判所がストライキとロックアウトの判決を行う際の規範的な出発点はただ一つ，基本法 9 条 3 項における団結自由の基本権だけという珍しい状況にある。この出発点に立つと，基本法 9 条 3 項の保護に含まれる協約自治（労働組合と使用者団体による労働条件および経済条件の自律的な決定）から自然に導かれる

のは，ドイツではストライキは協約自治の機能を助けるための手段としてのみ承認されるということである。それゆえドイツでは，ストライキは協約能力のある組織によって開始され，かつ協約上規制可能な事項について実施される場合にのみ許容される。これはまず，協約能力（交渉実力性）のない組合によって実施されるあらゆるストライキは，いわゆる「山猫スト」として違法であることを意味する。また，政治ストも協約上規制可能な事項について実施されるものではないので違法である。ストライキの相手方たる使用者ないし使用者団体は，ストライキと結びついた要求を実際上も自ら実現できなければならない。

この点に関し，ドイツにおけるストライキの理解は他の欧州諸国と異なっている。例えばフランスでは，争議権は個人の基本的権利であり，労働協約法制と密接な関係はない。したがって，政治ストも職業上の要求に関する限りで許容される。ただし「職業上の要求」の概念はかなり広く解釈されている[2]。オーストリアでも同様に，ドイツで憲法上予定されているような，争議権と協約自治との厳密な結びつきは不要である[3]。これに対してイギリスでは，ストライキは原則として違法であるが，労働組合には一定の要件の下で損害賠償の免責が付与される。ストライキの許容される目的は1992年労働組合関係法で限定列挙されているが，純粋な政治目的はそこに含まれない[4]。

欧州では争議権の理解について大きな違いが存在するため，EU基本権憲章に集団的行動権が規定されたことには問題があるように思われる。同憲章28条は次のように定める：「労働者および使用者または使用者団体は，EU法および各国の法規定ならびに慣習にしたがい，適切なレベルで労働協約を交渉し締結する権利，および，利害が対立した場合に自らの利益を守るためにストライキを含む集団的行動を行う権利がある」。

---

2) *Henssler*/Dux, Arbeitsrecht in Frankreich, 2011, S. 116 ff.
3) Henssler/Braun/*Pelzmann*, Arbeitsrecht in Europa, 3. Aufl. 2011, S. 989 ff.
4) Henssler/Braun/*Harth/Taggart*, Arbeitsrecht in Europa, 3. Aufl. 2011, S. 534 ff., 538.

同条の保護範囲はこれまでドイツ法で承認されてきたものよりも広く理解される。集団的行動は明らかに使用者と労働者の間の利害対立すべてのケースで保護され，労働協約の交渉に関連するものに限られないのである。にも関わらず，ドイツの学説の大多数は，一般的な政治目的の実現のためのストライキはEU法上保護されないと解している[5]。もっとも，EU憲章28条の保護範囲についての議論はまだ始まったばかりである。したがって，欧州司法裁判所がこの点の解釈を明らかにするまでは，EU法がドイツの労働争議の法の見直しを要求しているという見解を排除することはできない。

V ドイツ労働裁判所の裁判権

日本と比較して異なる別の点は――日本で実施された大きな改革以降も――ドイツの司法制度にある。ドイツには五つの互いに厳密に区別される裁判権が存在する。通常の裁判権は家庭裁判所裁判権を含む通常の民事事件と刑事手続を管轄としており，四つの裁判所組織（区裁判所，地方裁判所，高等裁判所，連邦通常裁判所）をもつが，このほかに四つの特別な裁判権が存在する。特別裁判権を有するのは，行政法（三審制の行政裁判権），税法（二審制の財政裁判所），社会法および労働法（ともに三審制）である。労働法においては，地方労働裁判所（1人の職業裁判官と2人の素人裁判官），州労働裁判所（1人の職業裁判官と2人の素人裁判官），エアフルトにある連邦労働裁判所（3人の職業裁判官と2人の素人裁判官）へと審級が上昇する。素人裁判官はその都度労働組合と使用者団体から同数ずつ指名される。素人裁判官は労働裁判所の手続の決定的な特徴をなしており，彼らの特別な専門知識が事件の解決に役立てられる。注目すべきは，一審と二審の2人の素人裁判官は，評決において職業裁判官の意見に勝りうるということである。ただしこれは，労使の異なる利益状況ゆえに実務ではむしろまれである。

---

5) *Holoubek*, in : Schwarze, EU, Art. 28, Rn. 20 ; *Jarass*, Charta EU-Grundrechte, 2010, Art. 28, Rn. 7.

日本とも法的状況が異なっているドイツ労働裁判所手続の特徴は，和解交渉（Güteverhandlung）の義務化である。これは，裁判所の手続内で合意に基づく紛争の解決を目指し，素人裁判官なしに行われるものである。2012年に調停法（Mediationsgesetz）が施行されてからは調停手続も裁判所の手続内で適用されうる。労働裁判所での手続は，使用者と労働者の間の紛争（判決手続），事業所委員会と使用者の間の紛争（決定手続），ならびに労働組合と使用者団体の地位および労働協約の有効性に関する紛争を対象とする。

　その具体的な状況はある一つの例を見れば明らかである：ケルンの地方労働裁判所では20人の職業裁判官が1年で約11,000件の訴えの手続と数百の決定手続を処理している。和解率が非常に高く，判決によって処理されるのは全事案の15％に限られる。別の裁判所と比べて高い和解率は，労働裁判手続での特殊な事情，すなわち，紛争当事者が一審の議長に対し双方が受け入れられる和解案の提示を期待しているということによる。

　国際比較では，このような独立の労働裁判権はむしろ例外である。スペインおよびブラジルは同様に独自の労働裁判権を有しているが，他の多くの国々，EU内でも例えばオランダでは，労働法の事案は一般的な裁判所で取り扱われる。ただし，多くの場合労働法上の手続には特殊性がある。日本と同様の混合システムをとるのはフランス，アメリカ，オーストリア（ウィーン労働裁判所は特別）およびイギリスである。

　独立の労働裁判所を有するメリットとしては，まず，それに特化することで裁判官の専門知識が蓄積され，裁判所の効率が上がることが指摘できる。また，一般的な民事訴訟法の規定の多くは労働法の事案に適していない。特別裁判権に反対する立場からはコストの上昇が指摘される。また，ドイツで繰返し批判されるのは，裁判所が紛争当事者に和解に応じるようあまりにも強い圧力をかけているということである。ドイツではかつて，労働裁判所を通常裁判所あるいは社会裁判所と統合することについて法政策上の議論がなされた。しかし，労働裁判官および労働裁判所実務からの反対にあったため，統合は実現しなかった。

VI 要　　約

　ドイツは確かに世界的にみて特に労働者保護を実現する労働法システムを有することが確認できる。しかし，他の国々で観察される労働市場の硬直化がドイツで生じていないとすれば，その理由は何よりもまず以下の点にある。すなわち，労働組合と使用者団体が，多くの領域で意見が異なるにもかかわらず，実際上そして結果的にも比較的うまく協力してきたので，比較的穏やかな賃上げにつながったということである。

　また見逃すことができないのは，例えばフォルクスワーゲン社のような多くの企業において，事業所委員会と企業経営陣が信頼に基づきうまく協力してきたということである。事業所委員会は大企業では企業経営陣の敵ではなく，共同責任のある経営者として理解される。したがって，必要な構造改革は事業所委員会とともに実施されるのであり，事業所委員会による妨害はない。

第 3 部

フォーラム
職業法としての弁護士法の現在問題

ドイツおよびヨーロッパにおける弁護士職業法の展開[*]

監訳　森　　　勇
訳　春日川　路子

I　ドイツ弁護士職およびドイツにおける法律相談市場の展開

　数年前までドイツの弁護士職の展開に特徴的だったのは，それは将来に対する深刻な不安であり，そして，他の法律助言職との競争が激化するのではという懸念であったが，2008／2009年からは，弁護士市場の一定程度の固定化が生じている。弁護士数の増加そしてまた収入状況の安定化が図られ，懸念された競争圧力も高まることはなかった。2012年1月1日現在，ドイツ連邦共和国には15万8,426人（うち女性は5万1,585人）の資格保有者が弁護士認可を受けており，この数字は前年比1.76％（人数にして2,800人弱）の増加であった。これは前世紀の1990年代には8％を超えていた年間増加率と比較して，明らかな減少である。1997年からは，新たに弁護士認可を受けた人数は比較的に持続して後退している。そのうえさらに，少なからぬ地方の弁護士会が所管する地域においては，弁護士人口は減少している。女性弁護士の割合が継続的に増大しており，その割合はそうこうする間に32.56％に達した。ギムナジウムにおける教育期間が9年から8年へ短縮されたことおよび兵役義務が廃止されたこと等の特別な影響を除けば，ドイツにおける大学入学者は，2004年以来

---

[*]　Aktuelle Entwicklungen im deutschen und europäischen Berufsrecht der Rechtsanwälte

学部に関係なく後退している。さらに法律学の分野においては，その後退の割合は，平均を超えている。2015 年からはドイツにおける人口統計からすると，大学入学者数は継続的に減少することになる。

　さらにまた近年にあっては，外国弁護士によって，ドイツの弁護士に対して重大な競争圧力がかかることはなかった。本国での資格に基づきドイツで開業した外国弁護士は 681 人にとどまり，その数はいまだとても少ないままである。登録された EU 域内の弁護士の中で，群を抜いて一位となったのはイギリスの弁護士（106 人）であり，次いでイタリア（58 人），スペイン（48 人），ギリシャ（44 人）およびフランス（29 人）の弁護士が続く。多くの比較的小さな EU 加盟国の弁護士でドイツで開業している者はいない。また現在のところでは，日本の弁護士も認可を受けている者はいない。それに対して，中国の弁護士（6 人）のように，他のアジア諸国の資格保有者の中にはドイツで開業する者がいる。全体としては，市場全体に占める外国の弁護士の割合は，非常に少ない。よって，弁護士の国境を越えた（国際的）活動をその方針として，負担を軽減しその活動を促進するという EU の努力は，ヨーロッパの弁護士にはほんの少ししか採用されなかったといえる（これについてはⅧで触れる）。ここでは言語という障壁だけではなく，EU 加盟国国内の法体系がいまだに大きく異なっているという状況もまた，増加を鈍らせる方向に作用している。

　弁護士業の専門化という傾向は今も継続している。弁護士会によって付与された専門弁護士の称号は，2012 年 1 月 1 日現在で 3 万 8,745 ケースに上る。当然のことながら，一人の弁護士は専門弁護士の称号を同時に三つまで取得することが認められるため，この数字は専門弁護士の称号を取得した実際の弁護士の総数を反映してはいない。そうこうしている間に 20 の専門弁護士の分野が生み出されたにもかかわらず，すべての専門弁護士の称号を付与される弁護士のうちの半数以上は，いまだに家族法，労働法および税法という三つの伝統的な専門弁護士分野を選択している。最も好まれる専門弁護士分野である労働法（現在 9,101 人）および家族法（現在 8,716 人）は，いまだに大きく増加している。この際注目に値するのは，今日家族法は大学教育においていまだなお重要な地

位を得ていない，つまりは，残念ながら大学教育は実務の要求に合致していないということである。最後に創設された「農業法」専門弁護士のタイトルを取得した者が，これまでのところたった106人であり，このことは，専門弁護士の名称を付与するというモデルが限界に達したのではないかということを示している。もっとも，さらに亡命権および外国人法の専門弁護士というものの導入が検討されてはいる。

　専門弁護士の称号を取得すれば，弁護士は経済的に報われることとなる。弁護士マネージメントに関する研究所（Soldan Instituit für Anwaltmanagement）が行った実態調査によると，弁護士は専門弁護士の称号を取得すると，相当多くの売り上げを達成している。これによる売り上げの増加は，専門弁護士分野ごとに異なるが，平均すると20〜60％である。もっとも大きく増加しているのは，税法専門弁護士であり，増加が最も少ないのは賃貸借および区分所有法の弁護士である。

　全体としては，ドイツの弁護士職は目下のところよい状況にある。連邦弁護士会（Bundesanwaltskammer）およびドイツ弁護士協会（Deutsche Anwaltsverein）は実に効果的なロビー活動を行っており，その結果として，法律相談市場の領域においては，ドイツの他の多くの領域において散見されるような法改正の停滞といったものはみられない。もっとも，「能力不足」を理由に弁護士会によってその認可が取り消された弁護士が少なからぬ割合でいることも，これを指摘しておかなくてはなるまい。むしろ，連邦通常最高裁判所の弁護士部に係属している手続の大部分は，このような形の認可取り消しに関するものである。しばしば問題となっているのは，現在の法律相談市場の要請に適合せず，かつまた特に不可欠な専門化の傾向に注意を払わない弁護士である。すべての法領域を自身の相談活動においてカバーできると思っているジェネラリストは，今日では，その助言活動を成功裏に行うことはまずできない。なぜなら個別の委任に対応するためのコストが高くつきすぎ，それに見合った収入を得られないからである。

　2008年にドイツの法律相談市場の基本的状況が，リーガルサービスに関す

る法律（Rechtsdienstleistungsgesetz）により新たに規定され，部分的に自由化された。だが核心において弁護士の独占は維持され続けている。今日では，無料の法律相談の領域においてのみ，弁護士ではない相談員が活動することが認められている。また，たとえば自動車ドライバーの利益を代表する民間団体である「全ドイツ自動車クラブ（ADAC）」も，その定款の目的の範囲内で，メンバーに法的助言を行うことが認められている。しかし，法律相談市場のこのように慎重な自由化の後にあっても，特記すべきような競争激化というものはみられなかった。一般的に言ってこの新たな法律は，――ドイツに関しては――ほんのわずかな法的論争を引き起こしただけであった。何年にもわたる立法手続の中で幅広い議論がなされたことで，よく考え抜かれた改革のための法律が誕生したのであった。この法律は，まさしく，存続に値するもの維持と遅きに失した改革をミックスしたものなのである。

II　ドイツの弁護士がおかれている基本的な法状況

　先に示した弁護士市場の安定化は，弁護士がおかれている状況にも反映されている。ここ何年かの間，リーガルサービスに関する法律によりかつての厳格な法律助言法が廃止されたことを別にすると，外国の目からみて注目に値するような大きな意義をもつ法改正は一切なかった。判例についてみても，耳目を集めるような基本的な法状況の変化にとって重要なインパルスとなるようなものはまったくなかった。

　このように控えめな有り様となっている理由の一つは，1994年以来ドイツの弁護士職業法はすでに大幅に自由化されたという点にあることは確かである。たとえば弁護士は現在では，連邦全土にわたって活動ができる，つまり特定の裁判所の管轄区域に拘束されること（分属性）はない。加えて弁護士は区裁判所，地方裁判所ならびに上級地方裁判所での活動が許される。これは以前連邦弁護士法25条が定めていた上級地方裁判所についての制限（いわゆる単独認可）が，連邦憲法裁判所の裁判により2000年に廃止されたためである[1]。連

邦通常最高裁判所の民事事件についてのみ，そこでの代理を独占する弁護士職がいまだに存在し，連邦憲法裁判所の2002年10月31日の決定は，このような制限の合憲性をはっきりと確認している[2]。

　弁護士会の職業（弁護士職）の自治が近年さらに強化されたということは，言及に値すると思われる。なぜなら近時，弁護士会には弁護士職の認可およびそのはく奪の権限が委譲されたからである。さらに，自らを律する職業としての弁護士職の地位は，2010年に複数の裁判所からその支持を得た。連邦弁護士法は，連邦弁護士会におかれる規約委員会（Satzungssammlung/ 連邦弁護士法191条）を弁護士職に認めた。この委員会は一種の弁護士議会であり，規約，つまりは弁護士職業規則（Berufsordnung für Rechtsanwat）において職業法の細部の問題を定める権限を持っている。もっとも，この規約委員会が定める規約は，連邦司法省の法的監督の下に置かれており，連邦司法務省は，規約の諸規定に異議を述べ，またこれを取り消すことができる。2008年，立法者は弁護士事務処の支所の開設を認めたが，2009年，規約委員会は以下のような新たな弁護士職業規則5条を決議した。すなわち，「弁護士は自らの職務実践のために必要な物的，人的および組織上の諸要件を事務所およびその支所に備える義務を負う」というものであった。連邦司法務省はこの規定を，このような規定を設けることは規約委員会の権限外の行為であるという理由を挙げて取り消した。それに対して提起された訴訟において，連邦通常最高裁判所は2010年9月13日，規約委員会に軍配を上げ，このような規定の制定権限を承認したのであった[3]。

　最近では弁護士は，メディエーションによる裁判外の紛争処理を定めるメディエーション法（Mediationsgesetz）を導入するにあたり，自身の権利を貫くことにまさに成功した。2012年に発効したこの法律は，「メディエーションは弁護士の仕事」だという原則を認めている。換言すれば，弁護士によるメディエ

---

1)　BVerfG v. 13. 12. 2000, 1 BvR 335/97, AnwBl 2001, 54.
2)　BVerfG v. 31. 10. 2002, 1 BvR 819/02, AnwBl 2003, 53.
3)　BGH v. 13. 9. 2010, AnwZ (P) 1/09, AnwBl 2010, 873.

ーションは明らかに他の職業によるメディエーションよりも強く推進されている。挙げておくべきは，2007年7月1日に廃止された連邦弁護士法旧28条に含まれる支所の禁止である。弁護士および弁護士法人は，自身の職業的行為の重点をそこに置く弁護士が存在しない支所をもいまやもつことができるようになったのである。

　ドイツ以外の国にとって興味深い改正のひとつは，連邦全体をその対象とする弁護士職の仲裁機関（連邦弁護士法191条f）である。これは2009年9月1日に発効した「弁護士および公証人の職業法上の手続きの現代化のための法律（Gesetz zur Modernizierung von Verfahren im anwaltlichen und notariellen Berufsrecht）」により導入されたものである。この機関は，たとえば報酬をめぐる争いそして依頼者の弁護士に対する損害賠償請求にあたり生じる可能性のある，弁護士と依頼者との間の民事法上の紛争を裁判所に訴えることなく解決するものである。欧州人権裁判所（EGMR）の元裁判官であるレナーテ・イエーガー（Renate Jäger）が指揮をとるこの仲裁機関は，2011年1月1日にその運用が始まって以来，すでに数多くの紛争をうまく仲裁している。この無料の仲裁手続きの利用は強制されておらず，また，契約当事者のいずれも仲裁を申し立てることができる。この仲裁機関のよいモデルとなったのは，すでにドイツの銀行および保険産業界において存在しているオンブズマン機関であった。

III　専　門　化

　過去数十年間におけるドイツの弁護士職の構造変革に特徴的なのは，弁護士をすべての法律問題における市民の代理人と捉える連邦弁護士法3条1項の意味における伝統的な弁護士像が，大幅に相対化したということである。法文がそうなっているにもかかわらず，現代の弁護士がプログラム的に法律が想定している意味でのジェネラリストであることは非常にまれである。非常に多くの場合弁護士は，法律相談市場においては，──特定分野のエキスパートないしはある種の目標を追う特定の集団のための専門的助言者として──専門家とし

て活動している。連邦弁護士会の会長であるアクセル・C.フィルゲス（*Axel C. Filges*）は，この展開に言及して次のように述べている。すなわち，「今日では日々進行する法制化は，専門化され高い判断力を有する弁護士の助言をますます」必要ならしめている，と。

　ドイツの弁護士市場を特徴づけている専門化のトレンドは，すでにⅠで足がかり程度に述べておいた専門弁護士称号の導入によりさらに勢いづいている。この職業法上のマーケティングと資格認定の措置は，そうこうしているうちに，真に成功を収めたコンセプトへと発展していった。つまり，税法の専門弁護士はドイツに70年以上前から存在するものの，当面はわずかであった他の専門弁護士職は1986年以降に初めて生まれたものであった。2003年以降の展開はまさに爆発的であった。その間に20個もの専門弁護士職が創設された。ドイツはこうした構想の国際的な先駆者である。ヨーロッパでは他の多くの国々がこのドイツのモデルを採用した。法規の複雑さが増大し，そしてまた生活事実関係の法制化が進んだ結果，いわゆる「オールマイティー弁護士」なるものは賞味期限切れのモデルとなっている。特定の法律分野に特化した弁護士のみが依頼をスムーズに処理することができるのであり，そしてまた，今日ではそうした弁護士が依頼者には助言者として受け入れられるのである。専門弁護士の称号は，異なる理論的知識および実務上の経験に基づいた特定の法律分野における専門性を証明するものであり，この専門性は継続的な研修によって維持されねばならないものではある。権利保護を求める人々は，この証明された専門性についての信頼のおける情報を喜んで受け入れてきた。今日では，市民は，一流の助言は専門家からのみ得られることを知っている。

　専門弁護士職の意義は，当然のことながら市場のセグメントごとにまったく異なるものである。確かに大規模法律事務所は専門化をさらに先へと駆り立てた一番手であったが，専門弁護士称号は，彼らにとってはむしろ二次的な役割を果たすものでしかない。大規模法律事務所の評判がよいのはそこで働く専門弁護士の数によるのではなく，一次的には市場の期待に沿っているという意味で，彼らの事務所の名前が有する名声によって支えられている。それにもかか

わらず，大規模法律事務所に所属する専門弁護士は増加を続けている。まずそれは，2005 年から，経済界を顧客とする事務所の典型的な"サービスライン"を写し取った，数多くの新たな分野の専門弁護士称号が創設されたことによる。5 人から 15 人のパートナーを有する中規模法律事務所は，専門弁護士称号を使うことで最適なマーケティングをすることができる。というのも，この規模の事務所では，有意義な専門化を事務所内でカバーできるからである。これに対して専門弁護士称号は，個人事務所を営む弁護士にとっては，消極的な意義をももつことになる。なぜなら依頼者は，たとえば労働法専門弁護士については，労働法しか精通しておらず，これに対し他の分野についてはあまり経験がない，そう考えるからである。

　今後についてみると，非常に近い将来，弁護士の後進にとり，二つの国家試験とそれに続く弁護士認可のすぐ後で，さらなる資格証明書として専門弁護士の称号を取得することはまったく当然のことになる，私はそう予測している。もちろん後進にとっては，ある専門弁護士称号取得の要件を証明することは，ますます困難なものとなっていこう。というのは，専門弁護士規則（Fachanwaltsordnung）は，称号を取得するために，通常は学習の過程において獲得される理論的な知識の証明とならんで，専門弁護士として表示される法律分野における実務経験を要求しているからである。これは処理した事件を提示することによって証明される。しかし，依頼者は，その案件のほぼすべてをすでに開業している専門弁護士に持ち込むので，専門弁護士称号を持たない後進の弁護士は，必要とされる依頼を受けることがまったくできず，その結果として，称号の取得にとり不可欠な数の事案を取り扱ったことを証明できるようになるまで長い時間がかかってしまうからである。

　ドイツではまた，地方における弁護士の将来が心配されている。当然のことながら，弁護士が専門家として活動することは，都市部よりも地方の方がより困難である。「地方弁護士」は，必然的に，地方で問題が頻繁に発生する特定の分野に集中することになる。たとえば，家族法，賃貸借法，交通事故等々である。しかし，訴額が高額で財政的に魅力的な依頼は，決まって大都市の専門

弁護士になされている。懸念されるのは，ドイツの医師の場合と同じような展開になることである。医師の場合，都市部への集中が目につく一方で，地方ではすでに，医師不足が頻発しているところである。これまでのところ，「地方弁護士」にも十分な経済基盤を確保することとなるような，説得力のあるコンセプトは何ら示されていない。

IV　弁護士の広告とマーケティング

　確かに弁護士職業法は，連邦弁護士法43条bにおいて，広告に関して独自の規律を定めている。それによれば，事に即さない広告とならんで個別事件の具体的な依頼に関する広告が禁止される。いわゆる「人の不幸を仕事とすること（ambulance chasing）」で知られるアメリカ合衆国とは異なり，交通事故を事故被害者に自身を売り込むきっかけとすることは，ドイツの弁護士には許されない。確かにこの広告に関する法規制は，――営利企業にも含む――すべてに妥当する，誤解を招くような広告の禁止とかなり似ている。それゆえ弁護士のマーケティングが裁判所からクレームをつけられるのは大変珍しく，弁護士会による警告あるいは差止請求の訴えによって取り消されることの方が遙かに多い。注目すべきは，ドイツの連邦憲法裁判所でさえも，何度となく弁護士に救いの手をさしのべるようせき立てられたことである。このドイツにおける国の最高の裁判所で，弁護士の広告の問題を裁判しなければならなかった頻度という点では，世界に類をみないといって差し支えあるまい。

　まず第一に，判例によれば，弁護士が依頼者の利益のために最低限の外部表示を求められることはもはやない。ミュンヘン弁護士裁判所（Anwaltsgericht）は，その2007年7月24日の判決において，事務所の表札は必要ではないとし，さらに弁護士に電話帳への記載を求めてはならないとしたのであった[4]。

　連邦憲法裁判所は2000年4月17日の判決において，職業の自由を根拠に，

---

4)　AnwG München 2 AnwG 46/05, BRAK-Mitt 2007, 269.

共同形態（パートナー形態）の事務所が文化的な催し物のスポンサーになることは認められるとし，それに反する裁判を取り消した。連邦憲法裁判所は，基本法12条によって憲法上保障されている職業の自由を指摘し，この職業の自由は，広告が職業に関係するものであり，事に即しており，そしてまたそれが具体的な依頼の獲得には向けられていないものであれば，弁護士にも広告の自由が認められるとしたのである[5]。さらにまた，弁護士会が警告したトラムでの大きな弁護士広告を，職業の自由という基本権のおよぶ範囲内にあるとして憲法上保護されるとした[6]。現在的な意義を持っているのが，2006年に下されたもう一つの連邦憲法裁判所の裁判である。この裁判において裁判所は，弁護士がいわゆる相手方リストを付したインターネット広告をすることは許されるとしたのであった[7]。この相手方リストには，当該共同形態の事務所が依頼を受けた事件の相手方となった企業や人物が挙げられていたのである。裁判所はその理由の中で次のように説示した。すなわち，弁護士は，確かに誤解を招くような広告ないしはしつこい広告を禁止されている。しかし相手方リストは，ただ該当する事件の情報を説明するものであり，それにより潜在的な依頼者は，専門の弁護士を容易にみつけられるようになる。情報提供のこうした手段というものは，憲法上保障されるべき職業の自由に基づいて弁護士にも認められねばならない，と。そこで現在弁護士達は，相手方を法的紛争を終結しようという気にさせるため，あるいは，依頼者の要求を認める気にさせるために，相手方リストを公開することにより相手方に圧力をかけようとしているところである。

インターネットオークションにより弁護士のリーガルサービスを競売にかけることでさえ，連邦憲法裁判所により職業法に反するものではないとされた[8]。すなわち，弁護士はインターネットオークションでの競売によって，潜

---

5) BVerfG 17. 4. 2000, 1 BvR 721/99, BRAK-Mitt 2000, 137.
6) BVerfG 1 BvR 981/00, AnwBl 2005, 68.
7) BVerfG v. 12. 12. 2006 1 BvR 1625/06, AnwBl 2008, 201.
8) BVerfG v. 19. 1. 2008 1 BvR 1886/06, BRAK-Mitt 2008, 66.

在的な依頼者もその助言が求められる対象も知ることはないので，連邦弁護士法 43 条 b の意味での個別事件獲得を目途とした広告にはあたらない。むしろ依頼契約の成立は，唯一オークションのインターネットサイトを利用する権利保護を求める市民の意思にかかっている。受動的な表現のプラットホームを通じては，市民に負担をかけることもないし，広い範囲の公衆が何の準備もないままコンタクトされるということもない。少額の入札開始価格または到達した最高入札価格もまた，誤解を招くものということはできない，というのが連邦憲法裁判所の判示したところである。連邦通常裁判所は，ついにこの憲法裁判所の寛容な判決に追随した。2008 年 6 月 9 日の裁判[9]において連邦通常裁判所は，弁護士職業規則 6 条 2 項が規定する，成功を収めた数を付した広告の禁止を厳格に解釈した。すなわち，成功をおさめた数を示すことで，誤解を生じさせる危険がある場合のみ，本規定は適用になる。それゆえ，同時に何が成功として判断されるのかを伝えた，正確な統計評価に基づいた記載は，原則として認められるとしたのである。裁判所に持ち出されたのは，ある事務所が，1 年間に金銭請求の相手方のうち 78.4％から全額の支払いを得たという広告を打った事案であった。

　これに対し，ドイツの裁判所は，アポイントなしに，普通のカフェにおいてリーガルサービスを提供するという（コーヒー＆ロー法律事件（Coffee & Law））ある弁護士のアイデアを行き過ぎとした。デュッセルドルフ上級地方裁判所は，とりわけ以下の考慮に基づき，これに対応する弁護士の広告を禁止した。すなわち，そのような形態による助言では，弁護士の秘密保持義務を保持することができない。なぜなら普通のカフェでは，他の客が弁護士と依頼者との間の会話を耳にするという可能性を排除できないからである，と[10]。

　長期的にみると，ドイツにおいては，EU 委員会もまた求めているように，すべての自由職について，職業広告に関するその独自の制約を廃止する方向にある。ドイツ法においても，この歩みを今となっては止めることができなくな

---

9) 　BGH v. 9. 6. 2008 AnwSt (R) 5/05, AnwBl 2008, 880.
10) 　OLG Düsseldorf v. 17. 7. 2007-20 U 54/07, BRAK-Mitt 2007, 274.

っていることは，連邦弁護士法3条bに対応する公認会計士法（Wirtschafts-prüferordnung）52条の改正が示している。現在この規定は，真っ正面から，「不正なものでない限り，広告は許される」，そう規定しているところである。

V 責任とその制限

　ドイツは，弁護士の責任について比較的に厳しい判決がなされる国として知られている。このことから，弁護士および弁護士組織に対し，国際的な比較からすると尋常ならざるほど頻繁に損害賠償請求訴訟が提起されている。連邦通常裁判所は尋常ならざるほど頻繁に，弁護士の責任に関する紛争について裁判しなければならない。その上さらに，大規模弁護士法人が，結果的には不当な損害賠償請求という圧力を受けて解散するという事態が生じている。たとえば，トップテンに入る共同形態の事務所である，"Haarmann Hemmelrath & Partner"がこの例であるが，2005年，ここではドイツにおいて最も大きな事務所の破綻が起こったのであった[11]。近年においてもこうした厳格な判例の立場にはほとんど変更はない。もっとも，連邦憲法裁判所は2002年8月12日の決定において，民事裁判所に対しかなり控えめな態度をとるようはっきりと要請し，加えて弁護士の弁護過誤は以下の場合には弁護士にその責任を負わせることとなるものではないということをはっきりとさせた。すなわち，それは，当該弁護士の過誤に裁判所自身の過誤が続き，そしてもし裁判所が規則に即して行動していたなら，弁護士の誤った行為が意味を持たなくなった場合である。裁判所に持ち出された具体的ケースでは，もし裁判所が手続法上求められている証拠調べを行っていたなら，弁護士の誤った行為は意味を持たなかったのであった。連邦憲法裁判所は，弁護士に対し，裁判所による正しい法適用の責任を負わせることはできないということを強調し，そして同時に，担当裁判所は，弁護士が自らもたらした損害につき責任賠償保険に加入しているはずと

---

11)　Vgl. Juve v. 26. 3. 2009.

いうことだけから，性急に弁護士の責任を認めてはならないと力説したのである[12]。

　とりわけ直近に下された連邦通常裁判所の裁判は注目を集めている。この裁判で裁判所は，職業の枠を超えて弁護士と共同形態の事務所（民法上の組合形式）をいとなむ公認会計士と税理士も，弁護士が弁護過誤をしたときは共同責任を負うとしたのであった[13]。これによって異業種間共同経営組織の事務所においては，将来的には次のことは重要ではなくなった。それはすなわち，法的にみて，そもそもどの専門職がその立場において依頼を受けてよいのかということである。異業種間共同形態の事務所のメンバー全員が，彼らのパートナーが犯したエラーについての責任を連帯して負う。行き過ぎであると批判されたもう一つの裁判は，連邦通常最高裁判所が下したもので[14]，新しくパートナー社団（Partnerschaftsgesellschaft）に加入してきた弁護士に，助言した際の過誤は，その弁護士がいまだまったく共同経営に参加していなかった時期のものであるにもかかわらず，他のパートナーの過誤瑕疵の責任も負わせたものであった。この弁護士にとって命取りになったのは，彼が以前他のパートナーが過誤を犯した依頼に関わったことであった。これが驚くべきことであったのは，（民法上の組合とは異なり）共同経営会社においては，パートナー社団法8条2項によって，弁護士であるパートナーは，原則として自分の助言過誤についてのみ責任を負うとされているためである。この裁判は，法的明確性を求める声と，そしてまたパートナー社団における責任状況の改善を求める声を呼び起こしたのである。（これについてはⅥ.1.参照）。

---

12)　BVerfG v. 12. 8. 2002, 1 BvR 399/02, BRAK-Mitt 2002, 224.
13)　BGH v. 10. 5. 2012 BeckRS 2012, 14569 ; dazu Dahns NJW-Spezial 2012, 510.
14)　BGH 19. 11. 2009-IX ZR 12/09 NJW 2010, 1360.

VI ドイツにおける弁護士の間の共同および異業種間共同

1. 弁護士の職業実践組織における共同

確かに，ドイツの弁護士の大部分は，依然として一人弁護士としてその業務を行っている。しかしながら，人的組織（Personengesellschaft）または資本会社のかたちをとって共同して業務にあたることは，引き続いてますます好まれるようになっている。共同の職業実践の為の法的枠組みとしてドイツ弁護士に認められているのは，(1) 共同事務所形態（民法上の組合），(2) パートナー社団（パートナー社団法），(3) 弁護士有限会社および(4) 職業法上は規定されていない弁護士株式会社である。2012年1月1日に3,000を超えるパートナー社団，535社の弁護士有限会社および23社の弁護士株式会社が認可ないしは登記された。しかし依然として最も好まれている共同の形であるが登記義務が課されていないので，民法上の組合という法形式に関する統計上のデータは残念ながら存在しない。

1995年から有限会社という資本会社が弁護士には認められ，判例は，それを認める法律上の規定が存在しないにも関わらず，弁護士株式会社を認めている。この有限会社に関する連邦弁護士法59条c以下の規定により，弁護士は，自身の職業上の義務違反についての責任さえも排除することができる。このような責任制限は，たとえば英米法圏，そしてまたフランス法においては認められていないものである。依頼者の正当な保護に値する利益は次により保証される。すなわち，個人弁護士は25万ユーロの職業賠償責任保険契約を締結しなければならない一方，有限会社は250万ユーロの保険による保護を維持しなければならないということである。この10倍も高額な保険には莫大な費用を要することから，弁護士有限会社はより大きく，かつ経済的に強力な結合体でなければ意味がないということになる。これに加え，有限会社は税法上不利である。人的組織（共同事務所形態およびパートナー社団）とは異なり，これには事業税が課されるからである。2011年10月10日の判決[15]において連邦通常裁判

所は，事業持分および議決持分の過半数が弁護士でない者の手にある有限会社は，弁護士組織としては許可することはできないと判断した。裁判所の見解によれば，弁護士組織にあっては重要な事業決定は弁護士の資格を有する者によって行われなくてはならないので，その結果，有限会社の事業執行者もまた，過半数が弁護士でなければならないというわけである。その他の未解決の問題についても連邦通常裁判所は厳格な解釈を支持した。すなわち，2011年7月18日の判決[16]において，連邦通常裁判所は，弁護士に有限会社兼合資会社（GmbH & Co. KG）という法形式で業務を行うことを認めなかった。有限会社兼合資会社を作るために必要な合資会社の設立には，商法（HGB）161条1項により手工業（Handelsgewerbe）を営業することが求められているが，これが弁護士の職業像と相いれないと判じたのである。この裁判は批判されているが，それは，これにより弁護士は税理士や会計士という類似の職業より不利な地位に置かれることになるからである。税理士や会計士が有限会社兼（& Co.）という法形式を用いることができることは，明文で規定されているところである。

　過去においては，納得のいかない法的状況の下，イギリスのLLP（Limited Liability Partnership）が人気を博した。このことはまた，もっぱらドイツにおいて活動している弁護士組織についても同様である。欧州司法裁判所の判決は，ヨーロッパ域内における開業の自由から次のことを導き出した。すなわち，ドイツにおける企業活動のために，EU加盟国のいずれかの国においてその国の立法者が認めたすべての法形式を選択することができるとしたのである。これが意味するところは，スペインやポルトガル，イタリアまたはイギリスの会社形態によって，即ドイツにおいて自由業の活動をすることができるということである。LLPは，ドイツの弁護士の観点からすると，税金の点では人的組織のように扱われるという利点があるが，責任法の観点に関しては資本会社とのほうが利益を受ける。ドイツで活動する大規模法律事務所（ローファーム）の

---

15)　BGH v. 10. 10. 2011 AnwZ (Brfg) 1/10.
16)　BGH v. 18. 7. 2011 AnwZ (BrfG) 18/10.

大多数は，そうこうするうちに LLP という法形式をとるにいたっている。

　この外国の法形式を採用するトレンドは，弁護士職の圧力の下，ドイツの立法者を LLP と太刀打ちできるような会社形式の導入へとかりたてた。連邦政府は，職業責任を限定したパートナー社団の導入のための法律の草案（Ein Entwurf eines gewsetz zur Einführung einer Partnerschaftgesellschaft mit beschränkter Berufhaftung)[17]を公表し，それは 2012 年 7 月 6 日においてすでに連邦参議院（Bundesrat）で審理されている（BR-Drs. 309/12 (B) を参照）。職業責任が制限されたパートナー社団法においては，将来的には，事務処理にあたった共同経営者自身も，社団がより高額の職業責任賠償保険契約を締結するときは，自らの職業上の過誤の責任を回避することができるはこびとなっている。今会期中にも法案が可決されると思われる。

2．異業種間共同

　職業階級（職能階級）の変化の中心をなす過程として先に説明した専門化は，資格保持者の側に数多くの関連する問題を投げかけ，加えて伝統的なその組織形態について考え直すことを余儀なくさせた。増大する法律問題の複雑化は，法的なノウハウに専門化するだけではなく，法律家ではないこれを補完するような資格を役立てることをも求めてくることになる。多くの場合，建築家の専門知識がなければ，建築法の専門家は途方に暮れるだろうし，薬事法の領域についてみると，弁護士は自然科学者の助言を必要とする。「増資などのプロジェクトに関わる弁護士」は，企業コンサルタントと一緒にやれば安心できる。家族法専門家なら，心理学者または社会教育学者と密接に協働することを快しとするであろう。ドイツの職業法は，連邦弁護士法 59 条 a により，弁理士，税理士および公認会計士との異業種間の共同を認めていることから，国際的にみてどちらかといえば寛容であるとしても，弁護士には，望ましくかつまた有意義な多くの共同の可能性がいまだ閉ざされたままである。これは，この職業

---

[17]　閣議決定については，*Posegga*, DStR H. 21/2012, S. XI.

階層そのものにとって重荷となるだけではなく，広範囲にわたる弁護士の業務独占という背景のもと，相談サービスの需要者の観点からも懸念すべきことのように思われる。

　残念なことにドイツの立法者は，弁護士，税理士および会計士の職業法を調和させることを怠り，今までこれを推し進めないでいた。この三つの職業の共同は，資本会社においてはいまなお，そのうちの一つにとり有利になるように，一つの職業階層が多数を占めなくてはならないとされていることで，不必要に阻害されている。これに加え，三者の職業法は，利益相反，広告，保険による保護あるいは手元記録の扱いなどの点で異なっている。

　共同経営可能な職業の範囲の拡大は，そう遠くない将来のこととしてみれば，望ましいことのように思われる。2007年，これに呼応した連邦司法省の試みは議会で頓挫してしまった。連邦司法省の提案は，弁護士は，以降，弁護士にその地位と矛盾しない第二の職業としてその門戸が開かれているすべての職業（資格兼任が可能な職業）の構成員と共同して業務を行うことができるとするものであった。弁護士自身であれば，適法な第二の職業としてこれを行うことができるとされているのに，それではなぜ，その職業に従事する者との共同までもが職業法上問題とされるのか，その理由がわからない。確かに弁護士が他の者の支配下に入ることは防がなくてはならないし，弁護士の独立ということは，確保されなくてはならないが，このことは共同を全面的に禁止しなくとも実現できることである。

　いずれにせよ他の職業が，自身の側で弁護士会のような職業組織の厳格な監視の下に置かれるなら，弁護士の基本的価値におよぼす危険はわずかであるように思われる。ここから異業種間の職業実践というテーマに関して法律政策的な改正議論は，その第一歩として，建築家，技術者，医者あるいは心理療法士との組織的な異業種間共同（Vergesellschaftliche Interdisziplinarität）を可能とすることに集中した。弁護士は，建築家そして技術者を，疑問があるときのとりわけ魅力にあふれる共同経営組織のパートナーだとしている。ドイツが国際的なトレンドにのって遅れをとりたくないのであれば，あまり長きにわたりこの改

革を先延ばしにすべきではあるまい。イギリスの立法者は，ヨーロッパにおいてはドイツのリーガルサービス市場の最も重要なライバルであるイギリスのリーガルサービス市場のために，自由化というものに向けた転轍（切り替え）デバイスをつくり上げ，いわゆる「オルタナティブ・ビジネス・ストラクチャー」の導入によって先駆者の役を努めたのであった。

3．弁護士組織への純粋な資本参加

イギリスにおける展開とそれに対する欧州委員会の好意的な評価は，弁護士だけでなく，すべての自由職が立ち向かわなくてはならないもう一つの挑戦を白日の下にさらしだした。それは，純粋な資本参加のための職業実践会社（組織）の開放である。本質的な問題は，弁護士組織は，純粋な職業実践会社のままであり続けるべきか，あるいは，会社において共同できる職業を積極的には営んでおらず，もしかすると一度たりともそうした職業についたことのない人々の資本参加を受け入れるべきかということである。ドイツの弁護士の多数は，こうしたことに道を開くことでもたらされる危険を強調する。懸念されているのは，経済的に依存することで，指揮を受けることのない独立の立場からの法的な助言ということに（少なくとも間接的に）影響を与えるのではないかということであり，このことから，連邦弁護士会は外国資本への開放というものを拒否している。私としては，独立性への危険がうまいやり方で取り除かれるのであれば，緩和することも考えられると思われる。弁護士については，どのようなかたちであれ，積極的行為をしていれば，たとえば，マネージメントあるいは広告活動に関わっていればそれで十分とすべきであろう。これに加えて，年齢や健康条件から引退した，かつては活動していた弁護士に社員たる地位を認めるとか，弁護士の相続人に（生存配偶者およびその子ども），期限付きで社員たる地位を認めることは，これらの者達が，いかなるかたちであっても会社の弁護士としての活動に影響を与えることがないのであれば，問題とされるリスクは予想がつくしかつまたコントロール可能である。

さらには，会社において積極的に参画しかつ（マネージメント・財政計画・事

務等々といった）弁護士活動を支援する機能を担っている人々に，小数割合の出資を認めることも考慮に値すると思われる。こうした人々に門戸を開放することで，同時に欠かすことができない職務活動の専門化に貢献するようにも思える。というのは，そうすればマーケティングや金融の専門家が，法律助言企業にうまいかたちで結集できるからである。

VII ドイツの弁護士の報酬

　ドイツでは弁護士報酬の金額は，弁護士の報酬に関する法律（Rechtsanwaltsvergütungsordnung）という独特の法律によって規律されている。民事上の紛争では報酬額は原則として訴額に従い，刑事法においては法律によって基本手数料が定められている。法定の報酬表に基づき算出された報酬額は，民事上の紛争にあっては同時に最低手数料であり，一定の要件の下，それより高い手数料を合意することはできる。これに対し裁判外の助言や代理については，契約自由があてはまる。報酬は包括的に定めることができるが，このほか特にタイムチャージを合意することもできる。タイムチャージの場合には一定の時間給が定められ，それに弁護士が要した時間をかけることで報酬額が算出される。

　裁判所は確かに法律により定められている規定料金より高くすることを許容してはいるものの，一定の範囲を超える場合には公序違反であり，それゆえ合意は無効だとしている。したがって専門裁判所は，長きにわたり刑事弁護人の報酬に関する合意を，合意額が弁護士の報酬に関する法律が定める法定手数料の5倍を上回った場合にはカットしてきた[18]。連邦憲法裁判所[19]は，2009年6月15日の決定においてこうした実務に対し異議を唱え，そのような定型的な報酬のカットは，基本法12条1項において保障されている憲法上の職業の自由に違反すると断じたのであった。連邦憲法裁判所の見解は次のとおりである。すなわち，法定手数料を合意された報酬の適切性を判断する唯一の基準と

---

18) BGH 27. 1. 2005-IX ZR 273/02, AnwBl 2005, 582.
19) BVerfG v. 15. 6. 2009, 1 BvR 1342/07, AnwBl 2009, 650.

するのは妥当ではない。なぜなら，法定手数料は具体的な依頼において弁護士がした仕事を経済的に評価したものでもないし，そもそものところ，一定の活動について適切に報いているものでもないからである。

連邦憲法裁判所が，その 2006 年 12 月 12 日の決定[20]をもって，1994 年から連邦弁護士法 49 条 2 項が定めていたような片面的成功報酬の全面的禁止は憲法違反であると宣言するまで，こうした成功報酬はドイツにおいて長期間にわたり一切法律上禁止されてきた。そういうわけで立法者は，2008 年に弁護士の報酬に関する法律 4 条 a とともに連邦弁護士法 49 条 b の規定を改正した。もちろん弁護士の成功報酬の禁止はそのすべてが廃止されたわけではなかった。むしろ成功報酬は以下の場合にのみ許容される。すなわちそれは，「分別のある観察をしたとき，依頼者がその経済状況からして，成功報酬の合意なしには権利追求を妨げられることとなる場合」である。ドイツの弁護士はこの部分的な開放に対しては慎重な反応を示している。こうした成功報酬の合意は，英米法圏とは異なって，今日でも例外である。

VIII　ヨーロッパおよびその他の国の弁護士による国境を越えた（国際的）活動

EU 法は，EU に加盟する国すべてに対して，欧州域内の外国（EU および欧州経済圏＝EWR）出身の弁護士に広く門戸を開くことを求めている。いわゆるサービスの提供，つまり，他の加盟国内における一時的な活動のみならず，他の国において継続的に事務所を開設することもまた幅広く保護されいている。これにより，EU の弁護士市場の開放はアメリカのリーガル・マーケットの開放よりもさらに先を行っている。というのは，アメリカのリーガル・マーケットでは多くの場合受入れる州において新たに弁護士試験に合格した場合のみ，弁護士は，ある連邦州から他の連邦州へと移ることができるだけだからであ

---

20)　BVerfG v. 1 BvR 2576/04, BRAK-Mitt 2007, 63.

る。ドイツは，それを定めた2005年の職業資格の承認に関するガイドライン＝職業資格ガイドライン（Berufsanerkennungseichtlinie 2005/36）[21]を「弁護士の職業法の領域におけるECのガイドラインの国内法化のための法律＝EU弁護士法（Gesetz zur Umsetzungvon Richtlinien der Europäschen Gemeinschaft auf dem Gebiet des Berufsrecht der Rechtsanwälte）[22]の範囲内で国内法化した。

　こうした外国の弁護士は，ドイツ国内に事務所を設立する代わりに，緩和された条件の下，一時的に業務を遂行することができる（EU弁護士法25条以下）。依頼者が自分自身では法的争訟を追行ないしは防御できない裁判上の手続ならびに犯罪行為，秩序違反，職務犯罪または職業上の義務違反を理由とする行政手続に関しては，こうした外国の弁護士は，ドイツ国内で認可された弁護士（いわゆる協働弁護士）と一緒でなくてはならないものの，ドイツで活動することができる（EU弁護士法28条）。ドイツに留まる意向をもったEUの弁護士，つまりドイツ国内での継続的な活動を望む弁護士は，ドイツの第二次司法試験に代えて次の要件を満たせばよい。すなわち，(1)当該弁護士の本国の規定に基づいて弁護士資格取得に必要な最終試験に合格していること，(2)a 受入れ国の追加的な資格証明（いわゆる適性審査，EU弁護士法16条ないし24条）あるいは1985年の住所・事業所の自由に関するガイドライン（Niederlassungsrichtlinie 98/5/EG）の国内法化以降は，(2)b 当該弁護士がその出身国の職業表示の下，3年間にわたりドイツ国内かつまたドイツ法に関し，実効的かつ恒常的に活動していることである。3年が経過すると，このような外国弁護士は，何らの試験を受けることなくドイツの弁護士資格を取得する。この規律は，欧州経済圏の出身の弁護士にもまた適用される。

　この関連で興味深いのは，連邦通常裁判所の2011年2月7日の裁判（Az. AnwZ (B) 20/10）である。裁判所はこの事件で次のように判示した。すなわち，

---

21) Richtlinie 2005/36/EG des Europäischen Parlaments und des Rates vom 7. September 2005 über die Anerkennung von Berufsqualifikationen, ABl. L 255 vom 30. 9. 2005, S. 22-142.
22) BGBl. I S. 182.

外国での弁護士認可を得てシンディクス弁護士（インハウスローヤー）として活動しても，EU 弁護士法 11 条の意味では，3 年間の実効的かつ継続的なドイツ法についての活動に基づくドイツ弁護士としての認可の要件を満たさないとしたのであった。オーストリア国籍の本件原告は，本国の称号の下でヨーロッパの弁護士として弁護士会に入会し，そして主にはドイツ企業で働いていた。裁判所の見解によれば，登録されたヨーロッパの弁護士がドイツの弁護士職と完全に同一化するには，3 年の間，自由かつ独立した弁護士活動をすることが要件となる。弁護士ではない使用者との完全な任用関係ないしは使用関係の下での活動は，この要件を満たさないということである。

たとえば，日本の弁護士のような EU 構成国の出身ではない弁護士には，連邦弁護士法 206 条によって，GAT（サービスの貿易に関する一般協定）の保証の範囲内で，開業の自由が認められる。連邦司法省が，省令により外国の弁護士業をドイツの弁護士職と同等であると認める。このように認められた外国の弁護士業の資格保持者には以下のことが許可される，すなわち本国の称号の下でドイツ国内で弁護士会の会員になること，そして出身国法および国際法について依頼者に助言を行うことである。実に最近の話題ではあるが，2012 年 4 月 1 日に発効した，外国において付与された職業資格の確認およびその承認の改善のための法律（Gesetz zur Verbesserung der Feststellung und Anerkennung von im Ausland erworbenenBerufsqualifikation）により連邦弁護士法 206 条およびヨーロッパ弁護士法 1 条，3 条そして 16 条が修正された。今後は，第三国の国民ではあるが EU 加盟国による職業資格を有する弁護士は，ドイツ国内において，EU 加盟国の国民と同じ職業権限をもって継続的に開業することができる。したがって，たとえばフランス弁護士の認可を得た日本の弁護士は，ドイツにおいても開業することができ，すぐにドイツ法についての助言を行うことができることとなった。そして 3 年が経過したのちには，当該弁護士は別に試験を受けることなくドイツの弁護士資格を得ることができることになったのである。

同じくドイツの弁護士も，ヨーロッパの他の国で容易に活動できる。どれくらいのドイツの弁護士がこの可能性を利用したのかという信頼できるデータは

ない。もちろんその数は，かなりなものと思われ，とるに足りないわけではないだろう。国際的な法律事務所において活動する弁護士も，外国に長期にわたって滞在することがしばしばである。

IX まとめ

　以上概観したことからわかるのは，ドイツの弁護士は，国際的に比較してみて，将来の挑戦にむけ実によく準備しているということである。彼らは専門化のトレンドに関しては的確な道を歩んできたし，その専門資質の点で，今までと同様いずれの国際的な比較でも打ち勝ち，そしてまた，ドイツにおける弁護士の独占を他の職業との競合から大幅に保護している。加えて目前に迫った職業上の責任制限制を伴うパートナー制の導入により，国際的に比較してみると弱いとされるところが取り除かれることとなる。批判的なコメントを加えるとすれば，ドイツの弁護士は組織的な枠組の条件を専門化しなくてはならないということである。このために，一方では，事務所のマネージメントおよびマーケティングの最適化に向けた独自の活動が求められるが，他方では法的な枠組の条件の変更もまた必要である。ドイツの立法者には，とりわけ以下のことが要請される。それは，小規模の弁護士事務所が連携することを容易にし，他の弁護士ならびに補完的な職業との共同する権利を，国際的に活動する現代のサービス職が必要としているところに適合させるということである。

日本の弁護士[*]
——この10年とこれから——

木 村 美 隆

I はじめに

　1990年代以降の規制緩和の波は，行政主導の事前規制型経済・社会から，市場主導の事後チェック型経済・社会を指向する。この波は，必然的にわが国を法化社会に導くものであり，そこでは経済活動ルールの透明性とともに，司法制度の充実が不可欠となる。

　いうまでもなく弁護士は，司法制度の一員として利用者である国民と直結する立場にある。ところが，国民の眼から見てわが国の弁護士には，１．人数が過少で，かつ情報の提供も限定的で国民からのアクセスに障害がある，２．業務の専門性の程度が低く，種々のニーズに対応できない，３．報酬が高く不透明である，などの批判があった。これが事実とすれば，司法制度の充実・強化のために，このような弁護士のあり方に改革を要すべきことは言うまでもない。

　2001年6月，21世紀のわが国の司法制度の姿を模索した司法制度改革審議会の意見書が発表され，司法制度改革の三つの柱として次のテーマが示された。

（1）　国民の期待に応える司法制度の構築（国民が利用しやすい制度に）
（2）　司法制度を支える法曹の在り方（質量ともに充実した法曹の確保を）

---
[*]　Japanese legal Practitioner — the last ten years and beyond

(3) 国民的基盤の確立（国民が直接参加する訴訟手続など，司法に対する国民の信頼の向上を）

　意見書は，司法改革を実現するためには，法曹人口の増大と法曹養成制度の改革による人的基盤の拡充が不可欠とし，また法曹は「国民の社会生活上の医師」であるとして，法曹の中核をなす弁護士の制度や業務のあり方にも多くの改革を迫っている。

　21世紀を迎えてから10年あまり，その間の司法改革の進展と弁護士を取り巻く環境の変化や弁護士業務の変容の姿を素描し，現在の問題状況を確認しつつ，今後の展望と課題を考える手がかりとしたい。

II　弁護士人口の急増

1．弁護士人口増加の現実

　2004年に開学した法科大学院と，最初の修了生が輩出された2006年以降実施されている新司法試験により，わが国の弁護士は現在毎年千数百人のペースで急速に増加しつつある。

　戦後のわが国の弁護士数の推移をみると，1950年に5,827人であったのが，1970年には8,478人，1990年には13,800人と，緩やかな増加傾向にあった。ところが，司法試験合格者の増加により，2000年には17,126人，2010年には28,789人と増加のペースを上げ，2013年5月1日現在33,663人に至っている。2000年までの50年間に増加した人数を，この10年間に増加した人数が上回っていることになる[1]。

　見方を変えれば，弁護士の3分の1強は登録後10年以内の経験の弁護士ということでもある。年齢別に見ても，39歳以下の弁護士が14,565人に達する[2]。

　このような状況は，そうでなくても経済的基盤の弱いとされる若手弁護士

---

1) 日本弁護士連合会「弁護士白書2012年版」104頁。
2) 同上。

に，厳しい業務環境をもたらしている。従来であれば引き受け手の少なかった国選弁護事件や弁護士会の法律相談担当を，若手弁護士が受任を競う姿まで見受けられる。勤務弁護士からの独立も，以前ほど容易ではないとの声も多い。また新たに弁護士登録を望む司法修習生のうち，法律事務所に就職を希望しながらかなわない者の数が年々増加しており，その数は年数百人にも及んでいるという[3]。これでは，弁護士になろうとする者が始めからOJTの機会に恵まれない，ないしはそもそも弁護士として仕事をすることさえできないという深刻な事態であり，看過できない問題をはらんでいる。さらに，このような現実が明らかとなることによって，法曹志望者そのものが減少し，多様な人材を法曹界に迎えようという司法制度改革の理想と相反する悪循環すらきたしている。ここに至って，政府においても弁護士人口の増員ペースの見直しを含めた，法曹養成制度全体の再検討を進めている。

2．司法過疎の解消

弁護士人口の増加の狙いのひとつは，弁護士の地域的偏在による司法過疎の解消であった。

わが国では，弁護士の約半数が東京に事務所を持ち，その他の首都圏，近畿圏，中京圏まで含めれば，大多数の弁護士が大都市で事務所を開設する現実があった。10年ほど前までは，地方裁判所の支部の管轄区域内で登録弁護士がゼロか1人という，「ゼロワン地区」が相当数存在した。弁護士に法律相談を受けるために，片道2時間3時間という道のりを要するというのでは，国民からのアクセス障害の最たるものであり，国民のための司法として由々しきことである。弁護士人口の増加は，このような司法過疎を解消する有効な方策と考えられたのである。

過去10年間の単位弁護士会ごとの増加率をみると，全国平均が170.3％であ

---

[3] 日本弁護士連合会の調査によると，2011年度に司法修習を修了した1,991人のうち約400人が法律事務所等への就職ができず，登録を見送っているという（日本経済新聞2012年9月12日）。

るのに対し，増加率の高い順に挙げると，286.4％（島根），263.8％（滋賀），246.2％（釧路），240.0％（鳥取），236.6％（青森）と，これまで弁護士人口が少ないとされてきた地域で増加率が高くなっており[4]，司法過疎解消に一定の効果があったという見方は可能であろう。いわゆるゼロワン地域も，地方裁判所の支部単位でみればほぼ解消されたという[5),6)]。

ただ，全国的におおむね同じような増加率ということは，地域格差が埋まっていないという見方も可能であるし，今後とも同じような比率で若手弁護士の地方への新規参入が可能かは，人口過疎化や地域経済の地盤沈下といった地方の抱える深刻な社会問題も背景にあって，予断を許さない。

3．職域・業務範囲の拡大

弁護士人口増加の今ひとつの狙いは，従来弁護士が職域としてこなかった分野への進出や業務範囲の拡大によって，法化社会の実現を促進しようというものである。

2000年11月から，中央省庁等において専門的知見を有する人材を任期付公務員として採用する制度が施行され，弁護士が行政機関の一員として勤務する道が開かれた。2012年6月現在，弁護士登録をしつつ国や地方公共団体に任期付公務員として勤務する弁護士は106人に達するという。登録を抹消して勤務する者を合わせると，弁護士の有資格者で任期付公務員として勤務する者の

---

[4] 前掲「弁護士白書2012年版」55頁。

[5] 2001年10月時点では，地方裁判所の支部管轄区域を単位として，登録弁護士がまったくいない地区（ゼロ地区）は31カ所，登録弁護士が1人しかいない地区（ワン地区）は33ヶ所であった。2013年5月1日時点でゼロ地区はなく，ワン地区が1カ所（大分地裁竹田支部）となっている。

[6] ゼロワン地区の解消には，2000年以降日本弁護士連合会が進めてきた公設事務所（ひまわり基金法律事務所）の設置が大きく寄与している。2013年1月までに公設事務所の設置数は累計112カ所におよび，任期終了後に弁護士が定着して一般事務所化したもの等を除き，現在69事務所が稼働している。また，同趣旨で設置されている法テラスの4号業務対応事務所も31カ所に及んでいる。

実数は200人近いと言われる[7]。

　企業内弁護士は，日弁連の調査によれば2012年6月現在771人であり，過去5年間で4倍強と飛躍的に増加している[8]。今後は，NPO法人など各種の公共的団体に進出する可能性も指摘されている。

　このように，弁護士にとって新しい職域が開拓されていることはまちがいないが，弁護士人口の急増を吸収しうるほどには，これらの職域拡大が進んでいないとの指摘もある。企業内弁護士について言えば，リーマンショック以来の企業活動の低迷とともに，企業が一定の経験のある弁護士を人材として求め，新人弁護士の採用に慎重であることもその一因として考えられよう。

　弁護士人口の増加が職務領域の拡大に結び付いた好例は，2006年9月から実現した被疑者国選弁護制度である。被疑者を違法不当な身柄拘束から早期に解放し，冤罪を防止するためにもその意義は大きい。また，同じ年の4月にスタートした日本司法支援センター（法テラス）の援助制度も，従来であれば弁護士の助力を受けにくい層の人たちや事件に，弁護士の助力を実現したという意味で画期的なことであり，弁護士にとっても業務活動の下支えとなっている。これも，弁護士人口の増加がなければ実現困難なことであったろう。

　しかし，個々の弁護士が従来の訴訟活動中心の業務から，訴訟外業務をより積極的多角的に展開し，業務の領域を拡大する地道な努力も不可欠である。この10年あまりの間，弁護士業界は過払金バブルの恩恵にあずかってきたとも言われるが，いわゆるグレーゾーンの撤廃とともに，この種の業務は終息しつつある。このことを考えれば，業務領域の拡大は急務とさえ言えるであろう[9]。

---

7) 前掲「弁護士白書2012年版」。日本弁護士連合会から各省庁・自治体に照会をした結果の集計では，任期付公務員の弁護士有資格者は184人に達するという。
8) 前掲「弁護士白書2012年版」186頁。
9) 2004年4月から，弁護士の営利業務が許可制から届出制に移行し，自由化されている。これにより社外取締役などへの就任も，基本的に自由となった。前項「弁護士白書2012年版」190頁によると，2012年5月現在延べ3,368件の届出があり，うち2,300件が取締役その他業務を執行する役員に関するものであるという。

4．隣接諸業種の存在

弁護士人口を語るにあたって，法律関係の専門職という意味で近接する隣接諸業種の存在を忘れてはならない。具体的には，司法書士（20,956 人，2013 年 1 月 1 日現在），弁理士（9,644 人，2013 年 3 月 31 日現在），税理士（73,530 人，2013 年 4 月 30 日現在），社会保険労務士（36,850 人，2012 年 3 月 31 日現在），土地家屋調査士（17,328 人，2012 年 4 月 1 日現在），行政書士（43,230 人，2012 年 9 月 30 日現在），公認会計士（24,865 人，2013 年 1 月 31 日現在）であり，しかも土地家屋調査士を除く他の業種はいずれも過去 10 年間でその数を相当に増やしている（最大は弁理士の約 1.86 倍増）[10]。この点は弁護士と同様である。

公認会計士，土地家屋調査士を除く 5 士業の業務は弁護士の業務である「法律事務」（弁護士法 3 条 1 項）にもあたると解されている。したがって，これら 5 士業の業務は，弁護士が当然に行うことができる旨法定されている（弁理士法，税理士法）か，弁護士が資格を有する（行政書士法，社会保険労務士法）ものとされ，司法書士の中核的業務である登記申請代理も，弁護士が行うことができるとの裁判例（東京高判平成 7.11.29 判時 1557.52）がある[11]。これら 5 士業と

---

10) この数字は，各業種の全国組織がウェブサイトで公表している最新のデータに基づく。前掲「弁護士白書 2012 年版」121 頁によると，2003 年 3 月または 4 月の時点では，司法書士 17,304 人，弁理士 5,192 人，税理士 66,674 人，社会保険労務士 26,967 人，土地家屋調査士 18,648 人，行政書士 36,417 人であった。

11) 弁護士が顧問会社を代理して株式会社変更登記の申請をしたところ，埼玉司法書士会会長が同社に対し，「商業・法人登記は司法書士のみが法人からの嘱託に基づき申請代理できる旨，司法書士法に定められている。次回登記申請の際は司法書士に嘱託するようお願いする」旨の文書を送付した。これに対し弁護士が司法書士会等を被告として，業務妨害を理由に不法行為による損害賠償等を求めたという事案である（埼玉司法書士会職域訴訟）。

判決は，弁護士の業務の範囲を定めた弁護士法 3 条 1 項にいう「一般の法律事務」には登記申請代理業務が含まれ，弁護士法は司法書士法 19 条 1 項但書の「他の法律」にあたるとして，登記申請代理業務が司法書士の専属的業務であるとの司法書士会の主張を斥けている。

弁護士の業務は，競合し重複する部分があることになる。

　弁護士人口の国際的な指標として，弁護士ひとりあたりの国民人口が指摘され，2012 年現在の数字によればアメリカが 272 人，イギリスが 438 人，ドイツが 525 人，フランスが 1,204 人であるのに対し，日本では 3,977 人であり[12]，この点からわが国は欧米諸国に比べはるかに弁護士の絶対数が少ないと言われる。

　しかし，欧米諸国にも存在する公認会計士と弁理士は別として，我が国のように隣接諸業種が細分化している例は少ない。弁護士人口を国際的に比較するのであれば，業務分野が重複しない公認会計士と土地家屋調査士，さらに欧米諸国でも存在する例の多い弁理士を除き，司法書士，税理士，社会保険労務士，行政書士と弁護士の数を合算して考えるべきだとの指摘もある[13]。

5．いわゆる認定司法書士との関係
　　──法律事務の独占（弁護士法 72 条）の緩和

　弁護士業務との共通性，近似性がとりわけ顕著なのは司法書士である。従来司法書士の業務は，登記や供託業務の代理，裁判所・検察庁等に提出する書類作成および関連相談にとどまり，法的判断は法律常識的な知識に基づく整序的事項に限られるとされてきた。現実にも多くの司法書士は，主に登記申請の代理業務を扱ってきたと言ってよい。

　これに対し，司法改革により弁護士人口の増加が達成されるまでの間「国民の権利擁護に不十分な現状を直ちに解消する必要性に鑑み，利用者の視点から，当面の法的需要を充足させるための措置」という過渡的応急的措置として，能力担保研修を前提に，2003 年 4 月からいわゆる認定司法書士制度が認められるに至った。認定司法書士には，簡易裁判所の民事訴訟代理権が認められ，その代理権の範囲は簡易裁判所の管轄に合わせ，訴訟の目的物の価額が

---

[12]　前掲「弁護士白書 2012 年版」107 頁。
[13]　仮にこの試算をすると，これらの業種合計 1 人に対する国民人口は，現時点で 614 人となる。

140万円を超えない範囲とされている（司法書士法3条1項6号）。認定司法書士は，2012年9月3日現在14,383人であり，この領域に関する限り弁護士業務と完全に重複することとなる。弁護士法72条に定める，弁護士の法律事務独占の緩和措置でもある。

　日本司法書士会が発表している司法書士の地域的分布のデータをみると，弁護士に比べ地域的な偏りが少ないのは事実である。これは，司法書士が従来から中核業務としてきたのが登記申請の代理業務であり，その依頼が全国的規模であること，これまで裁判所の数より登記を扱う法務局の数が多く，しかも登記申請に出頭主義が定められていたため，法務局の近くに事務所を構える司法書士が多かったこと，等によると思われる。地方裁判所の支部単位で弁護士のゼロワン地区がほぼ解消したとはいえ，簡易裁判所単位まで弁護士のゼロワン地区が解消されたわけでないことを考えれば，弁護士の過疎地域において弁護士業務を司法書士が代替する役割を担っていることは充分想像される。認定司法書士制度は，このような現実を公的に追認した制度という見方も可能であろう。

　ただし，このような司法書士の代替的役割を，あくまで過渡的応急的措置と捉え，将来的には撤廃を視野に入れた方向を目指すのか，このような代替的役割は必ずしも訴訟の目的物の価額に関わるわけではないと考え，積極的に拡大の方向を目指すかについては，弁護士と司法書士それぞれの利害も関係して議論は尽きない。

　問題は，弁護士自治を基礎に置く弁護士と，行政補助職的性格を帯びる司法書士の職務の基本的性格の相違[14]をどのように考えるか，利益相反行為の規

14）　戦後の弁護士法の改正により，弁護士自治が確立した。基本的人権を擁護し，社会正義を実現するための弁護士の活動が，時に国家機関に対する批判者の立場に立つことがあるため，その活動を適正に保障するためには弁護士活動を国家機関の監督から独立させる必要があるとの考えに基づき，弁護士会が所属弁護士の指導監督権限をもつことにして，弁護士はいかなる国家機関からも監督を受けない，としたのである。これに対し，司法書士は法務省の，税理士は財務省の監督を受け，国民の権利を擁護する立場としてはたして充分であろうかとの指摘がある。これに対し

制，秘密保持義務など基本的な職務規律を共有しうるのか，といった視点とともに，弁護士人口の増加が，どこまで弁護士の地域的偏在を解消しうるのかといった現実と関係することは言うまでもない[15]。

III　法律事務所の大規模化と弁護士業務の専門化

1．弁護士人口増加のもたらす法律事務所と弁護士業務の変化

　これまでわが国の多くの弁護士は，単独事務所か少数の弁護士による共同事務所で執務する態勢を取り，機動性に欠けるとの指摘があった。単独ないし少数の弁護士により事務所を維持するためには，スペシャリストよりジェネラリストであることを求められ，弁護士の専門分化が阻害されているという指摘もあった。このような執務態勢では，大型事件や先端的専門的事件についての対応が不充分にならざるをえない。弁護士人口の増加は，必然的に事務所の大型化を促し，ひいては弁護士の専門分化を促進させるなど，弁護士実務を高度化専門化するという質的向上に寄与することが期待されている。

　さらに，事務所の規模に関係なく，弁護士人口の増加は弁護士間の自由競争を拡大させるものであるから，競争によって個々の弁護士の専門性など，業務の質的向上がもたらされるという期待もある。

　　ては，司法書士や税理士の活動を不当に制約するような国家機関による監督権限の行使があれば，それ自体違法であり争いうるはずであって，国民の正当な権利の擁護に支障となる事態は現実に考えられない，との反論もありえよう。
15)　このほかにも，弁護士の法律事務独占（弁護士法72条）を緩和する措置が相次いでいる。2002年4月より税理士に租税に関する事項につき裁判所の許可を必要としない補佐人としての法廷陳述権が認められ，2003年1月から弁理士に特許権等の特定侵害訴訟に関する代理権が認められ，2003年4月からは社会保険労務士に都道府県労働局に設置される紛争調整委員会におけるあっせん代理権が認められるに至っている。

2. 大規模化の進行

この10年間に，法律事務所の大規模化が促進されたことは，統計上の数字からもうかがえる。大規模事務所はますます所属弁護士の数を増やし[16]，所属弁護士10人から50人の中規模事務所の数もこの5年間で，規模別に見て1.5～2倍強とかなりの増加が見られる[17]。法律事務所の大規模化共同化の大きな潮流をみることができる。

その一方で，弁護士1人の単独事務所の数にも大きな変化はなく，今も全国の法律事務所の61％が単独事務所である[18]。これをみると，我が国の法律事務所は，規模の点で言えば，大規模〜中規模事務所と，単独ないし2，3人の少数の弁護士が所属する事務所に二極分化をしているように思われる。

3. 専門化の意味と現状

「専門化の程度が低い」という批判には，専門分化が進まず先端的実務への対応能力が低いという意味と，それ以前に弁護士全体のスキルが社会のニーズに対応しきれていないという意味を含むように思われる。

法律事務所の大規模化が業務の専門分化につながっているかは，現時点で必ずしも明らかとは言えない。大規模化が，若手弁護士の急激な増加を吸収しなければならないという現実と，これら若手弁護士の経済的環境が厳しく独立が容易でないという事情が関係している一面もあろう。また業務は非共同で，経費だけ共同という法律事務所も少なくない。これらをも考えると，大規模化が進行したほどには，弁護士業務の実態が変化しているとは言えず，業務の専門分化が進んではいないというのが率直な実感である。今後若い世代の弁護士が

---

[16] 2004年5月の時点でわが国最大の法律事務所の所属弁護士は178人であったが，2012年3月末現在でわが国最大の法律事務所の所属弁護士は465人である。前掲「弁護士白書2012年版」89頁。

[17] 前掲「弁護士白書2012年版」122頁。

[18] 同上。

経験を蓄積し，大規模事務所の組織力がさらに増した段階で，徐々に専門分化が進行すると見た方が妥当のようである。

すべての弁護士が専門を明示して業務を遂行しなければならない，というほどに弁護士業務の専門分化を進めるべきかは，後述のように一考を要しよう。これに対し，弁護士全体のスキルが社会のニーズに対応しきれていないという批判は，事実とすれば，利用者の立場から見てそれ以上に深刻な問題である。

この点で憂慮されるのは，弁護士人口の急増により弁護士全体の「質の低下」を生じているという指摘である。法科大学院や新司法試験など，新たな法曹養成制度そのものに対しても厳しいまなざしが注がれている。新司法試験の合格率の低迷とか，司法研修所の修了試験（二回試験）における不合格者の激増などをみると，「質の低下」の指摘がまったく根拠のないものと一蹴できない一面がある。

しかし，わが国の弁護士の3分の1強が登録10年以内の弁護士であることも忘れてはならない。経験の蓄積が弁護士を成長させることは，まちがいないはずである。今少し長い目で見てほしいというのが，新しい法曹養成制度に関わる者の思いでもある。

ともすれば「質の低下」の指摘は，旧司法試験に合格した従来型の弁護士との比較で語られることが多い。しかし，従来型の弁護士の質がはたして国民や社会の求めるレベルに達していたのかもあわせて問い直さなければ，公平な比較は不可能であろう。

4．弁護士法人制度の導入

2002年から法律事務所の法人化の道が開かれた。

その意図するところは，

1. 受任・雇用・財産保有など弁護士事務所をめぐる法律関係を明確にすることができ，事務所の永続性を確保するとともに，依頼者の地位の安定・強化を図ることが可能になる。
2. 弁護士業務の共同化・分業化・総合化等を促進して，業務基盤を拡大

強化することが可能になる。
　　3．その結果，社会の法的サービスのニーズの変化に即応する専門化した質の高い多様な法的サービスを安定的に供給することができ，複雑多様化する法律事務に的確に対応し，国民の弁護士業務に対する利便性を飛躍的に向上させることが可能になる。
というものである[19]。

　法人化の制度導入以降，年度ごとに約30〜90の弁護士法人が誕生しており，2012年3月末現在その数は581法人に及ぶ[20]。ただし，弁護士法人と事務所の規模別の関係をみる限り，今のところ法律事務所の法人化と大規模化は必ずしも連動していないようである。所属弁護士数が最も多い事務所から7位の事務所までに弁護士法人がなく[21]，所属弁護士が1，2人の弁護士法人が全体の4割弱を占めている[22]。

　地域的にみると，弁護士法人が比較的多いのが大阪である。弁護士法人を利用して，主たる事務所を従来からの地元である大阪に，従たる事務所を新たに東京に置いて，業務の拡張をはかろうという狙いが想像される。

5．異業種共同事業の提案

　法律事務所のあり方のひとつとして，前述の隣接諸業種との共同事務所を設け，いわゆるワンストップサービスを提供すべきとの，異業種共同事業（MDP：Multi-disciplinary Partnerships または Multi-disciplinary Practices）の提言がある。現に東京では，弁護士が司法書士や税理士と共同事務所を開設している例が少なからず見受けられる。しかし，弁護士法その他の法令にも，また弁護士の倫理規範である後述の弁護士職務基本規程にもこれに関する規定はない。もとより法人化の道は保障されていない。

---

19) 加藤新太郎「コモン・ベーシック弁護士倫理」95頁。
20) 前掲「弁護士白書2012年版」124頁。
21) 前掲「弁護士白書2012年版」122頁。
22) 前掲「弁護士白書2012年版」129頁。

このような異業種共同事業が，弁護士の職業としての本質に抵触するとか，弁護士法や弁護士職務基本規程に違反することは許されない。その意味で，非弁護士職が経営する事務所に弁護士が雇用された場合でも，非弁護士職の指示ないし干渉により，弁護士の職務の独立性（弁護士職務基本規程2条）を侵害することがあってならないのは当然である。

　また弁護士法72条は非弁護士が報酬目的で法律事務を行うことを禁じており，弁護士職務基本規程12条は法令等の定めがあるかその他正当な理由のない限り，職務に関する報酬を弁護士または弁護士法人以外の者と分配することを禁じている点にも注意しなければならない。したがって，弁護士と非弁護士職が協働して業務を提供し依頼者に報酬を請求する場合，弁護士報酬と非弁護士職の報酬が形式的に分離していることはもとより，弁護士報酬が実質的に非弁護士職の報酬を含んでいたり，逆に非弁護士職の報酬が実質的に弁護士報酬を含んでいてはならない。その意味で，収支共同型（収入支出の双方とも一定割合で共同経営者が分配し負担する）の異業種との共同事務所を認めることは，現状ではできないと思われる。

　その他利益相反行為の規制や秘密保持義務といった基本規律の調整も避けて通れないところであるが，これらを明文の規定によらず解釈や運用で処理することには限界がある。法律事務所の大規模化共同化のひとつの形態として，今後立法措置が必要であろう[23]。

IV　弁護士業務の透明性とアクセスの改善

1．弁護士職務基本規程の制定

　弁護士職務基本規程が，2006年11月の日弁連臨時総会決議により制定され，翌2007年4月から施行されることとなった。組織内弁護士や共同事務所

---

23)　森際康友編「法曹の倫理」（名古屋大学出版会）275頁以下（下條正浩執筆），大阪弁護士会「ワンストップサービスの一形態としての総合的法律経済関係事務所のあり方に関する意見書」。

についての規程を新設ないし補充するなど，1990年に制定された（旧）弁護士倫理の内容をアップデートするとともに，（旧）弁護士倫理と異なり会則として制定し，違反行為を会則違反として懲戒処分の対象としうることとしている。

弁護士職務基本規程は，懲戒処分の実定法規範としても機能するところから，高い水準を求めることができず，かえって「志の低い」ものになっているとの批判も一部にある。しかしこの規程は，弁護士が自ら業務についての行為規範を明らかにするとともに，依頼者層である国民に対してその遵守を誓約するものであり，弁護士業務に対する国民の信頼の担保ともなりうるものと言えよう。弁護士業務の透明性を確保するため，弁護士職務基本規程制定の意義は大きい。

2．報酬の自由化

かつて弁護士報酬は，日弁連および各単位弁護士会の報酬規程にしたがい決定すると定められていたが，独占禁止法違反のおそれを指摘されていた。規制緩和の流れも受け，2006年4月以降日弁連および各単位弁護士会の報酬規程は廃止され，弁護士報酬は弁護士と依頼者の合意により自由に取り決めることが可能になった（報酬の自由化）。

もとより，依頼者の了解さえ得られればどのように報酬を決めても良いということではない。弁護士職務基本規程も，「弁護士は，経済的利益，事案の難易，時間および労力その他の事情に照らして，適正かつ妥当な弁護士報酬を提示しなければならない」（24条）としている。さらに報酬規程廃止直前の2006年2月に日弁連は「弁護士の報酬に関する規程」を制定して，以下の義務を弁護士に課している。このうち③は弁護士職務基本規程29条1項に，④は同30条に規定されていることでもある。受任段階で依頼者に報酬や費用を充分に説明し，事前に理解し納得してもらい，弁護士と依頼者の紛議を未然に防止する趣旨である[24]。

① 弁護士の報酬に関する基準（報酬の種類，金額，算定方法，支払時期および

---

24) 弁護士会の紛議調停委員会が扱う弁護士と依頼者との紛議は，必ずしも報酬をめ

その他弁護士の報酬を算定するために必要な事項を明示したもの）を作成し，事務所に備え置くこと。
② 法律事務を依頼しようとする者から申出があったときは，その法律事務の内容に応じた報酬見積書の作成および交付に努めること。
③ 法律事務を受任するに際し，弁護士の報酬およびその他の費用について説明すること。
④ 法律事務を受任したときは，弁護士の報酬に関する事項を含む委任契約書を作成すること。

3．広告の自由化

弁護士の広告は，古くは全面的に禁止されていたが，1987年3月に原則禁止としながらも，「但し，本会の定めるところに従って行う場合は，この限りでない」との会則改正により一定の範囲で例外的に許容することとなった。広告を一律ないし原則禁止としていた理由は，品位を損うおそれのある広告によって弁護士の信頼が失われることへの懸念や，過当な事件あさりを招き依頼者が言わば食い物にされる事態を憂慮した点にある。

しかし他方で広告は，一般国民が弁護士へアクセスする貴重な手段を保障している。このような見方と規制緩和の流れを背景に，2000年3月の日弁連総会において広告は原則的に許容され，「但し，本会の定めに反する場合は，この限りでない」と，規制が例外的なものとなった（広告の自由化）。

弁護士職務基本規程9条は，「弁護士は広告又は宣伝をするときは，虚偽又は誤導にわたる情報を提供してはならない。弁護士は，品位を損う広告又は宣伝をしてはならない」と定め，さらに「弁護士の業務広告に関する規程」は禁

ぐるものばかりではないが，それがかなりの割合を占めるのも事実である。報酬規程が廃止された2006年以降，弁護士人口が増えたにもかかわらず全弁護士会への紛議調停の申立件数は年間500件前後と，横ばいで推移していた。ところが，2009年，2010年は年間約100件のペースで申立件数が急増している（前掲「弁護士白書2012年版」210, 211頁）。気になる数字である。

止される広告を具体的に明らかにし，2000年10月より施行されている。

　これまで弁護士の事件受任は，既知の依頼者でなければ紹介者を介することが多く，いわゆる「一見さんお断り」といった実態が少なからずあった。広告の自由化は，依頼者層からのアクセス障害の解消とともに，このような弁護士の受任ルートを多様化させ，ひいては弁護士と依頼者の関係を変容させる可能性を秘めているように思われる。

V　今後の展望と課題

1．弁護士人口の増員ペースの再検討

　わが国の弁護士にとって，この10年あまりの司法改革の成果の中で最も違和感が強く受け止められているのは，弁護士人口の急増であろう。弁護士人口の増加が，司法過疎の解消に寄与し，国民のアクセス障害を改善した側面のあること，企業のほか行政機関内部にも弁護士が進出するなど法化社会の実現を担っていること，永年の懸案であった被疑者国選弁護制度が実現したことなど，一定の成果を実現した点は充分に評価すべきであろう。

　他方，年間3,000人を目指した新司法試験の合格者は，年間2,000人をわずかに超えるにとどまり，その一方で司法修習を終える段階での修了試験（二回試験）の不合格者が100人あまりに達するなど，「法曹の質」の低下を懸念する声が上がっている。さらに，前述のように司法修習を終えながらも，法律事務所への就職がかなわず，弁護士登録さえ見送っている者が年数百人にも及ぶという。司法改革が目指した弁護士人口の増員は，近未来の市場開拓の可能性を含めた法曹需要の実態をどこまで正確に捉えていたか，改めて真摯な反省が必要であろう[25]。

---

25)　年間3,000人の合格者を続けることにより，2018年には実働法曹人口は約5万人となり，法曹1人あたりの国民人口はおおむね現在のフランスに近いものになると想定されていた。しかし，このペースで合格者を輩出すると，法曹人口は2054年に12万8,061人になるまで増え続けるとの，シミュレーションが示されていた

新たな法曹養成制度は，大学の学部教育―法科大学院教育―新司法試験―司法修習―実務のOJTを結ぶ，一連のプロセスによる養成を構想したはずである。残念ながら現状では，最終段階の実務のOJTの機会が充分保障されているとは言い難い。自身の実務法曹としての経験から考えても，「一人前の弁護士」と自他ともに認めるまでには，経験ある指導者の下でそれ相応の質量の実務経験を積む必要性は否定できない。「3,000人」構想は，弁護士資格者の「数をそろえる」ことを急ぎすぎたように思わざるをえない。

2．弁護士業務の変化の可能性

　司法改革を始め弁護士を取り巻く環境の変化により，弁護士業務にも大きな変化がもたらされる可能性が大きい。

　第一に，弁護士業務が高度化・専門化する流れがますます加速するはずである。インターネットを中心とするIT社会は，これまで弁護士が独占していた法的知識を一般社会が共有する結果をもたらしている。弁護士は，インターネットでも検索可能な法的知識を提供するだけであれば，存在価値は乏しい。弁護士には，これらの法的知識を統合したうえで初めて可能な，判断が求められるはずである。

　また企業内部に弁護士を雇用する傾向が一般化すれば，そのような企業では社内処理が可能な法的業務はこれらインハウスローヤーが担い，それが困難な業務についてのみ外部の弁護士の助力を求める，ということにもなろう。

　他方，弁護士が自身の業務分野を特化させ，弁護士ひとりひとりが一定の専門分野を公称するといった方向が直ちに実現する可能性は低いように思われる。ジェネラリストの要請は引続きあろうし，複数の専門領域にまたがる事件に複数の弁護士が関与することによって過大なコストが発生する懸念もある。専門表示を認める場合に，実質との乖離を防止しなければ不当表示ともなりう

　（日本弁護士連合会「弁護士白書2011年版」100-102頁）。40年後の法曹需要の予想は困難であるが，5年後に現在の5割以上の法曹需要が新たにあるかと問われれば，否定的な答が常識であろう。

るが，そのための防止策として有効な手段を考えうるか，という技術的な問題もクリアーする必要があろう。弁護士の立場から見ても，業務分野を特化させることによる経営上のリスクは考えざるをえない。以上を考えれば，当面は専門分野を一歩薄めた，得意分野，重点分野を標榜するといったあたりにとどまるように考えられる。

　第二に，業務，業域の多様化はさらに進むはずである。

　弁護士人口の増加のペースをどの程度に設定するにせよ，かつてないペースで弁護士が増加する大きな流れが止まるわけではない。言い古されたことであるが，これまでの訴訟実務中心の業務だけでは，弁護士がこれまでと同じ経済的基盤を維持することは不可能である。

　弁護士業務は，好むと好まざるとにかかわらず，訴訟実務から訴訟外実務へ，紛争解決型業務から予防的ないし戦略的業務へ活動領域を拡げることとなろう。それは法の支配を社会により広く浸透させようという，司法改革の意図するところでもある。

　企業や個人の活動が，さらに情報の伝達が国際的に展開することに伴い，渉外事務所のみならず，一般の国内法律事務所の業務も国際的な拡がりをもつことが考えられる。

　すでに企業内，行政機関内に職場をもつ組織内弁護士が一定数に及ぶことは，前述のとおりである。この傾向はさらに加速し，今後は NPO などの非営利組織や立法機関にもその職域を拡げていくと思われる。また，営利業務の届出制の結果，社外取締役などに就任する弁護士の数もさらに増加の道をたどるであろう。

　企業や行政機関内の組織内弁護士が現在でも相当数に及ぶにもかかわらず，弁護士職務基本規程の中で組織内弁護士特有の倫理に関する規定はわずか2カ条でしかない。弁護士業務の多様化が進むにしたがい，今後組織内弁護士に限らず各業務に対応した個別の弁護士倫理を追求する必要も考えられよう。

　第三に，法律事務所の大規模化，共同化など組織化がさらに進行するはずである。弁護士業務の高度化・専門化に対応するため，一定の組織力が必要な場

合が考えられる。大規模事務所では，このような需要に備えた組織化をさらに進めるであろう。

また単一の事務所が大規模化するだけでなく，同じような理由から複数の事務所間で連携関係を求める動きも，ありうるかもしれない。他士業との共同化・連携化の動きも考えられよう。

現在でも，弁護士法人を利用すれば複数の地域に従たる事務所を開設することが可能であるが，弁護士法人以外でも複数事務所の設置を求める動きがあり，これが実現することも考えられる[26]。その結果，大都市の事務所のなかには，従たる事務所を全国各地に設置しようという動きが顕著になるかもしれない[27]。このような事態が，大都市圏以外の地域における弁護士業務に大きなインパクトを与えることは必至であろう。

第四に，以上の結果弁護士業務はサービスビジネスであるとの認識（ビジネス化）が，社会の側にも弁護士の側にも広がることが考えられる。

大規模事務所は，多くのアソシエイトやパラリーガルを雇用し，事務所内の分業体制を整備し，実質的な「大企業」の姿を呈するであろう。

また現在も，多彩な広告を駆使することにより，同種の事件を大量受任し大量処理することによって，低価格での法的サービスを提供しようという事務所があるが，このような事務所もその数をふやすかもしれない。

---

[26] 弁護士法20条3項は，弁護士が複数事務所を開設することを禁じている。その趣旨は，①弁護士間の過当競争を防止して弁護士の品位保持を図ること，②非弁護士の活動の温床となるのを防止すること，③弁護士会の指導監督権の行使を確保すること，にあるとされる（高中正彦「弁護士法概説」（第4版）104頁）。しかし，弁護士間の自由競争はむしろ司法改革の期待するところであるし，数百人もの弁護士が所属する巨大法律事務所が誕生している現実や，弁護士法人に従たる事務所の設置が認められていることなどからすれば，複数事務所の禁止にどれほどの合理性があるか疑問である。

[27] わが国最多の所属弁護士を有する西村あさひ法律事務所は，2012年に既存の組合組織の事務所とは別に「弁護士法人西村あさひ法律事務所」を設立し，大阪，名古屋に弁護士法人の従たる事務所を開設した。両者は「西村あさひ法律事務所」の名称のもとに共同して業務を行っている。

3．弁護士像の変化の可能性

　このような弁護士業務の変容は，弁護士の存在そのものの姿も変えていくように思われる。

　第一に，弁護士の階層化が現在以上に進行するはずである。

　現在でも，弁護士個人の能力は言うに及ばず，顧客層，取扱業務，所属事務所，地域などさまざまな事情により，個々の弁護士の所得には大きな格差があると言われる。弁護士が自営業である以上当然のことでもあるが，弁護士人口の増加による弁護士間競争の加速が，この傾向を強める方向に作用することはまちがいない[28]。

　第二に，若手弁護士を中心に，サラリーマン化が進むように考えられる。

　これまでの弁護士のライフサイクルは，新人弁護士としてボス弁の下で一定期間勤務弁護士（イソ弁）として修業し，やがて自分の事務所を設けて独立し，経験を積んでやがて自らも勤務弁護士を育てていくという，人の一生に似たいわゆる徒弟制の循環であったように思われる。

　現在の若手弁護士は，同年代の競争相手が多いこともあって，以前より独立に困難さを感じているようである。また，組織内弁護士のように，組織に雇用される立場の弁護士も少なくない。独立事業者を目指すという志向を持たず，一生をサラリーマンとしてすごすという人生の選択も，弁護士にとって決して異例ではなくなりつつある。

　第三に，依頼者の側に弁護士を選択する可能性が高まり，弁護士と依頼者の関係が流動化し，弁護士に対する依頼者の立場が相対的に強まるように思われる。

　かつて弁護士は，典型的な殿様商売のように思われていた時代があった。しかし，弁護士人口の増加と弁護士情報の一般化は，依頼者層に弁護士の選択の幅を広げている。企業であれば，依頼する業務と弁護士の得意分野のいかんに

---

28) 前掲「弁護士白書 2012 年版」93 頁以下。2004 年と 2010 年の弁護士の年代別所得分布を比較すると，弁護士間の所得格差は拡大しているように見える。

より弁護士を使い分けるということがあるし，個人の依頼者の場合にも，かつて依頼したことのある弁護士にリピーターとして次の事件を依頼するとは限らない。弁護士が依頼者を，「自分の」依頼者と考えることは困難になりつつあるようである。

　弁護士に対し「物を言う」依頼者も，今以上に多くなるであろう。消費者保護の要請や消費者意識の高まりは，この傾向を後押しすることにもなろう。

　第四に，業務や業域の違いはもとより，勤務形態，所得その他さまざまな点で，個々の弁護士の存在そのものが多様化せざるをえないと思われる。弁護士であることの誇り，思い，意識といったものも，個人差が顕著になるであろう。

4．弁護士のアイデンティティとは何か——結びに代えて

　このように，弁護士業務も，さらには弁護士の存在それ自体も大きく変容を遂げ多様化していくなかで，弁護士のあるべき姿，アイデンティティをどのように把えるか，そもそもそれが可能なのかが問われている。

　弁護士のアイデンティティとして戦後まもなく示されたのは，権力に抗しつつ国民の自由と人権を擁護する弁護士を理想と把える在野法曹モデルであった。次いで1960年代半ばころ，高度経済成長の伸展による社会環境の変化を受けて，公共への奉仕と専門的技能の錬磨，向上精神を自律的に追及する弁護士を理想とするプロフェッションモデルが示された。さらに1980年代後半ころから，依頼者に対する法的サービスの提供それ自体が弁護士の職責であるという，法ビジネスモデルが提示されるに至っている。

　在野法曹モデルやプロフェッションモデルは，弁護士の職業上の誇りを強調するあまり，本来の意図とは異なって，弁護士の特権意識の根拠や，厳しく言えば自己改革を放棄する言い訳に使われてきた面がないとは言えない。また，企業の一員や公務員として活動する弁護士が少なくない今日，少なくとも在野法曹モデルで弁護士のアイデンティティを語ることは不可能であろう。

　「使いやすい司法」を目指す司法改革の発想と，弁護士業務のビジネス化の

動向からすれば，法ビジネスモデルが最も親和性があるように思われないでもない。しかし，これを強調すれば弁護士業務と一般のサービス業との間に本質的な違いはないことになって，弁護士自治に支えられた我が国の弁護士制度の説明に窮しよう。

弁護士業務や弁護士像がこれだけ多様化するなかで，具体的な姿を端的にイメージできるような弁護士モデル論を展開することは，もはや困難と言わざるをえないのであろう。

しかし，同時に弁護士のアイデンティティは，弁護士のあるべき姿であり，弁護士倫理の究極の根源でもある。時代とともに弁護士業務や弁護士の実態に変化が生じ多様化が進もうとも，アイデンティティを簡単に放棄することもできない。

そのような悩みの中で，弁護士法1条に掲げられた弁護士の使命は，われわれに手がかりを与えているように思われる。そこにあらわれているのは，依頼者の代理人として誠実に職務を果たす役割[29]と同時に，一定の公共的責任を果たすという役割[30]であり，換言すれば，依頼者の正当な利益を擁護することによって，ひいて法の支配を実現する点にある，と言えよう。世界的に稀有と言われる弁護士自治も，この使命を果たすために認められているはずである。弁護士のアイデンティティは，この使命に基づくことを今一度確認すべきではなかろうか。

---

[29] 組織内弁護士の存在を考えると，「依頼者の代理人または組織の一員として誠実に職務を果たす役割」と修正すべきかもしれない。

[30] 加藤新太郎「弁護士役割論」（新版）5頁以下。

フォーラム　議事録

司会（森勇）

　それでは次のラウンドを始めさせていただきたいと思います。鈴木先生，佐瀬先生そして柏木先生のお三方に，これからコメンテーターということでお話を頂きたいということでございますけれども，先程から何度も申し上げているようにお好きなことを言っていただいて結構ですし，またお好きな質問も適宜していただければ結構でございます。フロアの方のいろいろご意見，お話，あるいは何らかの質問についても十分時間が取れると私は確信しておりますので，皆様方そのあたりの時間の配分の方はよろしくお願い致します。

　それでは始めたいと存じます。なお，プログラムでは柏木先生がトップバッターとなっておりますが，先生から，「俺は後から全部言いたい放題言ってやる」ということでございましたので，最初に鈴木先生からお願いしたいと思います。鈴木先生は本学出身でいらっしゃいまして，現在はベーカー＆マッケンジー法律事務所の創設者であり，シニア弁護士としてご活躍されていますが，中央大学のロースクールを作るときにも客員教授としてご参画いただきました。よろしくお願いしたいと思います。

鈴木先生

　柏木先生の前にお話をということで非常に緊張しております。ついこの間まではこの中央大学法科大学院で，いわゆる弁護士らしくない弁護士をどうやって育成して行くかという気持ちで，授業を始めたわけですけれども，今日，このような場所で，しかも比較法研究所という非常にアカデミックな場所で，弁護士法の問題を議論するなどとは夢にも想像しませんでした。私は思うに弁護士になってから継続教育について少し勉強させてもらったのですが，それ以外

は弁護士業務あるいは弁護士業務の国際化ということに関して実務家として何とか勉強を継続して行かなければいけないと思っていただけで，このような場で，話をしようということは夢にも想像しませんでした。今日，コメントを申し上げるといっても，木村先生には恐縮ですけれども，木村先生がお話になったことは私が弁護士会で，外弁問題ということに非常に苦労した時代，今から40年以上前ですが，すでに問題提起をしていますので，このあたりは主に佐瀬先生かあるいは柏木先生に議論していただいて，私の方は専らヘンスラー先生のお話に対するコメント，と言うよりは質問を交えて，ちょっと問題を提起したいと思っております。

　前置きはこれくらいにしておきまして，一番最初の部分に――ヘンスラー先生の基調講演の訳文の部分をご覧いただければいいのですが――最初に数年前までドイツの弁護士職の展開の特徴といえば，それは［弁護士業の将来に対する深刻な不安］だったと，書かれています。しかし，その後に，この深刻な不安というのが，すべてあたってなく，大変うまくいっていたとおっしゃっておられたので，これは我が日本の弁護士法の母国法であるドイツで行なわれたことが，ひょっとしたら，日本の弁護士制度の改革のためにも，理論的な問題だけではなく，実際の適用においても役に立つのではないかというので，非常に興味深く思った次第です。

　まず，不安であり，競争の激化とか色々書いてありますが，その中で，最初に，なぜ「不安だと思われたのか」ということをヘンスラー先生に質問したいと思います。

　次に魅力ある弁護士業務の方法論というところが大きいので，最初にこんな不安だと思ったにもかかわらず，なぜスタートしたかという点を伺っておきたいと思います。

ヘンスラー先生

　私は20年にわたってドイツ全域の弁護士実務を観察してきましたが，実際のところこの15年間は，弁護士職にある人たちのそのような心配が決定的な

役割をはたしてきました。このような心配の原因は，まずは，ドイツの弁護士がこの時期著しく増加したことにあります。しかしながら，ここ5年，雰囲気が徐々に変わってきました。近時私が弁護士の諸会議で講演する際には，質疑応答から，この自信に満ちた雰囲気への変遷をはっきりと読み取ることができます。すでに私の講演の中でも言及したように，ドイツの弁護士市場は，一定程度安定状態にあります。私は，弁護士の大多数が，満足できる収入ないしはよい収入を得ていると評価しています。しかしながら，以下のことに言及しないわけにはいきません。すなわち，ドイツにもまた，その生活の維持にかなり憂慮すべき弁護士が存在するということです。弁護士会ないしは弁護士の分限を管轄する弁護士裁判所が，ドイツ弁護士の職業認可を剥奪する原因のうちで最も多いのは財産の欠損です。弁護士が重大な経済的苦境に陥ると，その弁護士が自ら認可を放棄しない場合には，ドイツの連邦弁護士法にしたがい，認可が剥奪されることになります。このようなことが問題となる弁護士というのは，多くの場合，今日の市場の要請に応えていない，つまり，特に専門化のトレンドに乗らなかった弁護士です。こうした弁護士は，非常にダイナミックな今日の弁護士職にある人たちの中で，もはや競争力を持たないのです。

鈴木先生

　わかりました。日本の今の状況，弁護士人口問題との対比で言いますと，どれだけ，当時のドイツの場合と違っていたのかを考えさせられます。要するに，現在ではドイツには弁護士が15万人ぐらいいるわけです。日本はそれにくらべて3万人，人口比から言って大変なものです。2008年，2009年の頃からこういう相当の数字になったということですから，それ以前の弁護士人口，つまり弁護士が1万人に満たなかった時代というのがドイツにあったのか，そのあたりを対比して日本の状態も考えれば非常に参考になるのではないかとも思います。ただ，数が必ずしも問題ではないということになるのか。そんなことを思ったものですから，当初の不安についてどう考えたのかという点を知りたかったわけです。そこから出てくる他の問題に対する対応の仕方，あるいは

その対応がうまくいったというけれども，その過程には，非常に多様な問題があったのではないか，そう考えまして，先のような質問をしたわけです。

それから，同様の問題でもう一つ伺わせてください。EU からドイツ域内に入ってくる［外国の弁護士］や，それに伴う種々の問題も弁護士人口の問題と言っていましたけれども，この数自体が多くはないという意味合いでおっしゃってたんでしょうか。それともこれだけ入ってきても問題がなかったという意味合いでしょうか。またその中で，中国の弁護士が 6 人入ってきていると言われましたが，これらの弁護士は，中国の弁護士つまり外国弁護士の肩書で登録しているのでしょうか。またこの中国の弁護士のクライアントは，ドイツのクライアントなのか，あるいはドイツに進出している（してくる）中国のクライアントなのか伺いたいところです。

ヘンスラー先生

このような場合のクライアントは，ドイツに営業所を有する中国企業です。ちなみに，外国にその支所を置くドイツの弁護士事務所も複数あります。

鈴木先生

現在日本人弁護士が外国弁護士としてドイツに登録している例はないと言っておられたので，それとの対比ですこし考えてみたわけです。ドイツに於いてフルプラクティスができる日本人のドイツ弁護士というのは私も知っていますけど，外国弁護士としてやっていると，いずれは，EU 域内出身の弁護士，フランス弁護士それからイギリス弁護士という，そういう人達が帰属している国籍を問題にしない弁護士体制ができてくるのではないか，それが将来的な方向性ではないか。また，そういうビジョンを日本でも考えられるのではないか，そういった感じをもっております。

時間の問題もありますから，アトランダムに質問させていただきます。ドイツでは，非常に魅力のある弁護士業務になるために色々な努力を払っておられると伺いました。［弁護士業務の専門化］というのもその一つのようですけれ

ども，この弁護士業務の専門化という問題については，昔，弁護士会で2度ほど，アメリカの弁護士研修制度の視察で訪問した継続教育研究所で伺ったところ，その専門化というのを認定制にするかどうかというので，大論争をしている最中でした。誰にそういうことをオーソライズする権利を認めるか，これは職業自由の原則に反するのではないかと。特に弁護士になってからそういうことをエンフォースするというのは非常にけしからん事だという意見がありました。最近ではカルフォルニア州などで少しは認められるようになってきましたけど。なかなかそういう制度を日本に入れようというところまでは我々もいかなかった。

この関係で言いますと，この専門化というのはドイツでは弁護士側からの発想でそういうことを取り入れたのか，弁護士会側がイニシアチブを取って，所属弁護士のために，将来の弁護士業を展望して，法律家にいろいろ相談をしてもらいたいために，そういう制度を発想したのでしょうか。そうではなくて，弁護士あるいは弁護士会以外からの要請でそうなったのか，そのあたりをどうご覧になっておられますか。

ヘンスラー先生

この専門化の傾向は，ドイツ人の視点からは，職業の自由を制限するものだとされてはいません。まさに正反対で，弁護士がマーケティングを効率的にするということです。弁護士は，権利保護を求める市民（公衆）に，自分はある特定の分野に専門特化しており，したがって特別な能力を有するという合図を送りたいのです。同時に専門化は，弁護士の効果的な事務処理を可能にすることになります。

職業の自由の制限があるとしても，それはせいぜいのところ，二次的なもので，しかもそれは，国家によるものではなく弁護士職にある人たち自身によるものです。弁護士職にある人たちは，専門弁護士として働く弁護士が，専門化していない弁護士より，実際にもより優れているということに強い固有の利益を有しています。したがって弁護士職にある人たちは，専門弁護士が，クライ

アントに対し実際に質が高いことを示し，こうすることで，クライアントが専門弁護士に対しても特別の信頼を寄せてくれるのを確実なものとしたいと考えているのです。ですから，弁護士職にある人たちは，よろしき評判を守ろうと，自らすすんで，専門弁護士称号授与の要件をできる限り厳しくしようと迫っているのです。

　これに対し司法は，どちらかというと，専門弁護士称号の取得の過度に厳格な要件を再度若干ながら緩和しようとしています。このことは，弁護士の職にかかる事件の終審裁判所とされている連邦通常最高裁判所（の弁護士部）にもあてはまります。連邦弁護士会によって代表される弁護士職にある人たちは，専門弁護士に比較的高い理論そして実務に関する要件をかすことを求めています。それは，こうすることで，弁護士のリーガルサービスの質の高さを長期にわたり確保して，権利保護を求める市民に弁護士に対する信頼の念を起こさせるためなのです。

司会

　司会が口を挟んで恐縮ですが，どこからこのような要望が出てきたのかといいますと，一番最初，第一次世界大戦後，非常に不況に陥ったとき，マーケティングには専門化することが絶対に必要だということが弁護士の中から沸き上がり，それで戦前に導入したわけです。

　現在でもそのようにすることを求める弁護士の方が圧倒的に多い。なぜかというと収入が明確に高いからです。ですから，逆に言うとクオリティを高めようというのが弁護士サイドからの要望で，弁護士会，あるいは弁護士サイドからは，もっとクオリティを要求していいんじゃないかと，このような議論がなされています。ただひとつ付け加えておくべきなのは，専門弁護士の資格付与を拒絶するということに対する不服の裁判例を見ますといや，水準をもっと下げても大丈夫。という裁判例がよく見られるのも事実です。

　宣伝になりますが，比較法雑誌38巻2号から連載させていただいた拙稿「ドイツにおける専門弁護士制度の展開(1)〜(6)」に，導入の経緯を含め少し詳

しく書かせていただきました。ごらんになっていただければ幸いです。

鈴木先生

　弁護士，あるいは弁護士会からの発想で，そのような制度を導入した。これに対する反対は弁護士サイドからはなく，他に反対する人も少数であったということですね。

　実はその認定とか認証とかいうものは，職業に対する免許と少し同じような面があるわけです。そうするとそれを認可する，認証する権限が，誰にあるかということと関連しますが，先ほど説明の中で，能力不足で弁護士会から登録を抹消される事態もあるとおっしゃってました。弁護士の倒産も，弁護士としての業務を遂行する能力がないという一つの事由だということでしたが，反対に専門化もそれと同じ扱いになるのですね。専門に値するような，プラクティスをしているのか，していないかという判断ですね，これも関係すると思います。世界的にみると，その動きに対して反対する国もあるので，ドイツではどうかをお聞きしたわけです。あともう一点，お聞きしたい点があります。

　弁護士業務との関係で，色々な規則や法律を作ったりすることがありますが，そう言った立法化を弁護士の側から働きかける活動，立法当局に対する［ロビイング活動］が非常に活発だったというお話ですが，今日本でも弁護士会の政治連盟などがいろいろとロビイング活動をやっているようです。ただ，今のところは単なる顔繋ぎといったもので，多くは中身には至っていない。このような活動自体を認める雰囲気といいますか，これがドイツ特有の現象なのか，日本としてもそれが成功する可能性があるのかという観点からも興味深いところです。ドイツでは，弁護士によるロビイング活動というのは望ましい行為というように，認められているのでしょうか。一般の人から見て，単に弁護士が自分達の利益のためにやっている活動ではないかというような批判はドイツの社会の中ではないのでしょうか。

ヘンスラー先生

実際のところ，ドイツにおける弁護士ロビーは実に強力です。つまり，ドイツ連邦議会の議員の25％弱が弁護士なのです。彼らは，州議会や連邦衆議院において弁護士の利益代表となっています。このような強力な地位を背景に，彼らは連邦衆議院の諸委員会において，弁護士職にとって有利となるよう法律を作り上げることができます。

　最近では，このことはメディエーションに関する法律の制定に際し明らかとなっています。立法手続が進む間に弁護士職にある人たちの圧力によって，非常に重要な部分に変更が加えられ，その結果として，メディエーターとして活動できるのは，まずは弁護士だとされたのです。このことが，ドイツの国民からの批判的な評価にさらされなかったのは，私にとってもまた驚きでありました。このことは，弁護士が，国民から相変わらず高い評価を得ていることと関係しているといって差し支えないでしょう。

鈴木先生
　ルールオブローが一般の民衆にまで達しているとされるドイツは，そういうエンバイロメントだということがわかりました。
　最後にもう一つ。先ほどの専門化について少し引っかかるところがあります。ドイツでもやはり一人事務所といいますか，小規模の事務所というのが非常に多いときいています。それで，その環境の中で，専門家になるとかえってそれしかできないのではないかと逆の批判があるので，やはりジェネラリストといいますか，なんでもやるという弁護士の方が，数からいったら多いのではないかと思いますがいかがでしょうか。そして，そういう傾向はそんなには減らないのではないかという気がします。［ジェネラライザー］が将来どうなって行くべきかという議論は別に，それはそれなりの存在価値があるのではないかと私は思います。これは小規模の事務所だけではなく，中規模の事務所も含めて，私が長年主張しているところですが，いわばジェネラライザーと言う名の専門家――自分は一般の法律条文に書いてあることしか知らないという意味でのジェネラライザーではなく――，労働法でも会社法でも訴訟法でも，一般

的な幅広い質問について，それぞれのケースにあった，ひととおりクライアントの役に立つアドバイスはできるというジェネラライザー，こういう名の専門家があっていいのではないかと思います。この点はいかがでしょうか。

ヘンスラー先生

　まずもって，発展をとげている社会すべてに共通の基本問題は，個々の弁護士が全法律秩序を鳥瞰することなどとてもできないまでに大量の法規が定められていることです。まさにドイツには，非常に活動的な立法マシン——つまりは議会のことです——が存在しており，絶えず新たな法律が制定されています。一人の弁護士が，すべての法律領域について，現在の発展に常に注意を払っていなくてはならないとすれば，それは完全に荷が重すぎるといえるでしょう。二つ目に，ジェネラリストには，深刻な問題が生じます，つまり，ある弁護士が，今日は労働法上の依頼，明日は家族法に関する依頼を処理し，明後日にはもしかしたら使用賃貸借法，その次の日には経済法，その後には建築法，次いで会社法団体組織法に取り組むということになると，その弁護士が，個々の法律問題に習熟するのにあまりにも多くの時間を費やさなくてはならないことになるということです。つまり，そのようなジェネラリストは，スペシャリストに対してまったく競争力がないということです。ジェネラリストは，一つの依頼の処理にあまりにも長くかかり，その結果として，依頼者にとり非常にコスト高，コストパフォーマンスが悪いということになりなす。

　そうはいっても，ドイツでも，地方ないしは小さな都市における権利保護を求める市民のケアをどうするかという問題があることは，そのとおりです。大都市に比較して，小さな都市においては，専門化が報われることは少ないのです。そのため，ドイツでは，［一般法専門弁護士］の導入が検討されています。想定されているのは，比較的小さな都市で日常的にみられる諸問題，たとえば，家族法，使用賃貸借法，相隣法，若干の相続法と労働法，簡潔にいうと地方において弁護士が典型的に取り組み，それについては最新の状況にいなくてはならない法分野に関して専門化した「専門弁護士」です。

そもそも，この［一般専門弁護士］なるものは自己矛盾です。しかし，医師の場合にも一般医療専門医という類似する専門医があることが指摘されています。これはインフルエンザや消化不良といった「通常の」病気のための専門医です。つまり，［一般法専門弁護士］なるものは，この「家庭医」に類似した「家庭弁護士」が創設される運びとなるものです。もっとも，ドイツでは，このような専門弁護士については激しい議論となっており，これまでのところ，大半の弁護士は，こうした専門弁護士は自己矛盾だとして，否定的評価を受けています。

鈴木先生

　私の質問が一寸言葉足らずのところがあったかもしれませんが，私の提案は，専門家というものは，それはそれとして認めたうえで，もうひとつの専門家のカテゴリーとしてジェネラライザーという専門家を構想すべきではないかということです。

司会

　先生ありがとうございました。ヘンスラー先生の基調講演にあたり，講演原稿では，非常にメニューが多かったものですから，要約してお話しさせていただきました。そのため，内容が非常に抽象的であったり，全体の一部分だけで，その一歩先のところはお話しいただけなかったところです。先生には，そのあたりのところを掘り起こしていただいて，ありがとうございました。

　それでは引き続いて佐瀬先生よろしくお願いいたします。佐瀬先生は東京弁護士会の所属でいらっしゃいまして，現在，法律事務所アルファパートナーズの経営にあたっていらっしゃいます。長きにわたって業務改革委員会の委員等々を歴任なさいまして，業務改革委員会の委員長などもお勤めになりました。個人的なお話ですけれども，十数年来，本日ご出席の須田先生と一緒にわたくし共お付き合いさせていただいております。こういう機会でございますので，是非とも佐瀬節をということでお願いした次第です。

佐瀬先生

　東京弁護士会の所属の佐瀬です。佐瀬節をということですので，自由におはなしさせていただきます。

　私も司法改革の時には色々言いましたけれども，私は，今回の司法改革はひとつの方法を決めたものとして，原則これで進むべきだと私自身決めております。今の日弁連の方向性が決められない姿勢に関しては疑問に思っています。ただ，私自身は日弁連の中でどのくらい委員会をやっているか考えてみたら，六つぐらいの委員会に属していました。先程から出ている隣接士業との関係，弁護士法72条関連でございますけれども，それをやっている委員会，弁護士業務そのものの改革をしようという委員会，それから弁護士保険という，日弁連の商標は権利保護保険というのですが，要するに弁護士費用や訴訟費用をどうやって保険で出すのかということを研究する委員会，それから中小企業支援センターという中小企業に対する法的支援をどうやって行ったらいいのかを検討する委員会，さらに法律業務の国際化ワーキングという外国弁護士との関係を検討するところ，それからあと，弁護士制度自体を検討するというところがあり，かなり色々なところに属しています。その中で，結構私個人が特徴的なのは，色々な実態調査を現実に私がリーダーになって行なっているということです。日弁連でつい最近行った弁護士業務の経済的基盤に関する実態調査報告書2010年，先ほどの中小企業については，中小企業の弁護士ニーズ全国調査報告書というものを，2008年に行いましたが，今までにない大規模な調査だと評価されています。日弁連の政策というのは，これらの調査が基盤となってできているところがあるのですが，このような調査をしていて，今日の講義でお聞きしたいという点がいくつかありました。私が用意したレジュメ（末尾に添付）は，司法改革審議会の意見書の弁護士制度のところだけをまとめたものと現実の実現内容，そして現状で問題だと思っていることをまとめてみました。

　この中で今日はヘンスラーさんにお聞きしたいというのは，全体的な問題点の中の②（弁護士の保守性・ギルド化）と③（訴訟弁護士からの脱却）です。私は

種々のアンケートの結果からして，現在は弁護士業務の変革期にあると思っています。そして，日本の弁護士は今の日弁連の方向性を定めない政策や司法改革反対の動きでは訴訟以外の弁護士業務を放棄するしかないのではないかと思っています。だからこの点を，一番お聞きしたいと思っています。この理由はアンケートにもでているのですけれども，日本の，東京の弁護士，大阪の弁護士を除くと，自分の弁護士業務の 97 〜 98 ％，ほぼ 100 ％が訴訟です。訴訟以外のことはやっていない。私は，このアンケートのために地方にも行って現実に地方の企業の経営者にヒアリングもしているので実感としてよくわかるのですが，弁護士のところへ法律相談に行くと，それは訴訟にならないから帰れと言われてしまうのが日本の地方の現実ですから，訴訟になるものは法律相談の対象とするが，訴訟にならないものは法律相談をうけないという状況がある。それでは，誰がそれを担っているのかというと，日本の現実ではやはり，一番は税理士ですね，次に公認会計士，そして司法書士という順番で法律相談を担っているのだろうという結果がアンケート上出ています。しかし，これは地方だけのことです。東京はまったく違います。そして，それが私は法曹人口問題にも関係している問題だと思いますが，地方の先生はみなさん，もう地方ではこれ以上弁護士はいらないということを盛んに言っておられます。ただ，先ほど言ったように地方の弁護士さんは訴訟しかしていない。だから訴訟で足りる弁護士か，訴訟するのに弁護士数が足りるか足りないかという議論だけで，その他の業務を行う議論はしていないだろうというのが現実だと思います。そのためにいかに弁護士のイメージを変えるかという活動をしているのが，先ほどの中小企業法律支援センターというところです。この中小企業法律支援センターでは弁護士イメージを変えなくてはだめだ——調査の結果からわかったのは日本の弁護士が持たれているイメージというのは，訴訟するときに使う人，訴訟にならないときには行きたくないものというイメージがあるのです——このイメージを変えない限り，いくら弁護士が訴訟以外のことをやりますと言っても，地方では弁護士のところには来ません。そこで，我々は日弁連としてこういうことをやりましょう，ということで始めたのは，中小企業の人たちに対し

ては無料で法律相談をしましょうということです。なにしろ弁護士がどういうことをやっているのか気づいてもらうことが必要ですから，このような活動を進めてきました。ここ3年ほど行ってきたわけですけれども，このような活動によってどのように弁護士のイメージが変わったのか，変わらないのかを知りたいと思っています。そこで一番大事なのは，弁護士が訴訟だけという仕事の実態からどうやって脱却するのかというきっかけになることだと思います。東京は，先ほどの統計から言うと約6割が訴訟で，あとの4割が訴訟以外ということになっています。収入も訴訟以外の方が断然多いという状態になっています。だから地方にいかにこのような仕事内容を根付かせるのか，また，地方と東京とまったく同じには考えられませんけれども，地方の弁護士が少しでも訴訟弁護士から脱却するためにどうしたらよいかということを本当に知りたくてしかたがないのです。今日はヘンスラーさんがせっかく来ているので，私はその点だけを聞きたいと思っています。だからドイツではどうだったのか，たとえばドイツは昔分属性と言って地方の裁判所に弁護士が属している，その特定の地方の裁判所のことしかできなかった，だからまさに国家的に仕組まれたという意味では裁判所のために弁護士があるというような感覚を私は持っていました。それからドイツの専門化——私，専門化のことも随分努力してきたんですけれども——ドイツの専門化も，やはりドイツには専門裁判所がある，例えば社会保険の裁判所とかから発達したんだろうなという感覚を持っています。だから特別な能力を持っていないと，その特別な裁判所に来てもらうと困ると，何らやり方を知らない者が来ても困るという感覚だろうという気がしているのです。だからそういう意味では専門化についてのドイツの発想と日本での発想はたぶん違うのだろうなと思っています。少なくとも訴訟弁護士からどうやって脱却するのかを知りたい。そしてドイツでは昔弁護士が訴訟ばかりやっていた時代というのがあるのかどうか，そして始めから訴訟半分法律相談半分という状態だったのか，そしてそれが変わったような歴史があるのかどうか，もしそういう歴史があるのであれば，どうして変わったのかということをまずお聞きしたい。

ヘンスラー先生

　ドイツの弁護士にとり，訴訟代理の意味が恒常的に後退している。一般的にそういってよいでしょう。私が個人的に知っている弁護士のなかには，それこそ最近の10年間でただの1度も法廷に立たなかったことを自慢する弁護士が数多くいます。このことは特に，経済法に関するリーガル・サービスの分野で業務を営んでいる弁護士にあてはまります。彼らは法廷にはまったく行かないのです。ドイツの大規模ローファーム，つまり，ドイツの大規模弁護士事務所は，訴訟になった場合にこれを引き受ける「訴訟部」を独立した部署として持っています。これに対し，それ以外の経済法に特化した弁護士は，その業務を完全に相談業務に集中しています。私が聞いたところでは，東京で開業している弁護士は別として，日本の弁護士はいまだその活動の多くを法廷で行っているようですが，こうしたことは，ドイツの大都市の弁護士によくみられるものではありません。

　このような展開は，すでに1994年に，ドイツにおいては地方分属制（Lokalisationsprinzip）が廃止されたことに関係しています。実際のところ，かつては，その地域で認可された弁護士にしか，法廷に立つことが許されませんでした。しかし，結局のところ，この原則は守られていなかったのでした。なぜなら，当該裁判所で認可を受けていることから，本来の受任弁護士に代わり訴訟代理人となったいわゆる「通信弁護士（Korrespondenzanwalt）」は，記録をまったく知らない（読んでない）ということが非常に多かったからです。事件を詳しく検討していたのは，依頼人と個人的な連絡を取っていた弁護士のみだったのでした。しかしその弁護士は，——しばしばみられるように——事件がその後他の地域の法廷に持ち込まれた場合には，通信弁護士を介在させなければなりませんでした。その結果として，第二の弁護士のため生じた余分な費用がかさむだけでした。

　それどころか，記録中の申立だけを読み上げるというやり方で一期日に多いときは30件を代理するといった，純然たる訴訟（立会い）弁護士が法廷に立つということもかなりありました。これはつまるところ単に余分な費用を発生さ

せるだけの，まったく形式的な法廷での活動だったのです。

地方分属制の廃止に伴う不安，すなわち，そうなると弁護士は非常に多くの時間を移動のために使わなくてはならなくなる，そうした危惧は，結局のところ現実のものとはなりませんでした。今日では，分属制の廃止は，立法者の適切な判断としてドイツでは実に一般的に受け入れられています。この制度の再導入は問題外です。

弁論能力の制限，つまり訴訟代理人になれる弁護士の制限は，実に狭い領域，すなわち連邦通常最高裁判所の民事事件についてのみいまだ存在します。そこで訴訟代理人となれるのは，特に連邦通常最高裁判所において認可された30余人の弁護士のみです。

かつてドイツでは，いくつかの州で，単独認可（Singularzulassung）と呼ばれる特別の制度がありました。つまり，その州では，上級地方裁判所においては特別に認可を受けた弁護士のみが，その法廷に立つことを許されていたのです。このような裁判所弁護士は，他の裁判所で代理人となることはできなかったのです。実際のところ，いわゆる上級地方裁判所弁護士の業務は，ほぼ100％上級地方裁判所での訴訟代理でした。連邦憲法裁判所が，単独認可を憲法違反と判断し，その結果廃止されたことから，こうした弁護士は，完全に頭を切り替えなければなりませんでした。彼らは法律相談の領域においてもその目的に応じた法律業務を展開することを学ぶ必要がありました。これは非常にドラマティックな展開であり，多くの弁護士に経済的な苦境をもたらしました。ですがそうこうするうちに，この過渡期の問題は克服されています。

私は，ドイツの平均的弁護士は，大都市に限らず地方でも，確実に，自身の活動の30〜40％しか法廷活動をしていないと推測しています。一般的にいって，ドイツの立法者は，裁判所の負担を軽減しようとしています。そのためドイツでは，いわゆる弁護士和解（Anwaltsvergleich）を締結することが認められました。双方の当事者が弁護士によって代理され，かつ，合意にいたったときは，債務名義ともなる弁護士和解を締結することができます。つまり，弁護士和解は，裁判所の裁判の代わりになり，一方の当事者が和解に基づくその義務

を履行しなかった場合には，強制執行をすることができます。さらにメディエーションを強化する試みは，司法の負担を軽減しようとする努力をその背景において捉えなくてはいけません。

司会
　一つ情報ですが，ある人の報告，それも10年より前のものだと思いますが，これによると，ドイツでは，事件というか紛争というものの70％ぐらいが事務所内で，要するに裁判所へ行く前に片付いているということのようです。

佐瀬先生
　質問を続けたいと思います。もうひとつお聞きしたいのは，インターナショナルパートナーシップの問題，細かい問題と書きましたけれども，前にヘンスラーさんの大学にお尋ねしたときには，外国弁護士がそれほど進出してきていないということでしたけれども，大規模事務所のオーナーといいますか，事実上のオーナーはドイツ人以外がなっているという事務所が多くなってきたというお話も聞きました。外国人弁護士とのインターナショナルパートナーシップの問題として，ドイツでは，どうなっているのかということをお聞きしたいと思います。今日本では，日弁連がインターナショナルパートナーシップを認めるべきかどうかを議論しています。私は国際化していくためには認めるべきだと議論しているのですが，なかなか少数派でございまして，そのあたりドイツではどうだったのか，パートナーシップを外国人弁護士との間で認める，認めないの議論があったのか，あったとすればどういう議論があったのかを聞きたいということです。

ヘンスラー先生
　外国の弁護士も，共同事務所形態のメンバーになることができます。つまり彼らは，弁護士の職業実践組織の組合員ないし社員になれます。弁護士が公認会計士または税理士と提携できることと同様に，弁護士は，当然のこととし

て，外国の弁護士とも職業上の提携関係を結ぶことが認められています。もちろん，外国の弁護士がドイツ国内で開業していることとドイツの弁護士会の会員であることとが要件です。したがって，たとえば日本の弁護士がドイツにきて開業した場合には，その弁護士は，開業した土地を所管する弁護士会の会員になることができ，こうして，ドイツのパートナー社団（Partnerschaftsgesellschaft）または共同事務所形態（Sozietät）のパートナーになることができます。当然のことですが，この権限はEU構成国の弁護士にも認められています。それのみならずEU構成国の弁護士には，開業期間等に関係なくすぐにドイツ法についての法律相談にあたることが認められています。それに対してEU構成国またはヨーロッパ経済圏加盟国以外からきた弁護士は，現資格国の法律および国際法に関してのみ法律相談にあたれるだけで，ドイツ法についての法律相談にあたることは許されていません。

さらに，ドイツにおける弁護士の共同組織は，当然に外国にも支所をもつことが許されます。すでにお話ししたとおり，数多くのドイツの弁護士事務所が，たとえば北京などに外国支所を有しております。

次に，外国に限らず，ほかの法律事務所と協力する。そういうことであれば，それは，本当のパートナー社団ないしは共同事務処形態ではなく，むしろ協力関係（Kooperation）でしょうか。パートナー社団は，職業実践組織体（Berufsausübungsgesellschaft）という形での自立した結合体であるとされています。

協力関係を結ぶことは，まったく問題がありません。ドイツの弁護士は，原則的に誰とでも，弁護士ではないものとでも協力関係を結ぶことができます。ですから，弁護士法人といった，ある弁護士の業務共同組織が医療に関する法律相談にあたっている場合には，さらに医師と協力関係を結ぶことができます。この場合，この弁護士共同組織は，その使用するレターヘッド等で，「×××医学博士との協力関係にある」ことを示すことができます。つまり，協力関係をレターヘッドに表示して，広告することはかまわないのです。

ということで，たとえば，「弁護士ルター」という名前のドイツの事務所が，

今日ここに出席されているカイザー弁護士と協力関係にあるとしましょう。その場合，ルター弁護士事務所は，自分たちは日本に協力関係にある弁護士を有していること，そしてまた，協力関係にある弁護士は誰かを，ドイツで用いている用箋，レターヘッドに示すことができます。

　現実の問題としては，さまざまな状況があり，これを分けてみていかなくてはいけません。まずは，組織としては一つですが，いろいろなところに事務所を構えているものをみてみましょう。世界で最も規模の大きい法律事務所である「フレッシュフィールド＝ブルックハウス＝デリンガー（Fresfields Bruckhaus Deringer）」がその一例です。この組織の本拠地はロンドンにあり，さらには中国やドイツにも支所を出していますが，しかし，それらは常に同一の組織，すなわちイギリスの有限責任組合（Limited Liability Partnership = LLP）ですし，この有限責任組合は，常に依頼人との契約当事者となります。

　どのような要件がみたされれば，この外国の組織が東京に支所をおくことができるかは，もっぱら日本法の問題です。ドイツの弁護士法の観点からは，まったく問題ありません。ドイツの組織が外国に展開していくことを，ドイツの弁護士職業法が阻止すべき理由は何もありません。決め手はむしろ，受入国が，外国からくる自国の弁護士にとっての競争相手に対し，どれくらいリベラルであるかです。この点でドイツは非常にリベラルです。それゆえに，アレン＆オヴァリー（Allen & Overy）やクリアリー・ゴットリーブ（Cleary Gottlieb）といった数多くのアメリカの組織がドイツに拠点を有しています。私の考えでは，日本の組織も，なんら問題なくドイツに支所を設立できるでしょうし，また，ドイツ国内で，日本の組織として，ドイツのリーガル・サービス市場において契約を結ぶことに何の問題もないでしょう。もちろんその場合には，ドイツで活動する弁護士は，ドイツの弁護士会の会員になる必要があります。そしてまた，日本の組織が助言できるのは，日本法と国際法についてのみです。

司会

　私からも一つ。日本の事務所がドイツに支店を出して，そこでドイツ人弁護

士を雇った場合，こうした制約は回避できるのでしょうか。

ヘンスラー先生
　日本の組織がドイツでドイツ法についても助言活動をしたい，ドイツの法廷に立ちたいと考えたときは，実際に問題が生じます。日本の弁護士法人といった組織には，その権限はありません。この点は，アメリカ合衆国の法律事務所と同様です。この種のリーガル・サービスを提供するためには，日本の組織は，ドイツ法の法的な助言ができる弁護士を，組合員ないしは社員として受け入れねばなりません。こうすることでのみ，日本の組織には助言活動がゆるされるのです。アメリカ合衆国の有限責任組合と同じように，日本の弁護士組織もまた，ドイツの法廷では弁論能力を認められていません。いずれにせよ日本の組織は「ドイツの弁護士」ないしはそれと同等の地位を有する外国の弁護士が代表の一人となっていなくてはいけません。

司会
　すみません，もう一つ。EU構成国は別ですよね。

ヘンスラー先生
　EU構成国またはヨーロッパ経済圏の弁護士組織の場合には状況が異なります。ドイツに進出してきたイギリス「有限責任組合」の形式を採用する組織は，EU条約に基づくヨーロッパの基本的自由を享受していますから，ドイツのパートナー社団と同等に扱われねばなりません。言い換えれば，イギリスの有限責任組合は，ドイツにおいて事実上弁論能力を有するということです。それに対して日本の弁護士法人，「有限責任組織」は弁論能力を有しないのです。

佐瀬先生
　時間の都合もありますでしょうから，私からの質問はこの程度で。

司会

　それでは，柏木先生，よろしくお願い致します。柏木先生は，長い間企業法務に携わられ，その後大学教授に転身なさいました。本学法科大学院の創設メンバーであり，実は私と同期入社です。

柏木先生

　柏木です。私がコメンテーターのラストバッターになった理由は，ここに並んでいる人たちの中で，私だけが弁護士ではないのでむしろ弁護士サービスを利用する立場からコメントしたいということから，司会の森先生にお願いしました。そういう立場から，ヘンスラー先生のお話にコメントをしますと，一番興味があるのは，［弁護士の専門化］とその表示というところです。日本の弁護士というのは，何が専門なのかよくわからない。私が昔いた商社であれば，これは情報網が非常に発達しておりますから，どの弁護士がどのような問題に詳しいかという情報はたくさんあり，あまり不便はないのですが，取引先などからこういう専門の弁護士さんを紹介してくれというような相談をときどき受けました。社会が複雑化して取引が複雑化してきますと，一般の弁護士さんでは扱えないような専門的な取引が多くなってきます。たとえば，複雑なデリバティブ取引に関する紛争を的確に処理できる弁護士はそういません。プロジェクト・ファイナンスも同様です。このような複雑な最先端の問題に詳しい専門弁護士の何らかの見分け方というのは是非提供していただきたいと思っています。医者なら外科とか，産婦人科とか，看板を見れば専門がわかります。同じように，看板をみれば商取引が専門なのか，DVを含む家族問題が専門なのか，少年事件が専門なのか，労働者側に立った労働問題が専門なのか，目安が付くようにしていただく必要があります。

　ただ，問題もあります。たとえば，専門弁護士の認定制度にするかどうかというのは，制度設計として難しいところがありそうです。ヘンスラー先生の日本語のレジュメ2頁，第2段落ではドイツでは，20分野の専門弁護士の分野が生み出されたというのですけれども，ヘンスラー先生にお聞きしたいのです

が，これではあまりにも，柔軟性がなさすぎるんじゃないかと思うのです。た
とえば私は大学を卒業して社会に出てから約半世紀を過ごしておりますけれど
も，やはりこの半世紀の間に日本の法文化も，社会の法律需要構造も大変に変
わりました。特にこの20年間に法律実務が大きく変わりました。例えば，20
年以上前はインターネット法などという分野はまったくなかったですね。でも
インターネット法というのは今かなり専門化しています。エンターテインメン
ト法も昔はなかった。M＆Aというのは少なくとも30年ぐらい前までは日本
では「乗っ取り」と言われていてほとんどありませんでした。これもいま大き
な事務所ではどこもM＆Aの専門弁護士がおります。というように社会は急
速に変化してます。それから場所によっても需要の多い法律専門性は変化しま
す。例えばアメリカのテキサスに行きますと oil and gas の専門弁護士がいる，
というように世界の場所々々によっても専門化が違ってくる。こういうときに
20分野の専門弁護士の分野に特定したのでは，社会の動きについていけない
のではないかという心配があるのですけれども，この辺ドイツではどういう具
合に対処しているのでしょうか。

　ヘンスラー先生
　すでに言及しましたように，現在ドイツには20種の専門弁護士表示，つま
りは専門弁護士資格が存在します。これが多すぎるのか，それとも，少なすぎ
るのかは，ドイツの弁護士のあいだでも非常に争われています。最新の専門弁
護士の表示が導入された際にすでに激しく議論されたのは，この新しい表示
は，そもそも有意義なのかということでした。以下のことをよく考える必要が
あります，つまり，労働法，税法，家族法，商法や組織（会社）法のように，
すべての重要な法律領域がもうすでに（専門弁護士の表示によって）カバーされ
ているということです。そこで新たな専門弁護士の表示が生み出されるとき
は，ますますエキゾチックな領域に関するものとなります。21番目の専門弁
護士の表示として，現在議論されているのは亡命法および外国人法専門弁護士
です。

最も，私は，皆さんにはある種誤解，つまり専門弁護士は専門医と同じものではないのかという誤解が生じているのではという印象をもっております。たとえば「労働法専門弁護」はその専門化にかかわらず，すべての領域を無制限に受任することが，当然のこととして許されます。弁護士の定義を規定するドイツ弁護士法3条1項が定めている，すべての法律問題についてリーガル・サービスを提供する権限は，専門弁護士の表示を取得しても制限されることはありません。したがって「専門弁護士」という表示は，結局のところ単なるマーケティングのための措置なのです。

したがって，専門弁護士としてプレゼンスすることは，二つの言説が含まれています。

まず一つ目は，「私は弁護士であり，それによってあらゆる法律問題に関し職業として代理人をつとめる者である。」ということです。これは，先に述べたように連邦弁護士法3条1項に規定されているとおりです。

二つ目は，「さらに，私は，私が名乗る専門弁護士の法領域について特別な知見を有している」ということです。

専門弁護士の称号の多さに照らすと，そうこうするうちにことは論じ尽されてしまった，あるいは，もはやほかの専門弁護士の称号など考えられないのではないか，本当のところ，私はそう言わざるをえない。上限は最大でも30種でしょう。しかし，そうなると，非常に狭い法律領域に関するものとなります。最近新たに導入された農業法（Agrarrecht）の専門弁護士について，その称号を有する専門弁護士はドイツ全域でも100人ほどしかおりません。このことは，法律領域はますます細分化され，その結果，当該領域の専門弁護士は，ますます少なくなるということを示しています。

司会

またまた司会が出しゃばってすみません。専門弁護士資格というのは，マーケティングのためのタイトルという性格がありますから，先生がお考えのように，すごくポイントを絞ったというよりも，枠の中に色々な科目がありますの

で，先生がおっしゃった科目というのは入ってきませんけれども，たとえば，わたしが聞いた話で，メディア法というのは，インターネット等確実にこの中に入っていますので，このようなくくり方をするのではないかと思います。

柏木先生

　有難うございました。私の考えとしては専門化というのは，弁護士に勝手に名乗らせればいいのではないか，と思っています。たとえばアメリカでは，なにが専門かの表示は原則として自由です。消費者が弁護士の専門性の看板にだまされることもないわけではないのですが。もし，専門的知識と経験がないのに，「私はメディア法の専門です」と看板を掲げれば，これはマル・プラクティス問題（弁護士過誤）になるわけです。メディア法専門の看板を信用してその看板を出した弁護士に相談してみたら，メディア法に関してはまったくの素人だったということになると，弁護士が訴えられますので，その辺は放っておいてもいいのではないかと思っています。しかし，それにしても日本ではそれぞれの弁護士は何が専門であるか，という情報提供が非常に不足しています。全般的にドイツの弁護士活動と日本の弁護士活動を比べた場合に，日本の弁護士は活動に自主規制が非常に多すぎるように感じます。広告の問題にしても，専門分野の問題にしてもそうですし，弁護士法人でないと支店を設けられないというのもそうです。弁護士法人にしなくとも，支店なんかいくらでも作ったっていいじゃないかという気がします。ドイツに比べて日本の弁護士はクライアントの利益を忘れて自縄自縛に陥っているのではないかという印象をうけました。

　それから，佐瀬先生のコメントなどをお聞きしまして，これは，我が意を得たりと思ったところですが，最近，日本の弁護士は，都市型弁護士 VS 地方型弁護士という図式で利害の対立があるのではないかと感じるようになっています。ここで地方から来ていらっしゃる弁護士さんがいたら申し訳ないのですけれども，もちろんこういう大雑把な括りには必ず例外が伴いますから，ご容赦願います。私の知っている地方の弁護士でも，都市型の方がたくさんいます。

すなわち，都市型弁護士は，業務拡大に熱心で，弁護士数の増加にも熱心です。他方，地方型弁護士は，弁護士数の増加に猛反対です。従来の訴訟弁護士の業務から一歩も出ようとしません。私は，日本の弁護士業務の発展を阻害しているのは地方型弁護士ではないかと思っております。特に日弁連の会長選挙があるたびに私は都市型対地方型の違いを強く感じます。佐瀬先生がおっしゃったことは，一々，そのとおりと感じます。今，色々な問題が弁護士会に出ていますけれども，基本は司法制度改革審議会の意見書に立ち戻って考えるべきではないかと思っています。何のためにあの司法改革をやったか，2割司法と言われた司法軽視の社会を変えようとしたのではなかったか。日本の社会を法化し，透明化し，法律のサービスを受けられず泣き寝入りするような人や，無理がとおって法律が引っ込むようなことをなくすというのが目標だったわけです。その大きな目標に到達するためにどういうことをすればいいかということを議論をしなければいけない。それが，何か今は問題が矮小化されてしまって，新しい弁護士の質が落ちているんじゃないかとか，新しく弁護士になった人に仕事がないとか，そういうことばかりに目を奪われて，司法制度改革の大きな目標が忘れられているという気がしております。

　今まで［木村先生のご報告に対するコメント］がどなたからもなかったので，わたしからコメントをさせていただきますと，日本の弁護士の数が非常に増えているわけでありますけれども，アメリカのローヤー数と対応する日本のローヤーの数を比較する際に，司法書士や行政書士そしてまた税理士といった隣接士業を含めるかどうかですが，私は，これら隣接士業を含めるべきではないと思います。本格的な法律意見を提供できないような職業をローヤーとはとても呼べません。ローヤーの数に弁護士以外の士業を入れるというのははなはだ誤解を生みやすいのではないかという気がいたします。それで，佐瀬先生のお話を聞いてなるほど，とわかったのですけれど，またさきほどの都市型弁護士と地方型弁護士の対立になるわけですけれど，やはり地方の弁護士さんは訴訟にならないとお金が取れないのではないかと思い込んでいるのではないかという気がします。しかし，もし地方型弁護士が訴訟にならないとお金にならな

いから法律相談には乗れないなんてことを言っているとすれば，ますます日本の社会の法化は百年河清を待つ状況になってしまうのではないかと思います。

　話は変わりますが，法科大学院を卒業した［弁護士の質の低下］という問題もよくわからないことが多いのです。そもそも弁護士の「質」とは何かということが問題になるわけです。500人しか合格させなかった司法試験を，2,000人合格させれば記憶吐き出し型の司法試験の最低点は下がるわけで，記憶重視のペーパーテストの最低点を下げないで2,000人を合格させようというのは不可能です。ただ問題は，そんなに法律記憶力テストによい成績をとることが弁護士に必要か，ということで，その点が検証されていません。訴訟実務にはある程度の法律知識が必要であるのは当然ですし，裁判官になるにはさらに深い知識と経験が必要でしょう。しかし，企業内法務をやるためにはそんな深い知識はいりません。問題の所在さえわかれば，判例集などを見て法律調査をすればよい。訴訟ではなく，相談中心の弁護士には，法律基本科目全般にわたっての深い知識は必要ありません。一番必要なのは民法（財産法）です。これは法的な考え方の基礎を形づくるから重要なのです。アメリカでいえばTHINK LIKE LAWYERSという訓練をするためにまず親族相続を除く民法を徹底的に学修させるようなものです。そのうえで，それぞれの専門に最低必要な法律知識や事実知識を学修させることになります。その内容は千差万別です。たとえば，企業内弁護士になるのだったら，会社法，独禁法，租税法，倒産法，民事訴訟法の管轄規定（特に国際裁判管轄），知財法，国際私法，金商法の一部，企業会計学，キャッシュフロー分析に関する知識，それと対象企業の業務知識，対象企業に関する業法（たとえば製薬会社なら薬事法）が必要です。DVや少年問題を扱う弁護士になるのなら，家族法の他に刑法，刑事訴訟法，少年法や心理学，カウンセリング学が必要になります。このように，弁護士を行うための必須の知識は，その活動によって大きく異なります。それにもかかわらず，すべての将来の法曹に一律に7科目の法律基本科目を詰め込むというのは無駄以外のなにものでもありません。したがって裁判官あるいは訴訟専門弁護士を除いては，財産法の基本的なものの考え方を基礎として，それにプラスしてそれぞ

れの専門領域に必須な知識を教えればよいし，法曹教育ではそのような教育をしなければならない。したがって若い弁護士の「質」の低下とここで言われていることがもし，民事訴訟法とか刑事訴訟法の細かい知識の暗記のことを言っているのであればこれはいらない質について低下を議論しているのではないかという疑問があります。

それから［異業種間共同事業］の提案ですけれども，特にアカウンティング・ファームや税理士との共同事業というようなことが話題に上っておりますけれども，私はそんなに共同事業が必要かなと思っています。ただ規制する必要もない。ヨーロッパではアカウンティング・ファームと弁護士の共同事業というのはずいぶん広範にやられていると理解しています。この点についても，日本の弁護士は自主規制があまりにも過ぎるのではないかという気がします。それから弁護士報酬ですけれども，これはやはりアメリカを見ていましても，ピンからキリまでです。それでピンの方の弁護士の時間当たりのレートは日本よりはるかに高いわけでありまして，企業の方も有能な弁護士だったらいくらでも払います。特に企業の死命を制するような大問題なら，弁護士費用を節約することはしません。その代わりだめな弁護士にはあまりお金を払わない。軽い問題にもあまり高い弁護士報酬は払いません。報酬は自由にすればよい。もちろん，アメリカのような完全成功報酬ベースのような制度は規制する必要があります。他方，日本の弁護士の報酬に関しては，弁護士のギルド意識，すなわち仲間をかばおうと，いったん弁護士になったらいかに能力がなくてもある程度生活ができるようにしようじゃないかという意思が働いている気がします。

それから法曹の［グローバル化のための教育］はどこの法科大学院もほぼ完全に失敗しています。どこの法科大学院も国際科目は非常に人気がなくなっています。受講する学生はどんどん減っています。司法試験合格に役に立たないからです。

それから［企業や官公庁のインハウスロイヤー］の増え方が少ないという批判が色々なところから聞こえますが，これは供給していただくロースクール修

了生の「質」あるいは「能力」が，官公庁や企業のインハウス・ローヤーに対する要求に合ってないことが原因です。今の企業は法務部を含めてどこへ行っても英語力ということを言われます。しかし，英語をやっていても司法試験は合格しない。ということで，統計はありませんが，司法試験合格者の英語力は非常に低いはずであります。したがって，企業が求めるような人材に育てるためには，法科大学院で教えていないがゆえに企業に入ってから教え込むことがたくさんあります。そういう教育は若い方がいいのですが，残念ながら企業に来てくれるという法科大学院修了生は三振した人が多く，そうなると30歳近くなってしまいます。学部卒なら22歳か23歳です。さらに，法科大学院修了生は，刑法・刑事訴訟法，行政法・憲法のような企業にとって相対的に重要度の低い科目ばかり勉強しており，前述のような租税法などを勉強してきていない。

　それから，官公庁ですが，これも官公庁で非常に重要な法律分野は国際法です。どこの官庁へ行っても国際問題がないところはありません。WTOの問題や貿易摩擦などいろいろ国際的な問題が出ております。しかし，司法試験合格者の中で国際法を選択科目とした人は1％未満です。このような弁護士を外務省・経産省に送り込んでも，国際法や国際経済法をまた最初から教え込まなければいけない。つまり，企業や官公庁が採らない理由は，法科大学院が，官公庁や企業が必要としている規格に合わない修了生を送り出してきたからです。半世紀以上前に日本の一流メーカーは，「こんなにいいものを作ったのに消費者が買わない，それは消費者が馬鹿だ」という考え方をしていました。しかし，その後，問題は客の要求にメーカーが合わせることが大切だと気がつきました。つまりサプライ・プッシュからデマンド・プルに変わったわけです。依然として変わらないのが法曹教育業界であります。中央大学法科大学院でいい教育を施し，さらに1年間司法研修所で教育してでき上がった優秀な弁護士をなぜ企業は使わない，というのは典型的サプライ・プッシュ型の時代遅れの考えです。

　現在，企業法務部には，［法務部のスタッフの採用］について二つの考えが

あります。一つは，法務部のスタッフに弁護士資格は無駄だから不要である，という考えです。そういう企業は司法研修所に行くのも無駄だから，司法試験を合格しても，司法研修所に行かないで，企業に来てほしい，と言います。さらに，法科大学院も裁判官教育あるいは訴訟弁護士教育ばかりやっていて，企業には無駄だから，学部卒の優秀な人材を採用して，企業内で育てた方がいい，という会社もあります。もう一つの企業は，一応司法試験に合格しているというのなら，多分優秀なのだろう，という推定をして，弁護士資格のある人を採用するという企業です。後者が増えてきています。

ということで，現在の弁護士業界は，難問山積でありまして，法科大学院の学生達はこれから大変だな，と感じました。これで，私のコメントは以上とさせていただきます。

木村先生

柏木先生から，隣接諸業種との関係，いわゆる質の低下の問題，弁護士の自己規制と仲間意識，インハウスローヤーの問題などについてコメントをいただきました。

このうち，インハウスローヤーの問題については，柏木先生に答を返す用意も度胸もありませんので，その他の点についてふれさせていただきます。

まず［隣接諸業種］のうち，司法書士や行政書士，税理士などの総数を合計して法曹人口を考えるべきだという議論が少々乱暴だというのは，私も同感です。さきほどその計算をお示ししましたが，そこで挙げた数字をそのまま受け入れるべきだという趣旨で申し上げたわけではありません。

ただ，隣接諸業種のうちとりわけ司法書士が，地方において弁護士の代替的役割をはたしてきたこと，認定司法書士に代表されるように，弁護士の法律事務の独占に例外がふえつつあること，隣接諸業種が弁護士同様その数をかなりのペースでふやしていること，などの現実を考慮の外において弁護士人口問題を考えるわけにはいかないというのも，認めざるをえないと思います。

いわゆる［質の問題］は，少々議論に混乱が見られると思います。弁護士人

口の増加や法科大学院教育に批判的な立場からのやや感情的とも思える意見や，「近ごろの若い者は…」風な情緒的な意見はそもそも論外と思いますが，その点を除くとしても，法曹の質とは何かということのコンセンサスのないままに議論されているような向きがあるように思われ，そのため議論がすれ違っている印象も禁じえません。

　柏木先生が言われるように，訴訟法の細かい議論について行けるか否かという点を「質」というなら，私もそのようなものはあえて求めなくてもよいと思います。しかし私の実感として，もう少し本質的な部分で法曹とりわけ弁護士の質に変化が見られるのではないか，というのが正直なところです。

　私の個人的な感覚かもしれないことをお断りしておきますが，最近相手方弁護士と和解なり交渉をしていて，相手方代理人が本人の言っていることを取り次ぐだけで，説得とか協議とかをまったく，ないしほとんどしていないのではないか，と思うことが少なくありません。もちろん本人の意向を尊重すべきことは当然ですが，それとは違う見方や意見が代理人弁護士にあるのも当然で，その両者の共同作業のうえで最良の解決がもたらされると思いますし，他方当事者としてもそれを前提に対応しています。ところが，残念ながら弁護士と交渉しているという感じを持てないことが，最近それなりの頻度であります。以前より弁護士と依頼者の人間関係が希薄になっているという面も影響しているのかもしれません。しかしそうは言っても，弁護士と依頼者の間に信頼関係が構築されていればこのようなことはないはずであり，やはり弁護士の仕事ぶりの質にかかわる問題と考えるほかないのではないか，と思っています。

　今ひとつは，書面の提出期限を守らないといったことが，年配の弁護士より若手の弁護士の方に多く見られるように思うことです。期日当日の朝，Ａ４１枚のなかに何カ所も変換ミスのある書面がFAXで届く，といった経験も１，２度のことではありません。

　どうも弁護士のマインドとかモラルとかが全体的に低下しているのではないか，そんな懸念を持っているのです。今申し上げたようなことを私以外の方も感じておられるようでしたら，権利の実現が代理人弁護士のためにかなわな

ったり，時間や経費が余分にかかるということにもなり，そのような弁護士が自然淘汰される以前に，国民に実害を与える心配があります。

　［自己規制］と［仲間意識］の指摘は私もそのとおりだと思います。既得権益を守るために規制を多くするというのは，要するに護送船団方式という考え方です。

　しかし，自らの利益を守るために規制を多くすべきだと声高に言う弁護士は，少なくとも表向き少数派のはずです。それだからこそ，広告や報酬の自由化が実現されたのだと思います。

　そのことからすると，複数事務所の設置が規制されているのは，少し違和感があります。その根拠に，弁護士の過当競争防止などを挙げるのが説得力に欠けるのも，先に申し上げたとおりです。

　複数事務所の設置を認めた場合，大都市の大規模事務所が地方進出をはたすことになり，それによって地方の弁護士の既得権益を侵害することが懸念されているのではないでしょうか。さきほどご指摘のあった，大都市の弁護士と地方の弁護士の利害対立といった事情がその背景にあるのかもしれません。自己規制の緩和も道半ば，という印象です。

司会

　コメンテーターの皆様のご協力のたまもので，フロアーの方々にご発言いただける十分な時間がございます。最初に申し上げたとおり，ご自由にご質問，忌憚ないご意見なりをいただければと存じます。それではまず田中先生よろしくお願いします。

田中先生

　シティユーワ法律事務所・渉外コーポレート部門パートナーの田中幹夫と申します。在欧 15 年，うち子供時代と現地のビジネスローファーム勤務を合わせてドイツに 12 年半という深い縁で現在も 1 年の 3 分の 1 から半分は日独の企業法務です。欧州の弁護士と連絡を取らない日はなく，ここ数年は欧米合わ

せると平均毎月1回は出張に行っており，彼我の弁護士事情の差は嫌でも目に入ります。

　柏木先生のおっしゃられたことは非常によくわかります。私も，先進国の中で法曹に数値定員を導入している国は日本以外知りません。既存の弁護士を食わせるために［参入規制］をするのは視点が違うという点は，私もまったく賛成です。最低限の能力さえ確認できれば，後は国でなく市場，すなわちお客さんが選べばいいというのが市場原理ですし，新規参入者の職業選択の自由を守るゆえんです。

　しかし，司法改革の本来の発想から少しおかしいのではという点もございます。

　そもそも［司法改革は行政改革］とセットなはずなのです。つまり，日本は明治の殖産興業期から戦後の復興期まで一貫して中央集権的で官僚機構の権限が強く，反面2割司法ともいわれるほど司法権の弱い行政国家だったという歴史的特色を有しています。その突出した部分を削り，司法を膨らませてバランスのとれた三権分立を機能させるようにしましょうというのがもともとの趣旨だったはずですが，この基本構造はほとんど変わっていません。行政裁量がまだまだ大きく，例えばまず行政の勧告があってからでないと違反者を罰する事もできないという建て付けのいう行政法規がまだまだあります。直罰制でないと官庁の権限は大きいまま，司法の土俵は小さいままです。これは日独の行政訴訟の実情の差を見れば一目瞭然です。日本ではお上相手に争うとは不届きだという発想が根っこにあるのかもしれません。ドイツの大手事務所には必ずいる行政法の専門家「Verwaltungsrechtler」は日本の大手事務所にはいません。日本ではビジネスモデルとして成り立たないからです。

　次に，ドイツは条文の数が多く内容も具体的で，当局の裁量権を減らし司法判断になじみやすい実体法の構造ができている。日本の場合，条文数も少なく規定も抽象的なものが多く，予測可能性の点で著しく劣る。蓋を開けてみないとわからないのでは法治ではなく人治と言わざるをえず，ユーザーには非常に使いづらい。

さらに，手続法でもユーザーフレンドリーではありません。今コンプライアンスの問題で日本の会社と在独子会社が，背任的な事案で取締役を訴えていますが，ドイツの場合，刑事告訴したら警察官が国家権力を使って捜査した内容を検事が被害者に開示してくれることができます。フランスにも予審判事が捜査手続で集めた証拠を開示してくれる制度があります。膨大なリーガルフィーをかけて真実発見を目指すアメリカ式のディスカヴァリよりも遥かに低廉な費用で被害者の民事的救済も可能になるのです。ところが，日本では逆に民事不介入とかいって警察は被害者のためという発想はなく，相変わらず上から目線のスタンスです。この前の逗子ストーカー殺人事件でも被害者のためにやろうという発想がすっぽり落ちています。この座標軸というか視点の違いは大きい。

　もう一つ例を挙げるならば，これはある食品会社の経営権をめぐる紛争で，これも経営の不正を伴うゴタゴタがあったのですが，これも日本の訴訟手続では文書開示が有効に機能していないので，手詰まりだったところ，アメリカでのチェーンもかかわっていた点を捉えてアメリカで訴訟をしたら，証拠が本丸の日本のものも含めボロボロ集まってきて日本での訴訟に役立ったことがありました。

　要するに，色々制度をいじっても，制度の運用者にお上が裁いてやっている式の発想が抜けない限り，つまりユーザーフレンドリーネスを基本哲学にしない限り，司法改革は画に描いた餅になってしまうのではということです。司法インフラは増やすことは必要ですが，それだけでは駄目で，実体法も手続法もユーザーに取って使いやすいものにしなければ，笛吹けど踊らずで，人は日本の司法を使ってくれないと思います。ドイツの一部の裁判所で行っている，英語での口頭弁論や英文の証拠の提出を認める社会実験は，裁判所もユーザーフレンドリーたらんとする努力の好例でしょう。以上です。

柏木先生

　まったくそのとおりだと思います。ユーザーフレンドリーになってない。こ

れは昔からです。新堂先生の「民事訴訟法は誰のためにあるかという」論文がありますが，それまでは民事訴訟法は，裁判官のためにあるんだということだった。それが国民のためだとなった。30年ぐらい前ですね。裁判が利用者の国民のためのものになってから30年ぐらいしか経ってないわけです。色々日本の制度が誰のためにあるのかということを真剣に考えてこなかったように思います。田中先生のおっしゃるとおりだと思います。まったく異議ございません。

カイザー先生

　アンドレアス・カイザー（Andreas Kaiser）です。外国法事務弁護士として登録し，渥美坂井法律事務所・外国法共同事業にオブ・カウンセルです。

　欧州における開業の自由について質問があります。これはまさにドイツでも弁護士たちにとって非常に寛大に実行されております。第一に，外国からやってきたEU域内の外国の弁護士，つまりポーランド法弁護士，フランス法弁護士やイタリア法弁護士の同僚などなどは，ドイツでドイツ法の実務に携わるためになんら国家試験を受ける必要がありません。彼らが実務に携わりたいと考える場合には，ドイツで事務所を開くかドイツの法律事務所で執務すれば足りることになります。第二に，彼らにはドイツにおいて適性の証明や言語能力の証明もまた必要としません。つまり，ドイツでは，外国資格の承認は，非常に寛容に行われています。つまり開業の自由は，最低限の権利が存在するということを意味します。しかしながら，外国資格を承認するかどうかも，EU各構成国の自由なのであり，加えてまた，たとえば公序（public policy）のような，全然はっきりしない高い障壁もあります。

　まず一つ目の質問です，このことはドイツでは実務に問題を生じさせましたか。またはドイツにおいて資格の証明なしにリーガル・サービスが提供されたことで，問題が生じましたか。二つ目の質問は，ほかのヨーロッパの国々はどうですかというものです。同様に寛大ですか，それともその受入国の現地の法律実務に携わるのは，ドイツに比べるとより困難でしょうか。

ヘンスラー先生

　実際のところ，ヨーロッパ法，EU 法は，実際に弁護士に関しては驚くほどリベラルです。まさしく独特なのは，ポーランドの弁護士が，ドイツ法について事前に知識をまった習得していなくても，ドイツで弁護士の仕事ができる。ドイツ法の勉強を何もしていなくとも，すぐさまドイツ法について助言することが許されます。実際にはこのようなことは稀です。ここでは，それなりの根拠のもと，ヨーロッパ法が定めている自由権を具体化するにあたり，そもそも行き過ぎたのだと論じることができます。医師，たとえばドイツにやってきたポーランドの医師は，この場合には母国で身につけたものと同じ医学の知識を用います。法律家の場合には状況が異なります，すなわち，法律家は自身の国の法秩序だけではなく，それに加えて受入国の法秩序にも通じていなくてはならないのです。そういうことですから，私はカイザー先生の意見に賛成です。すなわち，原理的にみると，ドイツの依頼人が，外国の弁護士から質的に十分ではない助言を受ける危険がある程度あるわけです。

　最も，実務においては，問題が生じているとの報告は一切ありません。すなわち，私が例にとったポーランドの弁護士についていえば，最初の 3 年間は資格取得国の称号を名乗る必要があるためです。ギリシャの弁護士は，彼のギリシャでの弁護士称号である「ディキゴロス（Dikigoros）」をレターヘッドに書き記さなくてはいけませんから，同然のことですが，実務において彼が，ドイツ法についての助言を得たいと思うドイツの依頼人を得ることはまずないのです。ですから，ドイツのリーガル・サービス市場は，一見すると非常に幅広く外国の弁護士へ開放されてはおりますが，実務においては，ネガティブな影響をもたらしてはいないのです。

　他の EU 構成国の法律状況に目を向けてみますと，以下のとおりです。すなわち，3 年後は，別段の適格性の審査なしに，受け入れ国の弁護士の称号を取得するという処置は，強行法規の性格をもつヨーロッパ法です。したがって，この原則は，現実にすべての EU 加盟国において等しく国内法化されなくてはなりませんでした。すでに指摘しましたように，ドイツには，外国で資格を取

得した弁護士は相対的にみて少ししかおりません。私のみるところ，同じことが他のEU構成国にも妥当します。ドイツの弁護士が，事務所を開くべく，大挙して他のEU構成国に行ったということもありません。特別なのは，おそらくロンドンでしょう。現実に，そこには非常に多くの外国の弁護士がいます。その理由は，ロンドンという地は，並外れて魅力的であるの一言に尽きます。かかわっているのは，経済法の分野ですが，この分野は，いずれにしても特段に国際化していることをその特徴としています。国際的な合併や買収は，今日では強くアングロサクソン法圏に志向した統一的なルールによっています。

司会
　それでは引き続き，マゴニカル・色川先生よろしくお願いします。

マゴニカル・色川先生
　私はイギリスのロースクールを卒業し，English solicitor としてクリフォードチャンス弁護士事務所，また GE International で国際ビジネス法務の仕事をしてきました。その後ロンドンの College of Law（Law school）において Senior lecturer として Business law，M & A，Legal skills 等を教えておりました。
　柏木先生から日本の法曹教育について，特に，ロースクール卒業生を採用する側の企業としては，学生に対してもっと英語力や実務に直接関係のある科目の習得を求めているとのお話がありました。その件に関してコメントさせて致きたいと思います。
　イギリスのロースクールは，積極的に弁護士事務所と，より実務に直接役に立つカリキュラムが達成できるように協力し合います。それにはいくつかの理由があります。
　イギリスでは solicitor の資格取得にはロースクール卒業後（certificate of legal practice 習得後）弁護士事務所で2年間の実務研修（training contract）を受けることが必須とされています。その事務所で実務研修を終了したからといって，資格取得とは別に，その事務所で solicitor として，就職できるとは保証できませ

ん。今の日本の現状のように，イギリスでも，事務所研修先，その後の就職先を確保するには競争も激しく大変困難な状況のようです。

　その結果，特に国際企業法務を希望する学生たちは，ロースクール入学前に，研修先を確保する努力をします。その理由のひとつは国際企業法務を主とする大手国際弁護士事務所などは能力のある確かな人材を確保するために優秀な学生に対してロースクール（その弁護士事務所が指定した）の学費全額とその上，生活費を負担します。そうすると，実務にスムーズに結びつく無駄のないより効率的な知識とまたその応用ができる様に訓練を重ねることができるからです。

　ロースクールに入った段階で，専門分野別にコースが分かれているので，国際企業法務希望者は一切 criminal law, family law などの授業選択権などもなく，弁護士事務所側とロースクールと共同でプランをたてた，科目のみになります。Business Law, Property Law, Civil Procedure, Lawyers Skills 等の専門を問わず基礎知識として必要な科目さえ，いまでは実務に一番近い case study などを使って教えます。後は corporate finance, commercial litigation, M & A, commercial law 等も実務上より up to date and relevant の内容を常に検討しています。

　毎年膨大な金額を弁護士事務所は投資しているわけなので business lawyer として育成するために徹底的に実務に必要な教育をするようにロースクールに対して要求します。決してこういった制度には，それなりの，challenges, 問題がないともいえません。例えばロースクールに入ったばかりのまだ未熟な学生でも非常にエリート意識が高いということもありますし，一般教養として，知っておいてもよい科目も，business 上，ニーズがないとけずられてしまい，教育者として，がっかり思う事もあります。さらに，こういった制度は，教える立場にあたる，教員にも大きなプレッシャーがかかります。

　同時に確かにイギリスのように自分の目標を設定してそれに必要な科目を徹底して勉強する方法は実務に就いたときに大いに役立つと考えております。

　日本でもこれから法曹教育をより効率的，効果的 にできるかという課題に良い参考になるかとも思います。

柏木先生

　まったくおっしゃるとおりだと思います。ただ，大陸法とコモンローとの違いがありまして，大陸法はやっぱり基本的な概念や概念操作の基本を覚えこませるという作業がコモンローより多いと思います。しかし，それにしても知識教育に偏重していますね。

　今，中央法科大学院の伊藤壽英先生と「アメリカの法曹教育」（Educating Lawyers）というアメリカの本を翻訳しております。これは現在のアメリカのロースクール教育を分析したものですが，非常に参考になります。そこでは，アメリカのロースクール教育の目的は，ロースクールを卒業したときにできるだけスムーズに法律実務に入れるように仕上げることだと書いてあります。したがって，彼らはロースクールでの教育を弁護士になるための徒弟教育（apprenticeship）と言ってます。つまりエジュケーションというよりも弁護士になるために手取り足取り知識と技術と理念を教える点で徒弟教育に近い。

　この本では，法曹教育には三つのアプレンティシップがあると書いてあります。一つはコグニティブ・アプレンティシップ（cognitive apprenticeship），つまり知識の徒弟教育です。これは世界中どこの法曹教育でもやっている。この他に，技術の徒弟教育があります。アメリカではロイヤリングと言ってますけど，法律文書作成（drafting），依頼者面接（interviewing and counseling），それから交渉（negotiation）です。さらに，弁護士のアイデンティティと存在目的を教える徒弟教育です。しかし，本書の指摘するところでは，今アメリカのロースクールの問題はこの三つの徒弟教育が総合的に関連づけて教えられてない。法律の問題は，法理論を実際のコンテクストの中で活用して初めて生きてくるのだと。だから，法理論は，ロイヤリングやリーガル・クリニックなどの臨床教育の中で教えて，学生が現実の問題への理論のあてはめに悩んで，初めて学生はその理論の意味が理解できるのだ，と主張しています。それに対して日本の法学教育は，少なくとも法科大学院ができたことによってかなりプラクティカルにはなりましたけれども，知識教育が圧倒的です。昔の大学はもっとひどかったですね。教壇から一方的に先生の学説を喋るだけで，学生はそれを必死

にノートに取って暗記した。昔の法学部教育に比べると今の法科大学院の教育は大変良くなったと思いますけれども，まだまだです。実際，法文書作成は一部は教えられてますけど，時間も内容も不足しています。面接技術や交渉にいたってはほとんど教えられていません。臨床教育もはなはだしく不足しています。だから，日本の法曹教育は前途遼遠という感じはします。いい方向にむいているとは思いますが。

マゴニカル・色川先生

　違うところは，これもいいとは言い切れないと個人的には思いますが，大手事務所が育成をコントロールしてくれます。そして，学生には金銭的にも負担をかけないために大手事務所が全額生活費までスポンサーしてくれるのです。ですから，私も 2 年間ロースクールにいたとき，何も払わず，実務に就く前に6 カ月中国語やスペイン語を習いたいと言えば，その分までお小遣いプラス生活費をもらえるぐらいです。イギリスではこのような形で教育機関とローファームが一緒に育成を考えています。それは，いいことはいいのですが，ちょっとおかしいのは，その代わりに，それによってロースクールに入り事務所が決まった段階で，自分がもはや社会人になったかのように感じられてしまいます。弁護士業は完全に人と人のコミュニケーションですが，コーポレートファイナンスにそんなに早くに絞りこみそれだけを考え，コンプリートな人間になれないという部分もあります。

　やはり教養という意味で，実務だけのことを考えないほうがよいと思います。それはなぜかと言うと，確かに弁護士事務所と教育機関が合体してひとつになっているのはよいのですが，一旦弁護士事務所で仕事についてしまうと，トレーニングする時間はなく，お金を儲けてもらいたいということになってしまいます。さきほども木村先生がおっしゃっていましたが，やはりロイヤーという職がビジネスマン的になってきているようです。それも悲しい現状といってよいでしょう。

柏木先生

　私も，日弁連が法学教育に対しては関与しなさすぎるということを強く感じています。アメリカの ABA の方が深く法曹教育に関与してます。自分たちの後輩を育てるのですからもっと法曹教育に意見を言うべきであると思ってます。

司会

　今ご指摘があったところはかなり本質的な部分にかかわるところでありまして，ロイヤーというのは何であろうという出発点の議論に，やはりまた立ち返るということだろうと思います。今日のところは，ここは後のお楽しみとしておきたいと思います。

加藤判事

　東京高等裁判所の加藤です。今日のヘンスラー先生のお話を聞いて私が一番思ったのは，「ドイツの弁護士層は，一頃の弁護士職の危機の時期を乗り越え，実に上手くやっている」ということです。何を上手くやっているかと言いますと，例えば，メディエイション法を自分たちにとって有利となるような制度として上手く立法化したり，リーガルサービス法も改正するけれども弁護士の独占を維持するというように，弁護士の職域をきちんと確保していることです。ここを我々は学ぶべきではないかと思います。これは弁護士の職業的利害という観点からだけではなく，弁護士がかかわったほうがより透明化したリーガルサービスが受けられて，ものごとがよい方向に解決するプロセスになると考えるからです。これは，まさに「法の支配」を社会の隅々まで及ぼすということにほかなりませんが，そうした確信をもつことが司法制度改革のコアの精神だったわけです。そうしたことを考えるともう少し日弁連も自分たちの職域を拡大するという意味での法改正に積極的になってしかるべきではないかと思います。

　たとえば，訴訟手続の分野でも，現在は，会社の支配人が素人でも法廷で訴

訟追行することができますし，行政庁にも指定代理人制度があります。しかし，これだけ弁護士が増えてきたのですから，そうした制度は廃止し，弁護士の訴訟代理の原則化を図るという方向のほうが望ましいと思います。

　また，民事訴訟の弁護士選任状況をみても地方裁判所でも双方訴訟代理しているパーセンテージは平成15年前後は約40％であったのが，平成21年には30％を切っています。地方裁判所でも双方とも本人訴訟というのがまだ25％ぐらいですから，弁護士は，まだまだ訴訟分野においても業務を拡充することができる余地があります。ところが，どうしてそうはならないかというのは色々な理由があるのですが，一つはコストパフォーマンスを考えているということです。ある北陸の本庁の地裁—福井—では，会社の代表者が出てきて本人訴訟をやっています。それが箸にも棒にもかからない事件ではなく，東京・大阪であれば当然訴訟代理人がつくようなものを社長がでてきてやっています。裁判官が「なぜ弁護士に頼まないのか」と聞くと，「忙しくて受けてもらえない」というわけです。こういうようなことがある一方でそういう地裁では弁護士会が「弁護士はもう満杯です」と言っているわけです。今日柏木先生から都市型・地方型の弁護士さんの業務のパターンの差異が，かなり弁護士全体の意思形成とあるべき司法政策形成を阻害しているのではいかという，目から鱗が落ちるような議論がございましたけれども，まさにその一つの表れではないかと思うわけです。この辺りもリーガルサービス供給の総量を増加させていくという視点からどのようにしていくのが賢明かという議論をしコンセンサスを作ったうえで法改正につなげていくことが大事ではないかと思いました。そういう意味でヘンスラー先生のご講演と各先生方のコメントは大変勉強になりました。

山下先生

　私は，日弁連の税制委員会や行政訴訟センター，また，第二東京弁護士会の税法研究会や公法研究会の委員長や代表等を経験し，現在は，法科大学院4校で，客員教授として，憲法・行政法・租税法を教えています。

法の歴史は，法律家の歴史であり，どのような人権擁護の憲法や法律を作っても，公正な法実践を行う法律家がいない限り，正義ある国家は実現されません。

　司法改革は法律家改革だと思っておりましたけれども，なんの成果も上がりませんでした。行政訴訟をみると6〜8％しか原告勝訴率がなく，これは裁判所が腐っているのではないかと思っておりましたが，私は最近弁護士会が腐っていることに気付きました。裁判所に対して弁護士が刺激を与えてこなかったから，行政訴訟が死滅したのです。日本は，色々な経済の面は一流かもわかりませんけれども司法は本当にお隣の韓国にも負けているような三流国家の状況であります。予算も何も要らないのに，もっと先進的な改革をやらなければならないのに，司法改革は特に公法系におきましては大失敗だったと思います。行政訴訟の原告勝訴率も本当に低くなったというわけです。

　行政訴訟の活性化は，弁護士が裁判所を監視し，裁判が依処するべき公正基準を公表することによってのみ達成できると考えます。また迅速な権利実現のため，行政手続の中に，協議・和解制度を導入しなければなりません。私は裁判を受ける権利の面からも法律家のあるべき姿をよく吟味しなければいけないと考えます。また，事務代理と紛争代理があると思いますが，法律業務とは何かについても検討して，法律家の職務内容を分析するべきでしょう。弁護士（法律家）の特徴として，裁判所を道具として強制執行をなしうる民間機関であることが重要です。しかし，裁判所はなかなか国民の権利実現の道具になっていただけないので，特に公法系は惨憺たる状況で国民は皆諦めています。国民の権利実現を担う弁護士業務が拡大しない原因や，妨害しているものがたくさんあることに気付き，これを排除する方策を考えなければなりません。

　私は裁判所だけが悪いとは申しませんが，法学教育を行うロースクールもまた予備校に堕し，ほとんど官の天下りみたいなところになっていて，司法研修所が，国民にとって役に立たない法律家をいっぱい作っていると思います。そのような意味で，基本的なところから色々吟味していただきまして，国民にとって役に立つ法律家をどうしたらつくれるのか，憲法などの基本的なところか

ら司法改革を考え直すという意味において，弁護士制度というものを研究していただいたらとても意義のある研究になるのではないかと思います。形式的な三権分立は，人権擁護に役立たないので，実効的な国民の権利の実現を考える方法として，弁護士制度の活性化を考えています。

須田先生

東京弁護士会の須田徹です。2007年度の同弁護士会の副会長をつとめまして，現在は同弁護士会自治体等法務研究部の部長をしております。

我が国の今般の司法改革の出発点のときに，先を行っているドイツはどうなっているんだろうということで日弁連の視察団の一員として2001年7月にドイツを訪問しました。ドイツでは10年以上前，すでに弁護士は10万人いる，そして毎年司法試験の合格者は1万人近くいるという話を聞いてびっくりしました。ドイツという国はアメリカに次ぐ司法大国であるということで，すごいなと思った次第です。日本では3,000人に増やすといった議論をしていたのですけど，ドイツではそれどころではなく1万人近くまで増やしていると聞きました。

ここで一点ヘンスラー先生に質問ですが，私はそのように記憶しているのですが，今日のレジュメをみると，2012年2,800人しか増えていません。そうすると，ドイツでは減らす方向の改革があったのか，それとも私の記憶が間違っているのか。その点についてお伺いしたいと思います。

さらにもう一つ質問ですが，ドイツがそれだけの法曹人口を抱えながら，ドイツでそれだけ法曹が必要とされている理由の大きなものとして，私がドイツへ行ったときに感じたのは，まずリーガルエイドの制度があります。日本では法テラスを作って，低所得者，下から1割層がリーガルエイドを受けられる仕組みにしていくということだったのですが，すでにそのころドイツでは下から3割層ぐらいの人がリーガルエイドを受けられる。それから，中間層の人たちはほとんど弁護士保険（権利保護保険）に加入しているということでした。その結果，ドイツではほとんどの一般市民が自腹を切らないで弁護士が使えるよ

うになっている。これは素晴らしいと思いました。日本の司法改革は日本のあらゆる地域にあらゆる階層に法の支配を浸透させるというのが司法改革の目的でした。こういうことからすると，ドイツではリーガルエイドや弁護士保険の制度が発達しているということを聞いて非常に感銘を受けました。ここで，ヘンスラー先生にご質問なんですけれども，ドイツではどうしてそのような保険制度が普及しているのか。日本でも普及させるにはどうしたらいいのか。日本がもしドイツと同じようなリーガルエイドや弁護士保険制度を整えれば，司法改革で当初言っていた 3,000 人ではとても足りない，日本も毎年 1 万人ぐらい合格させなければならないというような社会になると思うのですが，なぜドイツではそのように保険制度が発達したのか。日本では，ドイツの経験からしてどうしていったらいいのか。その点ちょっと教えていただきたいと思います。

ヘンスラー先生

　それは非常によい質問ですし，また，非常に興味深い質問です。以下の点を指摘していただきました。すなわち，ドイツには 1990 年には 5 万人の弁護士がおりまして，2000 年にはその数は 10 万人に達しました。そして今日では私たちは 16 万人の弁護士を擁しております。（それに対して）ドイツの人口はこれまでと同じ，つまりは 8,300 万人弱（2006 年 8,242 万人）程度の状態です。それにもかかわらず［16 万人もの弁護士が，相対的にみてよい収入を得ている］のはどうしてなのでしょうか。もちろんその理由は多様です。ドイツでは，貧しい人々に対する訴訟救助（Armenhilfe）が充実してますが，これが，重要なファクターの一つなのでしょうか。どちらかといえば，私は否定的です。なぜなら，確かに訴訟費用救助および手続費用救助は存在しますが，この場合弁護士の報酬は，弁護士報酬法が定めている通常の料率を下回っています。弁護士は，訴訟費用救助をベースとした依頼の場合，比較的悪い条件で働かなければならない，つまり，相対的にみてあまり収入になりません。

　私の考えでは，はるかに重要なファクターは［権利保護保険］です。ドイツは，最も多くの権利保護保険契約がなされている国ですが，それは，世界的に

みても群を抜いています。ですから，権利保護保険は，弁護士が提供するリーガル・サービスの最も大きな需要家であり，それも群を抜いてです。そして，当然のことですが，弁護士のところに行くというドイツ国民の性向は，権利保護保険に加入していることで高められたのも事実です。なぜドイツにおける権利保護保険は，世界と比較して，こうまで並はずれているのでしょうか。中心的な理由の一つは，ドイツの弁護士報酬法において明快な報酬ルールが法定されていることです。つまり，権利保護保険の保険者は，ある特定の訴訟あたり，どのくらい自分が負担することになるのかを，あらかじめ正確に計算することができるのです。どのような費用が認められるのかをあらかじめ正確に考慮に入れることができます。相手方の費用を支払わねばならない場合，たとえ相手方が，実際には明らかにより高額の経費を支弁していたとしても，相手に支払うのは，どんな場合でも，常にこの法定の費用のみです。別の法秩序，つまり他国では頻繁に生じる問題，すなわち依頼者がその弁護士と相対的に高額の報酬について合意し，そのあとで勝訴したらどうなるのかという問題は，そういうことですからありません。同じく，敗訴した相手方の権利保護保険者も，法定の費用のみを支払わなくてはならないだけです。なぜならば，被保険者もまた，こうして減額された償還義務のみをおっているからです。要するに，報酬が法定されていることで，私たちには，あらかじめ見積ることができるというメリットがあり，このことが，ドイツの権利保護保険の活動をとてつもなく容易にしています。最後に，この権利保護保険が上げる成果，つまりはその収益から，弁護士達も利益を得ています。なぜなら，被保険者である依頼人が弁護士に依頼する際，それをためらわせる諸般の事情を考慮する必要がないからです。ドイツの弁護士職がおかれている実によい状況は，このようなドイツ特有のことがらにもその理由があるのです。

　加えて，先の講演の中ですでに申し上げたことを，もう一度強調したいと思います。それは，先ほどお話しした［専門化］も，確実に弁護士職が実によい状況にあることに貢献しているということです。なぜならば，この専門化をつうじて――弁護士のサービスに対する需要を――一般的に高めることに成功

したからです。というのは，権利保護保険をかけていない市民もまた，専門弁護士のところに行けば，比較的確実に，依頼を最高のかたちで処理する，資質を備えたエクスパートを探すことができます。このようなやり方で，この10年間は，弁護士数の継続的な増加と並行して，同様に弁護士のリーガル・サービスに対する需要を拡大することに成功してきました。要するに，全体的に分析してみると，次のようになります。すなわち，成功をもたらす重要なスポンサーの一人は，権利保護保険であり，そして専門化です。訴訟救助は，その下位のスポンサーです。というのは，なるほど訴訟費用救助は，仕事を確実にもたらしますが，そこから弁護士が得る収入は，相対的にみて少ないからです。

　［弁護士認可の増加割合がついには明確なかたちで低下］したことの原因は，単に，ドイツ人の中でも，大学で法律学を勉強することに関心をもつ者が明らかに少ない点にあります。法学部の学生数は，それに応じてはっきりとしたかたちで減少しています。こうした学生数の減少は，同じくその原因はさまざまです。まず大学で法律学を勉強することは，今日ではもはやそれほど魅力的ではありません。すでに比較的多くの弁護士がいるということが，巷間広まっています。最終的には，市場は供給と需要によって決まります。ある専門領域で職をうるチャンスが少なくなれば，学生は，他の専門領域へと移っていきます。たとえばエンジニア職の場合，職をうるチャンスは明らかに良いということは，よく知られています。ですが，法学部を学ぶ学生の減少の原因は，人口統計学上の要因にもよっています。つまり，日本の人口がまさにそうあるのと同じように，ドイツの人口は減少傾向にあります。それによりアビトゥーア（Abitur），つまり大学入学資格を取得する学生が少なくなり，こうしたことからも，大学での勉強を始める者が少なくなっているのです。最終的には法学部の卒業生が少なくなり，弁護士が少なくなる。そうなります。

　［権利保護保険はある程度まで弁護士に対して競争相手である］ということを，おそらくは補足しておくべきでしょう。今では，ほぼすべての権利保護保険がコールセンターを設立しております。被保険者はそこに電話をかけることができ，無料で助言を求めることができます。したがって，簡単な質問につい

ては，すでにコールセンターから答えがえられます。当然のことながら，ここで法律相談を受けた被保険者は，そもそも弁護士のところに行くことはありません。これは，現在権利保護保険と弁護士の間で問題となっている争点です。というのも，たとえ相談がコールセンターにいる弁護士によってなされるとしても，このコールセンターによる無料の法律相談は，結局のところ自由な弁護士にはマイナスとなるので，当然のことながら，弁護士にしてみると気に入らないからです。

司会

　それでは丸山先生，よろしくお願いします。

丸山先生

　中央大学法科大学院の丸山です。ヘンスラー教授が基調講演の第6章第1節でお話しされた弁護士が共同して行う職業活動のために利用される法形態に関し，教授は，ドイツの弁護士が共同して弁護士としての職務を行うために利用している形態として，(1) 民法上の組合としての共同事務所（Sozietät），(2) パートナーシャフト会社法（PartGG）に基づくパートナーシャフト会社（Partnerschaftsgesellschaft），(3) 連邦弁護士法（BRAO）に基づく弁護士会社（Rechstanwaltsgesellschaft），(4) 株式法（AktG）に基づく弁護士株式会社（Rechtsanwalts-AG），を掲げられています。このうち(3)の「弁護士会社」は，教授のお話しにあるように，法形式としては有限会社（GmbH）となっています。この点，私から若干補足させて頂けば，1994年11月24日バイエルン上級地方裁判所決定（BayObLG Beschluss vom 24. 11. 1994, 3Z BR 115/94）が，有限会社としての弁護士会社を認めたことを切っ掛けとして，有限会社としての弁護士会社の設立が行われるようになりました。そして，ドイツの立法者は，最終的に，1998年8月31日に公布され，1999年3月1日に施行された改正連邦弁護士法（BGBl I S. 2600）で，弁護士会社に関わる規定（同法59条c～59条m）を新設しました。この弁護士会社に対しては，弁護士法の右規定による他，そ

の会社形態に係る一般法である有限会社法が適用されます（以上の経緯について，丸山秀平「ドイツにおける弁護士会社・弁護士株式会社・弁護士有限責任事業会社」札幌法学24巻2号163頁，165頁以下，参照）。

以上のことを前提として，私が確認したかったのは，2008年の有限会社法改正法（BGBl. I 2008, 2026）によって導入された有限責任事業会社（Unternehmergesellschaft : UG）と連邦弁護士法による弁護士会社との関係です。このUGとは，その処分可能な基本資本が25,000ユーロ（通常の有限会社の最低基本資本額，有限会社法5条1項）を下回っている有限会社のことと理解しております。つまり，基本資本が1ユーロでもよいことになります。右改正法の政府草案に関する理由書によれば，UGは，特種の会社形態ではなく，有限会社という法形式の「変形（Variante）」であるとされています（BT-Drs. 16/6140 S. 31.）。このようにUGも，「変形」ではあるものの有限会社である以上，有限会社として弁護士会社となることができるか否かが問題となります。この点をヘンスラー教授にお尋ねしたいと思います。

ヘンスラー先生

（UGのような）有限会社の下部形態が弁護士にとって弁護士会社の設立のために選択できるのかという問題を，私は近々刊行される連邦弁護士法のコンメンタール第4版(Henssler, in : Henssler/Prütting, Bundesrechtsanwaltsordnung, 4. Aufl., § 59c Rz. 3 ; ders. in : Henssler/Streck, Handbuch Sozietätsrecht, D Rz. 13.) の中で肯定しております。これは支配的見解でもあります。UGの問題は，それが1ユーロでも設立できるので，債権者の保護のために特別な保護規定が適用されるかという点にありますが，弁護士会社の場合には，この点で問題はありません。というのは，依頼者の保護のために弁護士会社は個々の保険事故に対して最低250万ユーロの保険をかけなければならないからです（連邦弁護士法59条j第1・2項）。UGの場合にも，そこで働く弁護士に義務違反があった場合，依頼者は250万ユーロの請求権で保護されるということです。依頼者にとってみれば，UGの場合に自己資本が1ユーロであるか，通常の有限会社の場合の

ようにそれが少なくとも25,000ユーロあるかは何の役割を果たすものではありません。

それでも，UGは，LLP（有限責任事業組合）にとって競争相手とはなりません。このことは税務上の理由によります。UGは通常の有限会社と同じく資本会社として課税され，とりわけ営業税（Gewerbesteuer）を払わねばなりません（この点について，営業税法（GewStG）2条2項）。一方，LLPはUGと同じ有限責任というメリットがありますが，それ以上に，LLPは人的会社として課税されるので，結果的に弁護士にとってLLPの方が有利なことは明らかであるからです。

丸山先生

ただ今のお答えに関連しましてもう一点だけご質問したいと思います。第1節の(4)でヘンスラー教授が掲げられた「弁護士株式会社」について，今後，ドイツの法規制がどのように展開されていくのかという問題です。連邦弁護士法には，有限会社としての弁護士会社に関する規定はあっても「弁護士株式会社」に関する規定はありません。「弁護士株式会社」が認められるに至った経緯については，ヘンスラー教授の著作（Henssler in: Henssler/Prütting, a. a. O. (Fn. 2) Vor §§ 59c ff. BRAO, Rz. 18 f.）にも解説されていますが，最終的には，連邦最高裁2005年1月10日決定（BGHZ 161, 376）が株式会社という法形式での職業活動を認める判断を下したことで，「弁護士株式会社」が認められることについて一応の決着はついています（丸山，前掲181頁以下）。しかし，弁護士株式会社に対しても有限会社としての弁護士会社と同様の法規制，つまり連邦弁護士法の規制を及ぼしてよいかという問題は，なお残されているものと言えます。この点を伺いたいと存じます。

ヘンスラー先生

実際に，有限会社としての弁護士会社に関する連邦弁護士法59条c以下の規定は，原則として，弁護士株式会社にも類推適用することができます。この

ことは（まったく通例のことですが）とりわけ弁護士株式会社が，弁護士会による認可を求めている場合にあてはまります。認可がなければ，株式会社は出廷することができません。つまり，弁論能力がないことになります。それでも議論があり，不分明な点は，株式会社は認可に反対することができるのか，その場合でも株式会社に連邦弁護士法59条c以下の規定を適用すべきかという点です。なるほど，その場合，株式会社は，訴訟代理人として出廷することはできませんが，裁判外の助言をすることはできるでしょう。連邦最高裁はこの問題に対して判断を示しておらず，文献においても（ほんの僅かなものだけですが）意見は一致しておりません。しかし，この問題は実務上，あまり重要ではありません。なぜなら，私の知る限りでは，すべての株式会社は弁護士会から認可を得ているからです。そうしないと法的不安定さがあまりにも大きくなってしまいます。

司会

丸山先生，会社・組織法上の問題はこれから我が国でもさらに突っ込んでいかなければならない点だと思います。貴重なご質問ありがとうございました。
引き続いて中山先生，よろしくお願いします。

中山先生

明治大学法科大学院の中山幸二です。本日はこの貴重なフォーラムに参加させていただき，ありがとうございました。法科大学院協会の事務局長をしております関係上，日々厳しい批判に晒され心を砕いております。

今日の議論で，あえて日本の現在の論争点と結びつけますと，弁護士人口の急激な増加に関する対応が非常に参考になりました。先ほど鈴木先生からの質問にもありましたが，ドイツでもしばらく前までは弁護士増に対する不安がありました。ただ，この不安というのも，30年前の不安と，20年前の不安と，それからここ10年ぐらいの不安とでは実は質が違ったのではないかと思われます。

ヘンスラー教授も指摘されたように，戦後ドイツではどんどん弁護士が増えていき，30年前には，弁護士会でもこの調子で増えていくと我々の地位がだんだん荒らされるからと言って，もう弁護士界に来るなという論調が非常に強かったのです。弁護士会が確か"Warum kommst du?"とかいう本を出して，法学部の学生になぜ来るんだと呼びかけていました。君たちはなぜ弁護士になりたいのか，来たって仕事はないよ，来たって収入は増えないよ，という本をいっぱい出していたという記憶があります。その基調がずっと続いていると思っていたのですが，最近ようやく一般人口の関係で収まってきたというのを今日伺って，なるほどそうなんだなと認識を新たにしました。

　20年前にはまた別の要素があって，いわゆるEC・EUの市場統一で，ヨーロッパが国境を越えて自由移動になる，弁護士もどんどんドイツに入ってくるという時代になりました。特に大きな都市では，英米系のローファームがどんどん進出してくる，このままではドイツの弁護士がどんどん席巻されてしまうのではないかという不安が大きかったように思います。さらに10年前からは，ヨーロッパの大学改革の流れで，いわゆるボローニャ・プロセスの影響もあり，ますます国際化に拍車がかかり，私はその後どんどんその不安が大きくなっているのだと思っていましたが，今日のご報告を伺っていると，ドイツの弁護士はちゃんとそれに対応して駆逐されていないとのこと。数からするとわずか数％に留まっているということですし，ドイツの弁護士職自体が先ほど話しになっているような弁護士保険という形で，その保険を強化して，訴訟に行く前の法律相談でもちゃんと保険がおりるという形で手当をし，弁護士和解という形で訴訟にいかないでも紛争解決して，場合によって執行力も得られるようになりました。さらに最近ではADRの領域でも弁護士がどんどん進出するようになり，大変上手く弁護士会が対応なさったというご報告を今日伺いました。

　そういった意味で，今日ヘンスラー先生のお話を伺っていて，だいぶ認識が変わりました。ドイツの弁護士は今でもすごく危機感を持っているのではないかと思っていたのですが，ちゃんと自信をもって進んでいて，将来に向けてち

ゃんと準備をしてきたと。これは，今の日本の法曹人口論・法曹養成改革をめぐる議論との関係で，大いに学ぶべき点であります。今の日本はドイツの30年前の不安を言っているのではないかと。従来の枠組みに安住し，これに固執するのではなく，さらに職域を拡大する，権利保護保険を拡充する，常に将来を見据えて舵をとる必要があることが，今日のご報告から示唆を得られたのではないかと思います。私自身，目から鱗という感覚で，認識が新たになりました。ありがとうございました。

司会

　我々がはたして本当に不安に思っていることは本当なんだろうか，そういった問題を，ドイツだけでなくヨーロッパ諸国やアメリカなどの動きと対比して探っていく，さらには他山の石としていく。このことは，ややもすればわからなくなってしまった自分たちの弁護士・法律家としての生活・生き様をどこに求めていくかを再度探求していくために有益だろうと思います。

　そういった意味で私の個人的な感想としては，日本の弁護士の世界は，個々の弁護士にもあることでしょうが，特に弁護士会といった組織としての動きをみると，決して意図的だとはいいませんが，外に向かってもうちに向かっても，両方にむかって弓矢を引いているというような，自分で自殺行為をあるいは自分で自分の首を絞めているというような感じがしております。こういう機会により広く情報を共有しながら，弁護士の未来についてネガティブキャンペーンを繰り広げているどこかの人達にもう一度反省してもらうというか，「いや違うぞ」という声が方々からあがってくればよいのではないか，そう思います。

　一つには我々大学の人間としてもこの問題に取り組んでいかなければならない。これはおそらく結構なおざりになってきたのではないかと思います。実は，ヘンスラーさんが弁護士研究所を作られたころ，私はそれを知って，なんでこんなつまらないことやっているのかなと思ったのですが，やっぱりもう少し早めに我々はこのようなものを作っておくべきだったのではないかと反省し

てます。

　中央大学は実務家を多く輩出しているわけですから，そういう研究の中心となってもおかしくはない。むしろ当然で，なかったことの方がおかしい，そう思っている次第です。

　繰り返しになりますが，今日を一つのステップとして，アカデミックのサイドからさらに問題を発信していければと思いますし，近い将来，もう少し規模を拡張したこのような機会を持ちたいと考えております。

　最後にヘンスラー先生より，一言いただければと思います。

ヘンスラー先生

　このたびは，心のこもったお招きに預かり，誠にありがとうございました。最近における日本の弁護士マーケットの展開についてさらに学ぶことができ，非常に興味深かったです。私の評価では，各国ごとのリーガル・サービス市場の展開はおおいに異なっております。似通っているアメリカと英国のマーケットがあり，ドイツのマーケットがあり，そして日本のマーケットもあります。ドイツのマーケットは，10年ほどアングロ゠アメリカマーケットから遅れていると思われています。この差は近年狭まっており，この中で，日本がどこに位置するのか，それを知る必要があります。現在日本で行われている議論を聞いていると，私はときとして10年前にドイツでなされていた論争を思い起こします。日本の弁護士はどの方向に行きたいと考えているのでしょうか。ドイツの方向へ向けた議論でしょうか，それともアングロ゠アメリカの方向に舵を切ろうとする議論でしょうか。どちらにも長所があり，どちらにも短所があると思われます。

　日本は，アメリカ方式に向けて歩み始め，アメリカのロースクールの方式を採用することに決めました。ドイツは，我々の伝統的な法律教育をあくまで守っております。ドイツの大学生は4年間大学で勉強し，その後2年間の司法修習（Referendarzeit）を行います。大学生が実践的な訓練のプログラムをうけるということが，ロースクール方式の長所であると考えられています。ドイツに

も同じ議論があります。ドイツの大学の講義には，実務的なエレメントが多くあります。ネゴシエーションあるいは契約書のドラフティングは，科目として大学教育のなかにおかれています。

　結論としていうなら，ドイツの法律家にとっても，そしてまた日本の法律家にとっても，学ぶべき教訓があるということです。弁護士から学ぶこともまたあるということです。

司会
　皆様，長い間ありがとうございました。

以上

報告者
　　マルティン・ヘンスラー（Martin Henssler）　ケルン大学教授
　　　　　　　　　　　　　　　　　　　　　　　ケルン大学弁護士法研究所所長
　　木村　美隆　弁護士　中央大学特任教授
コメンテーター（発言順）
　　鈴木　正貢　弁護士
　　佐瀬　正俊　弁護士
　　柏木　　昇　中央大学法科大学院フェロー
発言者（発言順）
　　田中　幹夫　弁護士
　　アンドレアス・カイザー（Andereas Kaiser）　外国法事務弁護士
　　マゴニカル（MaCgonial）・色川　たみ　イギリス弁護士
　　加藤新太郎　東京高等裁判所判事
　　山下清兵衛　弁護士
　　須田　　徹　弁護士
　　丸山　秀平　中央大学教授
　　中山　幸二　明治大学教授
司　会
　　森　　勇　中央大学教授

司法制度改革審議会意見書（2001年6月12日）の弁護士制度関連のまとめ

佐 瀬 正 俊

佐瀬の評価：制度に対する意見等はさまざま。それを改革しようとの意気込みでまとめ上げたものとして評価すべき。当面，その意見を尊重すべき状況に変化はない。

意見書の骨子

(1) 21世紀の我が国社会において司法に期待される役割

　司法の役割：公共的価値の実現。国会，内閣と並び公共性の空間を支える柱。
　　　　　　　立法・行政に対するチェック機能の強調。
　法曹の役割：法曹がいわば「国民の社会生活上の医師」として法的サービスを提供

(2) 21世紀の司法制度の姿

　司法制度改革の三つの柱：①「国民の期待に応える司法制度」（利用しやすい），②「司法制度を支える法曹のあり方」（質量ともに豊かな法曹の確保），③「国民的基盤の確立」（国民が参加する訴訟手続き等司法に対する国民の信頼向上）

(3) 司法制度を支える法曹のあり方の具体的な改革方針の「弁護士制度」について

　① 弁護士の社会的責任の実践

　　国民の権利・利益実現を通じて社会的責任（公益性）を果たす。弁護士の公益活動は，弁護士の義務として，その透明性と説明責任を果たすべき。そのため，プロボノ活動，国民の法的サービスへのアクセスの保障，公務（裁判官，検察官）への就任，後継者養成への関与などで貢献すべき。
　　〈実現内容〉弁護士から裁判官への登用の増加，民事調停官・家事調停官の創設，日本司法支援センターの創設など。

　② 弁護士の活動領域の拡大

　　当時の弁護士法30条での公務就任の制限，営業許可を届出制にし，自由化すべ

き。活動領域拡大に伴う弁護士倫理のあり方の検討と弁護士倫理遵守の確保。

〈実現内容〉弁護士法30条の制限を届出制に改正，弁護士会における弁護士職務規程の新規創設など。弁護士会における倫理研修の義務化。

③-① 弁護士へのアクセス拡充（法律相談活動等の充実）

弁護士過疎問題への対応策の見地からも弁護士会法律相談センターなどの設置を推進し，地域の司法サービスを拡充すべき（国・地方公共団体の財政的負担を含めた制度運営を検討すべき）。

〈実現内容〉日本司法支援センターの創設，弁護士会の公設事務所の開設，弁護士費用が保険金で出せる仕組みの実現化（日弁連LAC，裁判所のアクセス拡充で記載されている），国・自治体・民間会社等の組織内弁護士の活動援助。

③-② 弁護士報酬の透明化・合理化

報酬情報の開示，報酬契約書の義務化，報酬説明義務などの徹底化。

〈実現内容〉弁護士法から弁護士会の報酬規定の整備義務を削除し，報酬を自由化した。弁護士会の規定で，報酬契約書の義務化，報酬説明義務化，報酬情報の開示を定める。報酬情報としては，日弁連では，事案ごとの報酬アンケートの結果を公表し，報酬の目途に役立たせている。

③-③ 弁護士情報の公開

弁護士の広告の自由化だけではなく，専門分野，実績等も広告できるよう措置すべき。弁護士に関する情報の開示。

〈実現内容〉弁護士広告の自由化（2000年10月）。日弁連の「ひまわりサーチ」（全弁護士の情報提供サービス）。

④ 弁護士の執務態勢の強化・専門性の強化

法律事務所の共同化・法人化，共同化・総合事務所化への推進，専門性強化のために研修の義務化，継続的教育を実行化すべき。

〈実現内容〉弁護士法人の設立のための弁護士法改正。継続教育として専門講座を常時行う方針。東弁・日弁連では，インターネットを通じた研修が可能。

⑤ 弁護士の国際化，外国法事務弁護士等との提携・共同

国際化時代の法的需要への対応のため，専門性の向上，執務体制の強化，国際交流の推進，法曹養成段階での国際化への対応，外国法事務弁護士との特定共同事業の要件緩和，発展途上国への法整備支援の推進をすべき。

〈実現内容〉弁護士法，外国弁護士特別措置法の改正により，弁護士と外弁との共同事業が解禁され，外国法共同事業を認め，その範囲での報酬分配を認め，外弁による日本の弁護士の雇傭を認めるなどの改正がなされた。

⑥ 弁護士会の在り方

弁護士会運営の透明化，司法改革の具体化，必要な態勢等の整備への期待。弁護士倫理等に関する弁護士会の体制整備義務。
⑦　隣接法律専門職種の活用
　　訴訟手続き等の紛争手続きに関しては，弁護士人口の大幅な増加と改革の現実化する内容を踏まえて検討すべきものだが，現在の不十分な状況を直ちに解消する必要性から，当面の措置として，法的需要を充足させるための措置が必要。それは，司法書士，弁理士への一定の範囲での一定の能力担保措置を条件とし，訴訟代理権の付与，税理士の訴訟における意見陳述権，行政書士，社会保険労務士，土地家屋調査士などの隣接法律専門職種については，その専門性を活用する必要性，その実績が明らかになった段階での訴訟への関与の仕方を検討すべき。ワンストップ・サービスの実現のため，弁護士と隣接法律専門職とが協働するための方策を講じるべき。
　　〈実現内容〉司法書士への簡裁訴訟代理権の付与，弁理士の弁護士との共同での代理権付与など。隣接業種が協働できる事務所の設置を可能とする解釈は，もともとあり，協働化がどう進められるかの議論が進化している。
⑧　企業法務などの位置づけ
　　司法試験合格後，企業など民間で一定の実務経験を経た者に対して法曹資格を与えるための具体的条件を含めた制度整備をすべき。特任検事，副検事，簡易裁判所判事の経験者の専門性活用を検討すべき。
　　〈実現内容〉司法試験合格後，①国会議員となった者，②官または民間で一定の法律業務経験をもつ者，③司法試験合格はないが特任検事は，研修所を卒業しなくとも，日弁連の研修を経たうえで，法務大臣の認定により弁護士資格が認定される制度となった。

現状で弁護士業務上問題と思われること

(1)　全体的な問題
　①　日弁連または全国の弁護士の保守的性格の進展（ギルド化？）
　②　その背景にある弁護士業務の変革期　　地方弁護士は訴訟弁護士からの脱却の変革期
　③　弁護士は，訴訟以外の業務を放棄するのか
(2)　個別的な細かい問題
　①　弁護士紹介とその有料化問題　　弁護士への事件紹介業問題，広告と弁護士への事件紹介機能をもつ業態
　②　報酬分配の制限の妥当性　　他士業との事務所共同化問題

外国弁護士との提携・共同化問題（パートナーシップ問題）
③ 弁護士事務所の非弁護士の資本問題（イギリス）に発した日本の弁護士会の受入態勢
④ 複数事務所の制限撤廃問題
⑤ 弁護士の専門性認証機関の必要性

中央大学日本比較法研究所 フォーラム

テーマ：
「職業法としての弁護士法の現在問題」
"Aktuelle Probleme des Berufsrechts der Rechtsanwälte"

日　時： ２０１２年１１月１０日（土）
　　　　　１３：００〜１７：３０
場　所： 中央大学市ヶ谷キャンパス　２２０１号室

〈プログラム〉
　　　　司　会：森　勇　日本比較法研究所所員・中央大学教授

13:10〜　第1部：基調講演
　マルティン・ヘンスラー（ケルン大学教授）
　　「ドイツおよびヨーロッパにおける弁護士職業法の展開」
　　"Aktuelle Entwicklungen im deutschen und europäischen berufrecht der Rechtsanwälte"

　木村美隆（弁護士・中央大学教授）
　　「日本の弁護士――この10年とこれから」
　　"Japanese legal Practitioner – the last ten years and beyond"

15:00〜　第2部　ディスカッション
　コメンテーター
　　柏木　昇（中央大学法科大学院フェロー・日弁連法務研究財団
　　　　　　常務理事）
　　鈴木　正貢（弁護士・ベーカー＆マッケンジー法律事務所）
　　佐瀬　正俊（弁護士・元日弁連業務改革委員長）

　　　質疑応答

※講演はドイツ語（翻訳配布）・日本語で、ディスカッションは英語ないしドイツ語で行われます。同時通訳はありませんが、質疑応答の場合等、必要に応じて通訳者が対応できるようにします。

執筆者・訳者紹介（執筆順）

森　　　勇　　中央大学教授
春日川路子　　中央大学大学院博士後期課程
米津　孝司　　中央大学教授
松井　良和　　中央大学大学院博士後期課程
山本　志郎　　中央大学大学院博士後期課程
桑村裕美子　　東北大学准教授
木村　美隆　　中央大学法科大学院特任教授
佐瀬　正俊　　弁護士

ドイツ弁護士法と労働法の現在
日本比較法研究所研究叢書（93）

2014年2月1日　初版第1刷発行

編　者　森　　　勇
　　　　米　津　孝　司

発行者　遠　山　　曉

発行所　中央大学出版部
〒192-0393
東京都八王子市東中野742-1
電話 042-674-2351　FAX 042-674-2354
http://www2.chuo-u.ac.jp/up/

© 2014　　ISBN978-4-8057-0592-6　　㈱千秋社

日本比較法研究所研究叢書

1	小島武司 著	法律扶助・弁護士保険の比較法的研究	A5判 2800円
2	藤本哲也 著	CRIME AND DELINQUENCY AMONG THE JAPANESE-AMERICANS	菊判 1600円
3	塚本重頼 著	アメリカ刑事法研究	A5判 2800円
4	小島武司 外間寛 編	オムブズマン制度の比較研究	A5判 3500円
5	田村五郎 著	非嫡出子に対する親権の研究	A5判 3200円
6	小島武司 編	各国法律扶助制度の比較研究	A5判 4500円
7	小島武司 編	仲裁・苦情処理の比較法的研究	A5判 3800円
8	塚本重頼 著	英米民事法の研究	A5判 4800円
9	桑田三郎 著	国際私法の諸相	A5判 5400円
10	山内惟介 編	Beiträge zum japanischen und ausländischen Bank- und Finanzrecht	菊判 3600円
11	木内宜彦 M・ルッター 編	日独会社法の展開	A5判 (品切)
12	山内惟介 著	海事国際私法の研究	A5判 2800円
13	渥美東洋 編	米国刑事判例の動向 I	A5判 (品切)
14	小島武司 編著	調停と法	A5判 (品切)
15	塚本重頼 著	裁判制度の国際比較	A5判 (品切)
16	渥美東洋 編	米国刑事判例の動向 II	A5判 4800円
17	日本比較法研究所 編	比較法の方法と今日的課題	A5判 3000円
18	小島武司 編	Perspectives on Civil Justice and ADR : Japan and the U. S. A	菊判 5000円
19	小島・渥美 清水・外間 編	フランスの裁判法制	A5判 (品切)
20	小杉末吉 著	ロシア革命と良心の自由	A5判 4900円
21	小島・渥美 清水・外間 編	アメリカの大司法システム(上)	A5判 2900円
22	小島・渥美 清水・外間 編	Système juridique français	菊判 4000円

日本比較法研究所研究叢書

23	小島・渥美 清水・外間 編	アメリカの大司法システム(下)	A5判 1800円
24	小島武司・韓相範編	韓　国　法　の　現　在　(上)	A5判 4400円
25	小島・渥美・川添 清水・外間 編	ヨーロッパ裁判制度の源流	A5判 2600円
26	塚　本　重　頼　著	労使関係法制の比較法的研究	A5判 2200円
27	小島武司・韓相範編	韓　国　法　の　現　在　(下)	A5判 5000円
28	渥　美　東　洋　編	米国刑事判例の動向 III	A5判 (品切)
29	藤　本　哲　也　著	Crime Problems in Japan	菊　判 (品切)
30	小島・渥美 清水・外間 編	The Grand Design of America's Justice System	菊　判 4500円
31	川　村　泰　啓　著	個人史としての民法学	A5判 4800円
32	白　羽　祐　三　著	民法起草者穂積陳重論	A5判 3300円
33	日本比較法研究所編	国際社会における法の普遍性と固有性	A5判 3200円
34	丸　山　秀　平　編著	ドイツ企業法判例の展開	A5判 2800円
35	白　羽　祐　三　著	プロパティと現代的契約自由	A5判 13000円
36	藤　本　哲　也　著	諸　外　国　の　刑　事　政　策	A5判 4000円
37	小島武司他編	Europe's Judicial Systems	菊　判 (品切)
38	伊　従　　　寛　著	独占禁止政策と独占禁止法	A5判 9000円
39	白　羽　祐　三　著	「日本法理研究会」の分析	A5判 5700円
40	伊従・山内・ヘイリー編	競争法の国際的調整と貿易問題	A5判 2800円
41	渥美・小島編	日韓における立法の新展開	A5判 4300円
42	渥　美　東　洋　編	組織・企業犯罪を考える	A5判 3800円
43	丸　山　秀　平　編著	続ドイツ企業法判例の展開	A5判 2300円
44	住　吉　　　博　著	学生はいかにして法律家となるか	A5判 4200円

日本比較法研究所研究叢書

45	藤本哲也 著	刑事政策の諸問題	A5判	4400円
46	小島武司 編著	訴訟法における法族の再検討	A5判	7100円
47	桑田三郎 著	工業所有権法における国際的消耗論	A5判	5700円
48	多喜 寛 著	国際私法の基本的課題	A5判	5200円
49	多喜 寛 著	国際仲裁と国際取引法	A5判	6400円
50	眞田・松村 編著	イスラーム身分関係法	A5判	7500円
51	川添・小島 編	ドイツ法・ヨーロッパ法の展開と判例	A5判	1900円
52	西海・山野目 編	今日の家族をめぐる日仏の法的諸問題	A5判	2200円
53	加美和照 著	会社取締役法制度研究	A5判	7000円
54	植野妙実子 編著	21世紀の女性政策	A5判	(品切)
55	山内惟介 著	国際公序法の研究	A5判	4100円
56	山内惟介 著	国際私法・国際経済法論集	A5判	5400円
57	大内・西海 編	国連の紛争予防・解決機能	A5判	7000円
58	白羽祐三 著	日清・日露戦争と法律学	A5判	4000円
59	伊従・山内・ヘイリー・ネルソン 編	APEC諸国における競争政策と経済発展	A5判	4000円
60	工藤達朗 編	ドイツの憲法裁判	A5判	(品切)
61	白羽祐三 著	刑法学者牧野英一の民法論	A5判	2100円
62	小島武司 編	ＡＤＲの実際と理論Ⅰ	A5判	(品切)
63	大内・西海 編	United Nation's Contributions to the Prevention and Settlement of Conflicts	菊判	4500円
64	山内惟介 著	国際会社法研究 第一巻	A5判	4800円
65	小島武司 編	CIVIL PROCEDURE and ADR in JAPAN	菊判	(品切)
66	小堀憲助 著	「知的(発達)障害者」福祉思想とその潮流	A5判	2900円

日本比較法研究所研究叢書

67	藤本哲也編著	諸外国の修復的司法	A5判 6000円
68	小島武司編	ＡＤＲの実際と理論Ⅱ	A5判 5200円
69	吉田豊著	手付の研究	A5判 7500円
70	渥美東洋編著	日韓比較刑事法シンポジウム	A5判 3600円
71	藤本哲也著	犯罪学研究	A5判 4200円
72	多喜寛著	国家契約の法理論	A5判 3400円
73	石川・エーラース・グロスフェルト・山内編著	共演 ドイツ法と日本法	A5判 6500円
74	小島武司編著	日本法制の改革：立法と実務の最前線	A5判 10000円
75	藤本哲也著	性犯罪研究	A5判 3500円
76	奥田安弘著	国際私法と隣接法分野の研究	A5判 7600円
77	只木誠著	刑事法学における現代的課題	A5判 2700円
78	藤本哲也著	刑事政策研究	A5判 4400円
79	山内惟介著	比較法研究 第一巻	A5判 4000円
80	多喜寛編著	国際私法・国際取引法の諸問題	A5判 2200円
81	日本比較法研究所編	Future of Comparative Study in Law	菊判 11200円
82	植野妙実子編著	フランス憲法と統治構造	A5判 4000円
83	山内惟介著	Japanisches Recht im Vergleich	菊判 6700円
84	渥美東洋編	米国刑事判例の動向Ⅳ	A5判 9000円
85	多喜寛著	慣習法と法的確信	A5判 2800円
86	長尾一紘著	基本権解釈と利益衡量の法理	A5判 2500円
87	植野妙実子編著	法・制度・権利の今日的変容	A5判 5900円
88	畑尻剛・工藤達朗編	ドイツの憲法裁判 第二版	A5判 8000円

日本比較法研究所研究叢書

89	大村雅彦 著	比 較 民 事 司 法 研 究	A5判 3800円
90	中野目善則 編	国 際 刑 事 法	A5判 6700円
91	藤本哲也 著	犯罪学・刑事政策の新しい動向	A5判 4600円
92	山内惟介 ヴェルナ・F・エブケ 編著	国 際 関 係 私 法 の 挑 戦	A5判 5500円

＊価格は本体価格です。別途消費税が必要です。